财务报表分析

主　编　陈　影
副主编　胡晓锋　解勤华　蒋艳萍

北京航空航天大学出版社

内 容 简 介

本书内容共包括九个项目，分别是：财务报表分析认知、资产负债表编制与分析、利润表编制与分析、现金流量表编制与分析、偿债能力分析、营运能力分析、盈利能力分析、发展能力分析、综合绩效分析。其中涉及大量案例和练习，方便读者理解与实操。

本书可作为职业院校大数据与会计专业、互联网金融等财经类专业的教学用书，也可供会计实务工作人员参考。

图书在版编目(CIP)数据

财务报表分析 / 陈影主编. -- 北京 : 北京航空航天大学出版社，2022.1
ISBN 978-7-5124-3696-1

Ⅰ. ①财… Ⅱ. ①陈… Ⅲ. ①会计报表—会计分析 Ⅳ. ①F231.5

中国版本图书馆 CIP 数据核字(2022)第 002926 号

版权所有，侵权必究。

财务报表分析

主　编　陈　影
副主编　胡晓锋　解勤华　蒋艳萍
策划编辑　杨晓方　　责任编辑　王　瑛　孔亚萍

*

北京航空航天大学出版社出版发行

北京市海淀区学院路 37 号（邮编 100191）　http://www.buaapress.com.cn
发行部电话：(010)82317024　传真：(010)82328026
读者信箱：copyrights@buaacm.com.cn　邮购电话：(010)82316936
三河市华骏印务包装有限公司印装　　各地书店经销

*

开本：710×1 000　1/16　印张：13.25　字数：282 千字
2022 年 4 月第 1 版　2022 年 4 月第 1 次印刷
ISBN 978-7-5124-3696-1　定价：59.00 元

若本书有倒页、脱页、缺页等印装质量问题，请与本社发行部联系调换。联系电话：(010)82317024

编委会

主　编　陈　影
副主编　胡晓锋　解勤华　蒋艳萍
参　编　方忠良　钱　丹　胡开艳
　　　　　裘家瑜　章永贞　吴海翔

前　　言

"财务报表分析"是高等职业院校会计专业的一门专业核心课程,是现代财务知识体系的重要组成部分。本书依据财务分析工作岗位的典型工作任务设置教学内容,共包括九个项目,分别是:财务报表分析认知、资产负债表编制与分析、利润表编制与分析、现金流量表编制与分析、偿债能力分析、营运能力分析、盈利能力分析、发展能力分析、综合绩效分析。各项目之间环环相扣,联系紧密,逻辑层次性较强。

本书以学生的需求为中心,以实用为原则,融入"五星教学"理念,将每个项目按照"职业能力目标—典型工作任务—任务引例—知识准备与业务操作—拓展阅读—课后练习"结构编写。本书在编写初期与企业深度沟通,以能力本位教育思想为理论基础,整理企业财务分析工作中涉及的具体事项,采用倒推法,寻找知识点,由浅入深,由易及难,由理论到实践,精心设计各项教学内容,充分体现工学结合、校企合作、岗位模拟的高职教学特色。

本书力求突出以下几个特点:

1. 思政元素充分融入

通过案例引入和任务驱动,培养学生仔细认真、精益求精的工匠精神,小组协作、解决问题的团队意识,遵纪守法等职业素养。

2. 对接岗位需求

根据财务分析岗位,开展广泛调研,在要求财务实践专家对财务分析岗位典型的职业工作进行项目任务与职业能力分析的基础上,采用工作过程系统化的课程开发技术,遵循"设计导向"的职业教育理念,确定每章节学习目标和学习任务,设计教学内容。

3. 创新课堂教学模式

在每一个学习项目中根据学习内容设计若干学习任务,通过任务驱动和案例导入的编排方式,实现"教、学、做"一体化融合。

4. 教学资源配套齐全

为方便教学,本书配有整体教学设计、教学课件、习题库等供教师教学使用,扫描下方二维码可获取。

  本书由浙江同济科技职业学院陈影主编,杭州耘穗财务咨询有限公司蒋艳萍、浙江同济科技职业学院胡晓锋、解勤华、方忠良、钱丹、胡开艳、裘家瑜、章永贞、吴海翔参加编写,全书由陈影总撰定稿。

  由于编者水平有限,不当之处在所难免,肯请读者批评指正,以使本书内容不断充实、完善。

编 者
2021 年 10 月

目　　录

项目一　财务报表分析认知　……………………………………………………… 1

　任务一　认识财务报表分析 …………………………………………………… 1
　　一、财务报表分析的概念及意义 ……………………………………………… 1
　　二、财务报表分析的目的 ……………………………………………………… 2
　　三、财务活动与财务报表 ……………………………………………………… 2
　　四、财务报表分析的内容 ……………………………………………………… 3
　　五、财务报表分析的程序 ……………………………………………………… 4
　　六、财务报表分析的局限性 …………………………………………………… 4
　任务二　财务报表分析方法 …………………………………………………… 5
　　一、比较分析法 ………………………………………………………………… 5
　　二、比率分析法 ………………………………………………………………… 6
　　三、因素分析法 ………………………………………………………………… 7
　　四、趋势分析法 ………………………………………………………………… 9

项目二　资产负债表编制与分析 ………………………………………………… 13

　任务一　资产负债表编制 ……………………………………………………… 13
　　一、资产负债表的结构与格式 ………………………………………………… 13
　　二、资产负债表编制 …………………………………………………………… 15
　任务二　资产负债表分析 ……………………………………………………… 23
　　一、主要资产、负债项目分析 ………………………………………………… 23
　　二、资产负债表水平分析 ……………………………………………………… 41
　　三、资产负债表结构分析 ……………………………………………………… 41

项目三　利润表编制与分析 ……………………………………………………… 50

　任务一　利润表编制 …………………………………………………………… 50
　　一、利润表的基本结构与格式 ………………………………………………… 50
　　二、利润表各项目填列方法 …………………………………………………… 52
　任务二　利润表分析 …………………………………………………………… 56
　　一、利润表项目分析 …………………………………………………………… 57
　　二、利润表水平分析 …………………………………………………………… 61

三、利润表结构分析 …………………………………………………………… 61

项目四　现金流量表编制与分析 …………………………………………………… 69

任务一　现金流量表编制 ……………………………………………………… 69
　　一、现金流量表内涵 …………………………………………………………… 70
　　二、现金流量表编制方法 ……………………………………………………… 71
　　三、现金流量表格式及填列 …………………………………………………… 71
　　四、现金流量表附表格式及内容 ……………………………………………… 76

任务二　现金流量表分析 ……………………………………………………… 79
　　一、现金流量表结构分析 ……………………………………………………… 80
　　二、现金流量表比率分析 ……………………………………………………… 81

项目五　偿债能力分析 ……………………………………………………………… 85

任务一　企业偿债能力分析概述 ……………………………………………… 85
　　一、偿债能力的概念 …………………………………………………………… 85
　　二、偿债能力分析的意义 ……………………………………………………… 85

任务二　短期偿债能力分析 …………………………………………………… 87
　　一、短期偿债能力分析概述 …………………………………………………… 87
　　二、指标分析 …………………………………………………………………… 89

任务三　长期偿债能力分析 …………………………………………………… 94
　　一、长期偿债能力的概念 ……………………………………………………… 94
　　二、衡量长期偿债能力的指标 ………………………………………………… 95
　　三、影响长期偿债能力的其他因素 …………………………………………… 98

项目六　营运能力分析 ……………………………………………………………… 106

任务一　企业营运能力分析概述 ……………………………………………… 106
任务二　流动资产营运能力分析 ……………………………………………… 109
任务三　固定资产营运能力分析 ……………………………………………… 115
任务四　总资产营运能力分析 ………………………………………………… 119

项目七　盈利能力分析 ……………………………………………………………… 124

任务一　企业盈利能力分析概述 ……………………………………………… 124
　　一、企业盈利能力 ……………………………………………………………… 124
　　二、盈利能力分析的方法 ……………………………………………………… 125

任务二　与销售有关的盈利能力分析 ………………………………………… 126
　　一、营业利润率 ………………………………………………………………… 126

二、销售毛利率 ··· 127
　　三、销售净利率 ··· 128
　　四、成本费用利润率 ··· 129

任务三　与投资有关的盈利能力分析 ·· 132
　　一、投资资金界定 ··· 132
　　二、总资产收益率 ··· 132
　　三、净资产收益率 ··· 134
　　四、长期资金收益率 ··· 135
　　五、资本保值增值率 ··· 136

任务四　与股本有关的盈利能力分析 ·· 138
　　一、每股收益 ·· 138
　　二、每股现金流量 ··· 141
　　三、每股股利 ·· 142
　　四、市盈率 ·· 142
　　五、股利支付率 ··· 143
　　六、股利保障倍数 ··· 143
　　七、留存盈利比率 ··· 144
　　八、股利收益率 ··· 144
　　九、市净率 ·· 144
　　十、每股净资产 ··· 145

任务五　盈利结构分析 ·· 150
　　一、收支结构分析 ··· 151
　　二、反映企业盈利结构的关键指标 ··· 151
　　三、盈利结构分析 ··· 152

任务六　影响盈利能力的其他项目 ··· 156
　　一、税收政策对盈利能力的影响 ·· 156
　　二、利润结构对企业盈利能力的影响 ··· 156
　　三、资本结构对企业盈利能力的影响 ··· 156
　　四、资产运转效率对企业盈利能力的影响 ·· 156
　　五、企业盈利模式因素对企业盈利能力的影响 ··································· 156

项目八　发展能力分析 ·· 164

　任务一　企业发展能力分析概述 ·· 164
　　一、企业发展能力的含义 ·· 164
　　二、企业发展能力分析的思路 ·· 164
　　三、影响企业价值增长的因素 ·· 165

任务二　企业发展能力指标分析 169
　　一、销售增长能力分析 169
　　二、盈利增长能力分析 173
　　三、资产增长能力分析 174

项目九　综合绩效分析 184

任务一　杜邦分析法 184
　　一、财务报表的综合分析 185
　　二、杜邦分析体系的原理和分析步骤 185
　　三、杜邦综合分析要点 188
任务二　沃尔分析法与综合评价方法 189
　　一、沃尔分析法 190
　　二、综合评价方法 191
任务三　财务分析报告撰写 192
　　一、财务分析报告的内容与格式 193
　　二、撰写财务分析报告应做好的几项工作 194

参考文献 200

项目一 财务报表分析认知

☞ **职业能力目标**

(1) 明确财务报表分析主体、目的及分析内容；
(2) 掌握财务分析基本方法。

☞ **典型工作任务**

运用比率、比较、因素分析法进行财务分析。

任务一 认识财务报表分析

【任务引例】

请根据 A 企业预算表（见表 1-1），帮助企业做出方案选择。

表 1-1 A 企业财务数据

方　案	A	B
销售件数	1 000	1 000
产量	1 000	2 000
销售收入	30 000	30 000
营业成本	20 000	15 000
毛利	10 000	15 000

【知识储备与业务操作】

一、财务报表分析的概念及意义

财务报表分析是以企业的财务报表为主要依据，采用科学的评价标准和适用的分析方法，对企业的财务状况、经营成果和现金流量状况等进行全面分析与评价，为投资者、债权者及其他信息使用者了解企业过去、评价企业现状和预测企业未来从而做出正确决策提供信息的一项管理工作。

财务报表能够全面反映企业的财务状况、经营成果和现金流量状况。单纯的报表数据不能够直接或者全面说明企业的财务状况，特别是不能说明企业的经营状况和经营成果，只有将企业的财务指标与有关的数据进行比较，才能说明企业的状况，因此要进行财务报表分析。

二、财务报表分析的目的

财务报表分析的根本目的就是充分利用会计报表及其分析所揭示的信息作为决策的依据,即评价过去的经营业绩,衡量现在的财务状况,预测未来的发展趋势,见表1-2。

表1-2　财务报表使用者及分析的目的

财务报表使用者	角　　色	目　　的
投资人	企业所有者和潜在的投资者	了解企业的盈力能力和状况
债权人	对企业提供需偿还的融资的机构或个人,企业的债权人	决定是否给企业提供信用,以及是否需要提前收回债权
企业经营管理者	主要是企业的经理以及各分厂、部门、车间的管理人员	发现生产经营中存在的问题并解决,增强企业盈利能力
政府有关部门	主要是工商、财务、税务以及审计等部门	监督检查,保证真实性、准确性,为宏观决策提供依据
其他利益相关者	供应商、竞争对手和个人	决定是否合作,调整经营策略,决定是否投资

三、财务活动与财务报表

财务活动与财务报表的关系如图1-1所示。

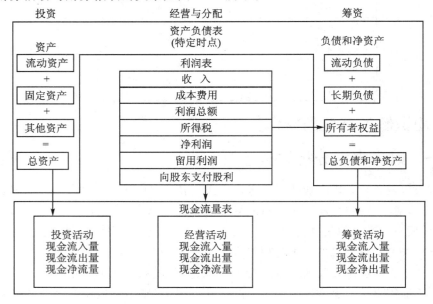

图1-1　财务活动与财务报表的关系

四、财务报表分析的内容

（一）财务结构分析

企业财务结构是指企业全部的资金来源中负债和所有者权益二者各自所占的比重及其比例关系，有时还包括各类资产的构成。财务报表分析首先要对企业的财务结构进行分析，从总体上了解和评价企业的财务结构是否健全，资源配置是否合理，财务实力及其安全性、平衡性的高低，企业偿债能力的大小和强弱等。如果企业的财务结构比较健全，则必然拥有雄厚的实力，能够承担经营上的风险，并能够应对来自外界的冲击。分析企业的财务结构，就是要通过各项比率之间的关系，了解其财务结构是否健全，衡量企业承担风险的能力，并通过对各项指标的分析，结合企业的实际情况，确定最佳的财务结构。

财务结构分析是指对企业的资产、负债、所有者权益三者之间的比例关系进行分析。

（二）偿债能力分析

企业偿债能力分为短期偿债能力和长期偿债能力，两者的衡量标准不同，企业既要关注即将到期的债务，还应对未来远期债务有一定的规划。企业偿债能力不仅与债务结构相关，而且与企业未来收益能力联系紧密，所以在分析时应结合其他能力分析。

（三）盈利能力分析

企业盈利能力也称获利能力，是指企业赚取利润的能力。利润的大小直接关系到企业所有相关利益人的利益，企业存在的目的就是最大限度地获取利润，所以盈利能力分析是财务报表分析中最重要的一个部分。盈利能力还是评估企业价值的基础，可以说企业价值的大小取决于企业未来获取盈利的能力。企业盈利能力指标还可以用于评价内部管理层业绩。

（四）营运能力分析

企业营运能力主要是指企业资产运用、循环的效率的高低。如果企业资产运用效率高、循环快，则企业可以较少的投入获取比较多的收益，减少资金的占用和积压。营运能力分析包括流动资产营运能力分析、固定资产营运能力分析和总资产营运能力分析。

（五）发展能力分析

企业发展的内涵是企业价值的潜力，是企业通过自身的生产经营，不断扩大积累而形成的发展潜能。企业发展不仅仅是规模的扩大，更重要的是企业收益能力的提升，一般认为是净收益的增长。企业发展能力受到企业的经营能力、制度环境、人力资源、分配制度等诸多因素的影响，所以在分析企业发展能力时，还需要测度这些因素对企业发展的影响程度,将其变为可量化的指标来进行表示。

(六) 现金流动分析

现金流是公司价值的最终驱动力,股东对未来现金流的预期是确定股票价值的基础。通过现金流量状况的分析,可以了解一项业务(生产经营、投资或筹资)产生或消耗现金的程度,使人们对偿债能力有新的认识,并且对利润的质量做出判断。

(七) 财务综合分析

财务综合分析就是解释各种财务能力之间的相互关系,得出企业整体财务状况及效果的结论,说明企业总体目标的事项情况。财务综合分析采用的具体方法有杜邦分析法、沃尔评分法等。

五、财务报表分析的程序

财务报表分析的程序主要包括四阶段和十步骤,见图1-2。

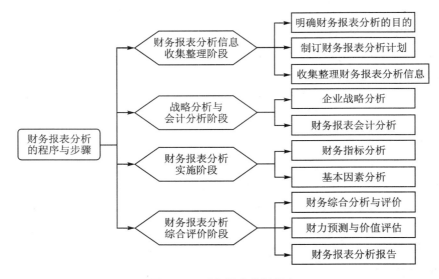

图1-2 财务报表分析程序

六、财务报表分析的局限性

第一,无法提供一些信息使用者所需要的信息或虽有提供却不能完全反映企业的客观实际。

第二,财务报表仅反映企业已经发生的历史情况,不能反映企业将要发生的事项。

第三,财务报表提供的数据有些不可比。

第四,财务报表提供的信息以货币作为主要计量单位,不能反映企业经营中的非货币信息。

第五,财务报表提供的信息具有单一性,仅能提供单个企业的财务状况和经营成果。

第六,财务报表提供的信息松散,信息量少。

第七,衍生金融工具等外表因素的存在,影响财务报表资料的有效运用。

【引例解析】

A、B两方案销量相同,单价相同,则销售收入相同。B方案产量2 000件,但只销售1 000件,营业成本为1.5万元,毛利较A方案高,这是由于B方案营业成本仅包含了部分固定成本所致。虽然从报表数据中看B方案毛利更高,但是B方案错误预测市场,可能会造成存货积压,最终应该选择A方案。

任务二 财务报表分析方法

【任务引例】

B企业2020年和2021年有关材料费用、产品产量、材料单耗和材料单价如表1-3所列。

表1-3 指标数据

指标	2020年	2021年
产品产量(件)	100	110
材料单耗(千克)	8	7
材料单价(元)	5	6

要求:分析各因素变动对材料费用的影响程度。

【知识储备与业务操作】

一、比较分析法

比较分析法是将企业某项目财务指标的变化进行对比,计算出财务指标变动值的大小,是财务报表分析中最常用的方法,也是其他分析方法运用的基础。

(一)比较分析法分类

1. 绝对数比较分析法

将各有关财务报表项目的数额与比较对象进行比较。绝对数比较分析法一般通过编制比较财务报表进行。

2. 相对数比较分析法

相对数比较,即利用账务报表中有相关关系的数据的相对数进行比较,如将绝对数换算成百分比、结构比重等进行比较,以揭示相对数之间的差异。

(二)常用比较标准

1. 公认标准

公认标准是指各类企业在不同时期都普遍适用的指标评价标准,如流动比率的公认标准为 2∶1,速动比率的公认标准为 1∶1 等。

2. 行业标准

行业标准是指某项指标的同行业平均水平或同行业的先进水平。

3. 历史标准

历史标准是指某项指标的历史同期数或历史最好水平,即企业过去曾经达到的标准。

4. 目标标准

目标标准是指企业通过努力应该达到或实现的理想标准,如企业制订的计划或定额。

(三)运用比较分析法应注意的问题

(1) 计算口径一致,即相比较的财务指标所包括的内容、范围是一致的。

(2) 时间长度一致,即相比较的财务指标应当是相同时间段、相同时间长度的结果。

(3) 计算方法一致,即相比较的财务指标的构成因素一致。

(4) 企业类型、经营规模和财务规模以及目标大体一致。

二、比率分析法

(一)比率指标的分类

(1) 构成比率又称结构比率,反映部分与总体的关系。其计算公式为

$$构成比率 = 某一部分数额 \div 总体数额$$

(2) 效率比率是用以计算某个经济活动中所费与所得的比例,反映投入与产出的关系,如总资产净利率。

(3) 相关比率是以某个项目与相互关联但性质不相同的项目加以对比所得的比率,反映有关经济活动的相互关系。

(二)运用比率分析法应注意的问题

(1) 所分析的项目要具有可比性、相关性。

(2) 对比口径具有一致性。

(3) 选择比较的标准要具有科学性。

(4) 要注意将各种比率有机联系起来进行全面分析。

三、因素分析法

(一)因素分析法概述

因素分析法是依据分析指标与其影响因素的关系,从数量上确定各因素对分析指标影响方向和影响程度的一种方法。

因素分析法既可以全面分析各因素对某一经济指标的影响,又可以单独分析某个因素对经济指标的影响。

运用因素分析法应注意的问题:

1. 因素分解的关联性

各经济指标因素必须是客观上存在着因果关系,能够反映形成该项指标差异的内在构成原因,只有将相关因素与分析对象建立关系时才有意义。

2. 因素替代的顺序性

因素不仅要确定准确,而且因素排列顺序也不能交换。一般是按照题目给的先后顺序进行操作。传统的方法是先数量指标,后质量指标;先实物量指标,后价值量指标;先主要因素,后次要因素;先分子,后分母。

3. 因素分解的连环性

连环替代法是严格按照各因素的排列顺序逐次以一个因素的实际数替换其基数。除第一次替换外,每个因素的替换都是在前一个因素替换的基础上进行的。

4. 计算结果的假定性

运用这一方法在测定某一因素影响时,是以假定其他因素不变为条件的。因此,计算结果只能说明是在某种假定条件下计算的结果。这种科学的抽象分析方法,是在确定实物内部各种因素影响程度时必不可少的。

因素分析法据其分析特点,可分为连环替代法和差额分析法。

(二)连环替代法

连环替代法是根据因素之间的内在依存关系,依次测定各因素变动对经济指标差异影响的一种分析方法。

连环替代法的主要作用在于分析计算综合经济指标变动的原因及其各因素的影响程度。确定分析指标与其影响因素之间的关系;确定各个因素与分析指标的关系;连环顺序替代,计算替代结果;比较各因素的替代结果,确定各因素对分析指标的影响程度。

【做中学 1-1】

假设 A 产品的直接材料费用计划消耗额为 800 000 元,但实际消耗额为 851 400 元,有关资料如表 1-4 所列。

表 1-4 指标数据

项　目	产量(件)	单耗量(公斤)	单价(元)	材料费用(元)
计划	1 000	20	40	800 000
实际	1 100	18	43	851 400

材料费用＝产量×单耗量×单价

分析对象＝实际材料费用－基期材料费用＝
851 400－800 000＝51 400(元)

材料费用定额指标：	1 000×20×40＝800 000(元)	(1)
第一次替代：	1 100×20×40＝880 000(元)	(2)
第二次替代：	1 100×18×40＝792 000(元)	(3)
第三次替代(实际)：	1 100×18×43＝851 400(元)	(4)

(2)－(1)＝880 000－800 000＝80 000(元)　　产量增加的影响
(3)－(2)＝792 000－880 000＝－88 000(元)　　材料单耗的影响
(4)－(3)＝851 400－792 000＝59 400(元)　　单价提高的影响
80 000－88 000＋59 400＝51 400(元)　　各因素综合影响

(三)差额分析法

差额分析法就是直接利用各因素的预算(计划)与实际的差异来按顺序计算,确定其变动对分析对象的影响程度。

它是由连环替代法简化而成的一种分析方法。它通过分析财务报表中有关科目的绝对数值的大小,据此判断公司的财务状况和经营成果。

【做中学 1-2】

资料：假定 A 产品的直接材料费用定额为 800 000 元,实际为 851 400 元。有关资料如表 1-5 所列。

表 1-5 指标数据

项目	产量(件)	单耗量(公斤)	单价(元)	材料费用(元)
计划	1 000	20	40	800 000
实际	1 100	18	43	851 400
差异	＋100	－2	＋3	＋51 400

要求：采用差额分析法计算产品产量、材料单耗量和材料单价三项因素对产品直接材料费用超支 51 400 元的影响程度。

材料费用定额指标：1 000×20×40＝800 000(元)

(1) 产量增加的影响

(1 100－1 000)×20×40＝80 000(元)

(2) 材料单耗的节约的影响
1 100×(18－20)×40＝－88 000(元)
(3) 材料单价提高的影响
1 100×18×(43－40)＝59 400(元)
(4) 全部因素的综合影响
80 000－88 000＋59 400＝51 400(元)

四、趋势分析法

趋势分析法又叫水平分析法,它是通过对财务报表中各类相关数字资料,将两期或多期连续的相同指标或比率进行定基对比和环比对比,得出它们的增减变动方向、数额和幅度,以揭示企业财务状况、经营成果和现金流量变动趋势的一种分析方法。

趋势分析法包括定基动态比率分析与环比动态比率分析两种形式。

(一) 趋势分析法的形式

1. 定基动态比率分析

定基动态比率分析,又称定基比率分析,它是将某指标在某一时期的数额固定为基期数额而计算出一系列的动态比率,借以分析该指标同比变动趋势的分析方法。其计算公式为

$$定基增长速度＝分析期数额/固定基期数额×100\%－100\%$$

2. 环比动态比率分析

环比动态比率分析,又称环比比率分析。它是将某指标在每一分析期的前期数额固定为基期数额而计算出一系列的动态比率,借以分析该指标环比变动趋势的分析方法。其计算公式为

$$环比增长速度＝分析期数额/前期数额×100\%－100\%$$

(二) 趋势分析法的一般步骤

(1) 计算趋势比率或指数；
(2) 根据指数计算结果,评价与判断企业各项变动趋势及其合理性；
(3) 预测未来的发展趋势。

(三) 运用趋势分析法应注意的问题

(1) 用于进行对比的各个时期的指标,在计算口径上必须一致；
(2) 剔除偶发性项目的影响；
(3) 分析的项目应有针对性,切合分析目的的需要；
(4) 对基年的选择要有代表性。

【引例解析】

(1) 指标分解

$$材料费用＝产量×单位产品材料费用$$

＝产量×材料单耗×材料单价

（2）建立指标体系

基期材料费用＝基期产量×基期材料单耗×基期材料单价
　　　　　　＝100×8×5＝4 000（元）

实际材料费用＝实际产量×实际材料单耗×实际材料单价
　　　　　　＝110×7×6＝4 620（元）

分析对象＝实际材料费用－基期材料费用
　　　　＝4 620－4 000＝620（元）

（3）连环顺序替代

基期指标体系：	100×8×5＝4 000（元）	(1)
替代第一因素：	110×8×5＝4 400（元）	(2)
替代第二因素：	110×7×5＝3 850（元）	(3)
替代第三因素：	110×7×6＝4 620（元）	(4)

（4）确定替代结果

产量影响：(2)－(1)　4 400－4 000＝400（元）

材料单耗影响(3)－(2)：3 850－4 400＝－550（元）

材料单价影响(4)－(3)：4 620－3 850＝770（元）

（5）检验分析结果

400＋（－550）＋770＝620（元）

【拓展阅读】

扇贝去哪儿了——獐子岛财务案例分析

　　獐子岛集团股份有限公司成立于1992年9月21日，被誉为"黄海深处的一面红旗""海上大寨""黄海明珠""海底银行""海上蓝筹"。公司以水产增养殖为主，是集海珍品育苗、增养殖、加工、贸易、海上运输于一体的综合性海洋食品企业。它于2006年9月28日在深交所上市。2007年，獐子岛集团成为达沃斯"全球成长型公司社区"首批创始会员，并当选为"CCTV年度最佳雇主"、全国首届"兴渔富民新闻人物"企业。2014年10月31日，獐子岛集团发布公告，宣布对105.64万亩海域成本为73 461.93万元的虾夷扇贝存货进行核销处理，对43.02万亩海域成本为30 060.15万元的虾夷扇贝存货计提跌价准备28 305万元，扣除当年相应金额的资产和利润。2017年獐子岛账面记载采捕面积较真实情况多5.79万亩，且存在将部分2016年实际采捕海域调至2017年度结转成本的情况，致使2017年度虚增营业成本6 159.03万元，进而虚减当年相应金额的资产和利润。

　　獐子岛财务舞弊手段：

　　2018年2月9日，獐子岛公司发布公告称收到中国证监会立案调查通知。2019年7月9日，中国证监会对獐子岛下发《中国证券监督管理委员会行政处罚及市场禁入事先告知书》。经中国证监会调查显示，之前獐子岛公告声称的扇贝绝收只是其财务舞弊行为的掩饰，其财务舞弊手法主要包括：

(1) 虚增、虚减营业成本。

调查发现，2016年獐子岛的真实采捕区域较账面多13.93万亩，致使账面虚减营业成本6 002.99万元，进而虚增当年相应金额的资产和利润。2017年獐子岛账面记载采捕面积较真实情况多5.79万亩，且存在将部分2016年实际采捕海域调至2017年度结转成本的情况，致使2017年度虚增营业成本6 159.03万元，进而虚减当年相应金额的资产和利润。

(2) 虚减营业外支出。

獐子岛2016年初和2017年初库存图显示，部分2016年有记载的库存区域虽然在2016年未显示采捕轨迹，但公司在2016年年底重新进行了底播；部分2016年有记载的库存区域虽然在2016年、2017年均未显示采捕轨迹，但公司在2017年年底重新进行了底播。上述两部分区域应重新核算成本，并对既往库存成本作核销处理，分别致使2016年、2017年账面虚减营业外支出7 111.78万元、4 187.27万元，进而虚增当年相应金额的资产和利润。

(3) 虚增资产减值损失。

獐子岛未如实反映扇贝核销及计提存货跌价准备的客观情况。2018年公司对107.16万亩虾夷扇贝库存进行核销，对24.30万亩虾夷扇贝库存进行减值。然而调查显示，核销海域中，2014年、2015年、2016年底播虾夷扇贝分别有20.85万亩、19.76万亩和3.61万亩已在以往年度采捕，致使虚增营业外支出24 782.81万元，占核销金额的42.91%；减值海域中，2015年、2016年底播虾夷扇贝分别有6.38万亩、0.13万亩已在以往年度采捕，致使虚增资产减值损失1 110.52万元，占减值金额的18.29%。

(4) 虚增、虚减利润总额。

综合考虑对营业成本、营业外支出、资产减值损失科目的人为调整，獐子岛2016年度虚增利润13 114.77万元，占当期披露利润总额的158.15%，追溯调整后利润总额为-4 822.23万元，业绩由盈转亏。2017年度虚减利润27 865.09万元，占当期披露利润总额的38.57%，追溯调整后，业绩仍为亏损。

(5) 掩饰交易或事实。

通过对年报、相关财务明细、采捕面积测算数据等资料的调查，证监会确认獐子岛没有对其2017年全年业绩与预期存在较大差距的情况进行及时披露。2017年10月，獐子岛单月亏损1 000余万元，2017年12月公司收到预测数据显示，全年预计亏损528万元。2018年1月初，獐子岛财务总监勾荣已知悉公司2017年净利润不超过3 000万元，与三季报中全年盈利预测9 000万元至1.1亿元相差远超20%。这些本应在情况察觉2日内披露的信息，獐子岛迟至2018年1月30日才予以披露，涉嫌未及时披露信息。

2019年7月,证监会对獐子岛开出行政处罚及市场禁入事先告知书,獐子岛因涉嫌财务造假、虚假记载、未及时披露信息等问题,中国证监会拟对其进行60万元的顶格处罚,一众董监高处以3万元～30万元罚款不等,对董事长吴厚刚则开出终身证券市场禁入的处罚。

【课后练习】

一、单选题

1. 以下企业利益相关者,属于内部分析主体的是(　　)
   A. 投资者　　　　B. 债权人　　　　C. 企业管理层　　　D. 监管机构
2. 从企业的债权人角度看,财务报表分析的最直接目的是看企业的(　　)
   A. 盈利能力　　　B. 营运能力　　　C. 偿债能力　　　　D. 增长能力
3. 以下属于静态报表的是(　　)
   A. 资产负债表　　　　　　　　　　B. 利润表
   C. 现金流量表　　　　　　　　　　D. 所有者权益变动表
4. 财务报表分析程序有：①明确分析目的；②选择分析方法并进行分析计算；③撰写分析报告；④收集分析资料。正确排序的是(　　)
   A. ①④②③　　　B. ①②③④　　　C. ③①④②　　　　D. ①②④③

二、多选题

1. 企业编制的财务报表至少应包括(　　)
   A. 现金流量表　　　B. 成本费用明细表
   C. 资产负债表和利润表　　　　　　D. 股东权益变动表和附注
2. 财务报表分析内容反映的是企业从事的经济活动,包括(　　)
   A. 经营活动　　　B. 投资活动　　　C. 筹资活动　　　　D. 分配活动
3. 以下不属于以"收付实现制"为基础编制的报表是(　　)
   A. 资产负债表　　　　　　　　　　B. 利润表
   C. 现金流量表　　　　　　　　　　D. 所有者权益变动表
4. 以下会计要素中,侧重于反映企业经营成果的要素是(　　)
   A. 资产　　　　　B. 收入　　　　　C. 费用　　　　　　D. 负债

三、判断题

1. 财务报表分析不仅可用于评价过去和反映现状,更重要的是可以估计企业未来发展状况与趋势。(　　)
2. 利润表是根据"资产＝负债＋所有者权益"这一平衡公式编制的。(　　)
3. 费用是企业在日常活动中发生的、会导致所有者权益减少的、与向所有者分配利润无关的经济利益的总流出。(　　)
4. 审计报告也属于财务报表分析内容的载体。(　　)

项目二　资产负债表编制与分析

☞ **职业能力目标**

(1) 掌握资产负债表的结构、项目内容,会编制资产负债表;
(2) 能够对资产负债表进行内容分析、结构分析、水平分析。

☞ **典型工作任务**

(1) 资产负债表编制与分析;
(2) 对资产负债表进行内容分析、结构分析、水平分析。

任务一　资产负债表编制

【任务引例】

某企业长期借款如表 2-1 所列,则该企业 2019 年 12 月 31 资产负债表中长期借款项目金额是多少?

表 2-1　借款数据信息

借款起始日期	借款期限(年)	金额(元)
2018 年 3 月 1 日	3	1 000 000
2017 年 5 月 1 日	5	2 000 000
2016 年 6 月 1 日	4	1 500 000

【知识储备与业务操作】

一、资产负债表的结构与格式

资产负债表的基本结构是由三个部分构成的,具体包括表头、正表和补充资料。

(一) 表　头

表头部分包括资产负债表的名称、编号、编制单位、编制时间和金额单位等内容。由于该表反映企业在某一时点总的财务状况,属于静态报表,因此,一定要注明是某年某月某日的报表。

(二) 正　表

正表是资产负债表的主体部分,主要反映资产负债表各项目的内容。资产负债表包括资产、负债和所有者权益三个会计要素。各要素按一定的标准进行分类,并按一定的顺序加以排列。资产项目按照其流动性的大小(即变现能力的强弱)排列,流动性大的在先,流动性小的在后;负债项目按照其到期日的远近排列,到期日近的在先,到期日远的在后;所有者权益项目按其永久程度排列,永久程度高的在先,永久程度低的在后。

(三) 补充资料

补充资料包括附注和附列资料等内容,填列一些不能直接列入资产负债表的项目,如采用的主要会计处理方法、会计处理方法的变更情况、有关重要项目的明细资料等。

在我国,资产负债表采用账户式。每个项目又分为"年初余额"和"期末余额"两栏分别填列。我国企业的资产负债表格式(适用于已执行新金融准则或新收入准则的企业)如表2-2所列。

表2-2 资产负债表

会企01表

编制单位: ___年_月_日   单位:元

资 产	期末余额	年初余额	负债和所有者权益(或股东权益)	期末余额	年初余额
流动资产:			流动负债:		
货币资金			短期借款		
交易性金融资产			交易性金融负债		
衍生金融资产			衍生金融负债		
应收票据			应付票据		
应收账款			应付账款		
应收款项融资			预收款项		
预付款项			合同负债		
其他应收款			应付职工薪酬		
存货			应交税费		
合同资产			其他应付款		
持有待售资产			持有待售负债		
一年内到期的非流动资产			一年内到期的非流动负债		
其他流动资产			其他流动负债		
流动资产合计			流动负债合计		
非流动资产:			非流动负债:		
债权投资			长期借款		
其他债权投资			应付债券		

续表 2-2

资　产	期末余额	年初余额	负债和所有者权益（或股东权益）	期末余额	年初余额
长期应收款			其中：优先股		
长期股权投资			永续债		
其他权益工具投资			租赁负债		
其他非流动金融资产			长期应付款		
投资性房地产			预计负债		
固定资产			递延收益		
在建工程			递延所得税负债		
生产性生物资产			其他非流动负债		
油气资产			非流动负债合计		
使用权资产			负债合计		
无形资产			所有者权益（或股东权益）：		
开发支出			实收资本（或股本）		
商誉			其他权益工具		
长期待摊费用			其中：优先股		
递延所得税资产			永续债		
其他非流动资产			资本公积		
非流动资产合计			减：库存股		
			其他综合收益		
			专项储备		
			盈余公积		
			未分配利润		
			所有者权益（或股东权益）合计		
资产总计			负债和所有者权益（或股东权益）总计		

二、资产负债表编制

（一）资产负债表编制要求

1. 数字真实

资产负债表中各项指标数字必须真实可靠，正确无误，如实地反映企业的财务状况，严禁弄虚作假或用估计数字代替实际数字。制度规定，如长期投资、固定资产、在建工程、无形资产、委托贷款等长期资产发生了重大贬值时，应计提减值准备，在资产负债表中，资产的数字是扣除了减值准备后的数字，能真实反映资产的实际价值。

2. 内容完整

资产负债表有统一的格式,表中的项目和内容必须按规定填列完整,对规定填列的报表指标,无论是表内项目,还是补充资料,都必须填列齐全,不要遗漏。

3. 计算准确

资产负债表各项目的计算应当准确,在报表中,流动资金项目、流动负债项目等大类项目,均按表中项目相加而成,应注意其计算的准确性;此外资产负债表与利润分配表为还具有勾稽关系,如资产负债表的未分配利润项目与利润分配表的未分配利润的累计数应该相互一致等。

4. 报送及时

资产负债表必须按规定的期间和程序及时报送有关部门并及时编出会计报表,才有利于管理部门进行分析利用和决策。

5. 手续齐备

资产负债表报出时必须完善一切手续,包括审核、签名和盖章、装订等工作。按会计法的规定,报表报出时,需经单位负债人签名和盖章。

6. 说明清楚

资产负债表的项目如因企业的核算方法、特殊原因以及非常情况而发生重大变动时,应附有简要文字说明;有些需按具体准则规定编制有关的会计报表附注;对于年度会计报表,还应附有财务状况说明书,以便报表阅读者更好地了解情况及有关部门查证考核。比如企业的存货一直都是采用加权平均法计算发出存货成本的,由于当年物价变动较快,从谨慎性原则出发,从年初起改用了后进先出法,这种会计政策变更应在报表附注中进行说明。

(二)资产负债表编制方法

1. 根据明细账户期末余额分析计算填列

资产负债表中一部分项目的"期末余额"需要根据有关明细账户的期末余额分析计算填列,如"应收账款""预付款项""应付账款""预收款项""应收票据""应收股利""应收利息""其他应收款"等。

2. 根据总账账户期末余额计算填列

资产负债表中一部分项目的"期末余额"需要根据有关总账账户的期末余额计算填列,如"货币资金"项目,应根据"库存现金"、"银行存款"和"其他货币资金"等账户的期末余额合计填列。

"未分配利润"项目,应根据"本年利润"账户和"利润分配"账户的期末余额计算填列,如为未弥补亏损,则在本项目内以"一"号填列,年末结账后,"本年利润"账户已无余额,"未分配利润"项目应根据"利润分配"账户的年末余额直接填列,贷方余额以正数填列,如为借方余额,应以"一"号填列。"存货"项目,应根据"材料采购(或在途物资)""原材料""周转材料""库存商品""委托加工物资""生产成本"等账户的期末余额之和,减去"存货跌价准备"账户期末余额后的金额填列。再例如固定资产、无形资产、在建工程、长期股权投资等,均应根据其相应总账账户的期末余额减去其相应减值准备后的净额填列。

3. 根据总账账户期末余额直接填列

资产负债表中大部分项目的"期末余额"可以根据有关总账账户的期末余额直接填列,如"交易性金融资产""应收票据""固定资产清理""工程物资""递延所得税资产""短期借款""交易性金融负债""应付票据""应付职工薪酬""应交税费""递延所得税负债""预计负债""实收资本""资本公积""盈余公积"等项目。这些项目中,"应交税费"等负债项目,如果其相应账户出现借方余额,应以"一"号填列。

4. 资产负债表附注的内容

资产负债表附注的内容,根据实际需要和有关备查账簿等的记录分析填列。如或有负债披露方面,按照备查账簿中记录的商业承兑汇票贴现情况,填列"已贴现的商业承兑汇票"项目。

(三) 资产负债表各项目的具体填列方法

(1) "交易性金融资产"项目,反映资产负债表日企业分类为以公允价值计量且其变动计入当期损益的金融资产,以及企业持有的指定为以公允价值计量且其变动计入当期损益的金融资产的期末账面价值。该项目应根据"交易性金融资产"科目的相关明细科目的期末余额分析填列。自资产负债表日起超过一年到期且预期持有超过一年的以公允价值计量且其变动计入当期损益的非流动金融资产的期末账面价值,在"其他非流动金融资产"项目反映。

(2) "应收票据"项目,反映资产负债表日以摊余成本计量的、企业因销售商品、提供服务等收到的商业汇票,包括银行承兑汇票和商业承兑汇票。该项目应根据"应收票据"科目的期末余额,减去"坏账准备"科目中相关坏账准备期末余额后的金额分析填列。

(3) "应收账款"项目,反映资产负债表日以摊余成本计量的、企业因销售商品、提供服务等经营活动应收取的款项。该项目应根据"应收账款"科目的期末余额,减去"坏账准备"科目中相关坏账准备期末余额后的金额分析填列。

(4) "应收款项融资"项目,反映资产负债表日以公允价值计量且其变动计入其他综合收益的应收票据和应收账款等。

(5) "其他应收款"项目,应根据"应收利息"、"应收股利"和"其他应收款"科目的期末余额合计数,减去"坏账准备"科目中相关坏账准备期末余额后的金额填列。其中的"应收利息"仅反映相关金融工具已到期可收取但于资产负债表日尚未收到的利息。基于实际利率法计提的金融工具的利息应包含在相应金融工具的账面余额中。

(6) "持有待售资产"项目,反映资产负债表日划分为持有待售类别的非流动资产及划分为持有待售类别的处置组中的流动资产和非流动资产的期末账面价值。该项目应根据"持有待售资产"科目的期末余额,减去"持有待售资产减值准备"科目的期末余额后的金额填列。

（7）"债权投资"项目，反映资产负债表日企业以摊余成本计量的长期债权投资的期末账面价值。该项目应根据"债权投资"科目的相关明细科目期末余额，减去"债权投资减值准备"科目中相关减值准备的期末余额后的金额分析填列。自资产负债表日起一年内到期的长期债权投资的期末账面价值，在"一年内到期的非流动资产"项目反映。企业购入的以摊余成本计量的一年内到期的债权投资的期末账面价值，在"其他流动资产"项目反映。

（8）"其他债权投资"项目，反映资产负债表日企业分类为以公允价值计量且其变动计入其他综合收益的长期债权投资的期末账面价值。该项目应根据"其他债权投资"科目的相关明细科目的期末余额分析填列。自资产负债表日起一年内到期的长期债权投资的期末账面价值，在"一年内到期的非流动资产"项目反映。企业购入的以公允价值计量且其变动计入其他综合收益的一年内到期的债权投资的期末账面价值，在"其他流动资产"项目反映。

（9）"其他权益工具投资"项目，反映资产负债表日企业指定为以公允价值计量且其变动计入其他综合收益的非交易性权益工具投资的期末账面价值。该项目应根据"其他权益工具投资"科目的期末余额填列。

（10）"固定资产"项目，反映资产负债表日企业固定资产的期末账面价值和企业尚未清理完毕的固定资产清理净损益。该项目应根据"固定资产"科目的期末余额，减去"累计折旧"和"固定资产减值准备"科目的期末余额后的金额，以及"固定资产清理"科目的期末余额填列。

（11）"在建工程"项目，反映资产负债表日企业尚未达到预定可使用状态的在建工程的期末账面价值和企业为在建工程准备的各种物资的期末账面价值。该项目应根据"在建工程"科目的期末余额，减去"在建工程减值准备"科目的期末余额后的金额，以及"工程物资"科目的期末余额，减去"工程物资减值准备"科目的期末余额后的金额填列。

（12）"使用权资产"项目，反映资产负债表日承租人企业持有的使用权资产的期末账面价值。该项目应根据"使用权资产"科目的期末余额，减去"使用权资产累计折旧"和"使用权资产减值准备"科目的期末余额后的金额填列。

（13）"一年内到期的非流动资产"项目，通常反映预计自资产负债表日起一年内变现的非流动资产。对于按照相关会计准则采用折旧（或摊销、折耗）方法进行后续计量的固定资产、使用权资产、无形资产和长期待摊费用等非流动资产，折旧（或摊销、折耗）年限（或期限）只剩一年或不足一年的，或预计在一年内（含一年）进行折旧（或摊销、折耗）的部分，不得归类为流动资产，仍在各该非流动资产项目中填列，不转入"一年内到期的非流动资产"项目。

（14）"交易性金融负债"项目，反映资产负债表日企业承担的交易性金融负债，以及企业持有的指定为以公允价值计量且其变动计入当期损益的金融负债的期末账面价值。该项目应根据"交易性金融负债"科目的相关明细科目的期末余额填列。

(15)"应付票据"项目,反映资产负债表日以摊余成本计量的、企业因购买材料、商品和接受服务等开出、承兑的商业汇票,包括银行承兑汇票和商业承兑汇票。该项目应根据"应付票据"科目的期末余额填列。

(16)"应付账款"项目,反映资产负债表日以摊余成本计量的、企业因购买材料、商品和接受服务等经营活动应支付的款项。该项目应根据"应付账款"和"预付账款"科目所属的相关明细科目的期末贷方余额合计数填列。

(17)"其他应付款"项目,应根据"应付利息"、"应付股利"和"其他应付款"科目的期末余额合计数填列。其中的"应付利息"仅反映相关金融工具已到期应支付但于资产负债表日尚未支付的利息。基于实际利率法计提的金融工具的利息应包含在相应金融工具的账面余额中。

(18)"持有待售负债"项目,反映资产负债表日处置组中与划分为持有待售类别的资产直接相关的负债的期末账面价值。该项目应根据"持有待售负债"科目的期末余额填列。

(19)"租赁负债"项目,反映资产负债表日承租人企业尚未支付的租赁付款额的期末账面价值。该项目应根据"租赁负债"科目的期末余额填列。自资产负债表日起一年内到期应予以清偿的租赁负债的期末账面价值,在"一年内到期的非流动负债"项目反映。

(20)"长期应付款"项目,反映资产负债表日企业除长期借款和应付债券以外的其他各种长期应付款项的期末账面价值。该项目应根据"长期应付款"科目的期末余额,减去相关的"未确认融资费用"科目的期末余额后的金额,以及"专项应付款"科目的期末余额填列。

(21)"递延收益"项目中摊销期限只剩一年或不足一年的,或预计在一年内(含一年)进行摊销的部分,不得归类为流动负债,仍在该项目中填列,不转入"一年内到期的非流动负债"项目。

(22)"合同资产"和"合同负债"项目。企业应按照《企业会计准则第14号——收入》(财会〔2017〕22号)的相关规定根据本企业履行履约义务与客户付款之间的关系在资产负债表中列示合同资产或合同负债。"合同资产"项目、"合同负债"项目,应分别根据"合同资产"科目、"合同负债"科目的相关明细科目的期末余额分析填列,同一合同下的合同资产和合同负债应当以净额列示,其中净额为借方余额的,应当根据其流动性在"合同资产"或"其他非流动资产"项目中填列,已计提减值准备的,还应减去"合同资产减值准备"科目中相关的期末余额后的金额填列;其中净额为贷方余额的,应当根据其流动性在"合同负债"或"其他非流动负债"项目中填列。由于同一合同下的合同资产和合同负债应当以净额列示,企业也可以设置"合同结算"科目(或其他类似科目),以核算同一合同下属于在某一时段内履行履约义务涉及与客户结算对价的合同资产或合同负债,并在此科目下设置"合同结算——价款结算"科目反映定期与客户进行结算的金额,设置"合同结算——收入结转"科目反映按履约进度结转的收入金额。资产负债表日,"合同结算"科目的期末余额在借方的,根据其流动性在"合同资产"或"其他非流动资产"项目中填列;期末余额在贷方的,根据其流动性在"合同负债"或"其他非流动负债"项目中填列。

(23) 按照《企业会计准则第 14 号——收入》(财会〔2017〕922 号)的相关规定确认为资产的合同取得成本,应当根据"合同取得成本"科目的明细科目初始确认时摊销期限是否超过一年或一个正常营业周期,在"其他流动资产"或"其他非流动资产"项目中填列,已计提减值准备的,还应减去"合同取得成本减值准备"科目中相关的期末余额后的金额填列。

(24) 按照《企业会计准则第 14 号——收入》(财会〔2017〕22 号)的相关规定确认为资产的合同履约成本,应当根据"合同履约成本"科目的明细科目初始确认时摊销期限是否超过一年或一个正常营业周期,在"存货"或"其他非流动资产"项目中填列,已计提减值准备的,还应减去"合同履约成本减值准备"科目中相关的期末余额后的金额填列。

(25) 按照《企业会计准则第 14 号——收入》(财会〔2017〕22 号)的相关规定确认为资产的应收退货成本,应当根据"应收退货成本"科目是否在一年或一个正常营业周期内出售,在"其他流动资产"或"其他非流动资产"项目中填列。

(26) 按照《企业会计准则第 14 号——收入》(财会〔2017〕22 号)的相关规定确认为预计负债的应付退货款,应当根据"预计负债"科目下的"应付退货款"明细科目是否在一年或一个正常营业周期内清偿,在"其他流动负债"或"预计负债"项目中填列。

(27) 企业按照《企业会计准则第 22 号——金融工具确认和计量》(财会〔2017〕7 号)的相关规定对贷款承诺、财务担保合同等项目计提的损失准备,应当在"预计负债"项目中填列。

(28) "其他权益工具"项目,反映资产负债表日企业发行在外的除普通股以外分类为权益工具的金融工具的期末账面价值。对于资产负债表日企业发行的金融工具,分类为金融负债的,应在"应付债券"项目填列,对于优先股和永续债,还应在"应付债券"项目下的"优先股"项目和"永续债"项目分别填列;分类为权益工具的,应在"其他权益工具"项目填列,对于优先股和永续债,还应在"其他权益工具"项目下的"优先股"项目和"永续债"项目分别填列。

(29) "专项储备"项目,反映高危行业企业按国家规定提取的安全生产费的期末账面价值。该项目应根据"专项储备"科目的期末余额填列。

【做中学 2-1】

根据新风公司 2021 年有关账户资料(表 2-3)编制资产负债表。

表 2-3 新风公司账户余额表

单位：元

账户名称	借方余额	贷方余额	账户名称	借方余额	贷方余额
库存现金	8 000		短期借款		355 000
银行存款	127 000		应付账款		500 000
其他货币资金	195 000		预收款项		200 000
应收票据	90 000		应付职工薪酬		130 000
应收账款	260 000		应交税费	50 000	
坏账准备		50 000	应付股利		100 000
预付款项			长期借款		1 000 000
在途物资	200 000		实收资本		1 000 000
原材料	370 000		资本公积		144 000
周转材料	180 000		盈余公积		256 000
生产成本	470 000		利润分配		25 000
固定资产	2 310 000				
累计折旧		500 000			
合计	4 210 000	550 000	合计	50 000	3 710 000

补充说明：

(1) 在"应收账款"账户的明细账中，"甲企业"有贷方余额 50 000 元。

(2) 在"应付账款"账户的明细账中，"乙企业"有借方余额 150 000 元。

(3) 在"预收账款"账户的明细账中，"丙企业"有借方余额 40 000 元。

案例解析：

该企业 2021 年 12 月 31 日资产负债表各项目的应填列金额计算分析如下：

(1) 货币资金项目：将"库存现金""银行存款""其他货币资金"账户余额合并计入货币资金项目，即 8 000+127 000+195 000=330 000(元)。

(2) 应收票据项目：按账户余额直接填列，即 90 000(元)。

(3) 应收账款项目：将"应收账款"项目所属明细账户的借方余额加上"预收账款"所属明细账户的借方余额合计，再减去"坏账准备"账户的余额。具体计算如下：

应收账款项目所属明细账户的借方余额合计=260 000+50 000=310 000(元)
应收账款项目应填列金额=310 000+40 000-50 000=300 000(元)

(4) 预付账款项目：将"预付账款"项目所属明细账户的借方余额加上"应付账款"所属明细账户的借方余额合计，即 150 000(元)。

(5) 存货项目：将"在途物资""原材料""周转材料""生产成本"账户的余额合计，即 200 000+370 000+180 000+470 000=1 220 000(元)。

(6) 固定资产项目：将"固定资产"账户余额减去"累计折旧"账户余额，即

2 310 000－500 000＝1 810 000（元）。

（7）应付账款项目：将"应付账款"项目所属明细账户的贷方余额加上"预付账款"所属明细账户的贷方余额合计，即 500 000＋150 000＝650 000（元）。

（8）预收账款项目：将"预收账款"项目所属明细账户的贷方余额加上"应收账款"所属明细账户的贷方余额合计。

预收账款项目所属明细账户的贷方余额合计＝200 000＋40 000＝240 000（元）
预收账款项目应填列金额＝240 000＋50 000＝290 000（元）

（9）应付职工薪酬项目：直接按"应付职工薪酬"账户余额填列，即 130 000。

（10）应交税费项目：直接按"应交税费"账户余额镇列，由于余额在借方，因此，以负数填列，即－50 000 元。

（11）实收资本、资本公积、盈余公积项目：按各自账户余额直接填列。

（12）未分配利润项目：按"利润分配"账户的期末余额直接填列，即 25 000 元。

因此，新风公司资产负债表编制如表 2－4 所列。

表 2－4　资产负债表

编制单位：新风公司　　　　　　　2021 年 12 月 31 日　　　　　　　单位：元

资　产	期末余额	年初余额	负债和所有者权益	期末余额	年初余额
流动资产：			流动负债：		
货币资金	330 000		短期借款	355 000	
应收票据	90 000		应付账款	650 000	
应收账款	300 000		预收账款	290 000	
预付账款	150 000		应付职工薪酬	130 000	
存货	1 220 000		应交税费	－50 000	
流动资产合计	2 090 000		应付股利	100 000	
非流动资产：			流动负债合计	1 475 000	
固定资产	1 810 000		非流动负债：		
非流动资产合计	1 810 000		长期借款	1 000 000	
			非流动负债合计	1 000 000	
			所有者权益：		
			实收资本	1 000 000	
			资本公积	144 000	
			盈余公积	256 000	
			未分配利润	25 000	
			所有者权益合计	1 425 000	
资产合计	3 900 000		负债和权益合计	3 900 000	

【引例解析】

该企业 2019 年 12 月 31 日资产负债表中"长期借款"项目金额为：1 000 000＋2 000 000＝3 000 000(元)，本例中企业应当根据"长期借款"总账科目余额 4 500 000 (1 000 000＋2 000 000＋1 500 000)元，减去一年内到期的长期借款 1 500 000 元计算"长期借款"项目的金额。

任务二　资产负债表分析

【任务引例】

某制造企业 2021 年期末货币资金余额 4 249 万元，货币资金全年月末月均算数平均数 5 178 万元，其全年月均应税成本费用等 1 110 万元，全年固定资产及在建工程新增 2 108 万元，月均 176 万元，全年长短期借款保持在 2 110 万元左右，财务费用共计 106 万元。

请分析这家企业存在哪些问题。

【知识储备与业务操作】

一、主要资产、负债项目分析

(一) 货币资金

货币资金指以货币形态存在的资金，包括企业库存现金、银行存款、外埠存款、银行汇票存款、银行本票存款、信用卡存款和在途资金等。

货币资金是企业流动性最强的资产，其变现速度最快。若该项目数额较大，表明企业的支付能力较强，是偿还债务和支付货款的有力保障。相反，当企业的货币资金数额较小时，将会影响企业的支付能力，使企业面临偿债困难和支付货款的巨大压力，严重的最终将导致企业破产。

盈利能力最弱是货币资金的另一属性。如果其仅仅停留在货币形态上，便只有支付功能，增值能力微乎其微。所以，数额不宜过大，否则，对企业的盈利能力会产生不良影响，损失资金的增值能力。

货币资金的增减变化与企业的经营活动、投资活动和筹资活动有关，全面理解货币资金项目应结合现金流量表的解读与分析。

货币资金的规模及占总资产比例的合理性判定，需要考虑以下因素：

(1) 货币资金的目标持有量；

(2) 资产的规模及业务量；

(3) 企业融资能力；

（4）企业运用货币资金的能力；

（5）行业特点：银行业、保险业与其他行业相比，要保持较高货币资金。

如果短期内货币资金变动较大，要分析销售规模变动、赊销政策变动，以及短期有无大额支付计划，例如支付现金红利，偿还将要到期的借款，集中购货等，如果均无以上情形，则会进一步审查，会将货币资金与收入账核对，看是否有未入账的收入，或者将货币资金与成本费用账户核对，审查费用列支的真实合法性。

货币资金可能涉及的主要问题有：

（1）借方发生额对应应付款项账户，以往来账转移应税收入。

（2）借方发生额直接对应存货账户，销售货物不作销售处理，隐瞒销售行为。

（3）借方发生额直接对应成本费用账户，以收入冲减成本费用，隐匿应税收入。

（4）贷方对应费用账户，但原始凭证不合规定，非法列支费用。

（5）贷方对应费用账户，原始凭证虽然合法，但列支数超过规定标准，多列成本费用。

（二）应收账款

应收账款核算企业因销售商品、产品、提供劳务等而应向购货单位或接受劳务单位收取的款项，期末按减除"坏账准备"后的余额填列。应与"主营业务收入""管理费用"结合分析。

应收账款如发生大幅度上升或下降，则应分析其明细构成及账龄分析表。关于大幅度下降应分析：

（1）是否存在"应收账款"明细账的贷方余额？其是否属于预收账款的性质？

（2）是否增提了坏账准备？是否进行了纳税调整？

（3）核销的应收账款是否经主管税务机关批准？

（4）是否进行过债务重组？

（5）是否进行过"打包"债务转让？

（6）是否推迟收入实现时间甚至有收入不入账行为？

（7）转销的坏账损失是否合法合规？

关于大幅度上升应分析：

（1）企业是否在优惠期内快结束之前集中开票销售？

（2）企业是否刻意延长应收账款期？

（3）是否存在长期挂账未申请核销的应收账款？应收账款余额巨大，且长期挂账，可能存在虚开发票、虚增收入的问题，税务机关可能通过协查的方式来证实。

（4）随同货物销售收取的价外费用不按税法规定计缴增值税。

（5）借方发生额直接对应存货类账户，故意隐瞒收入。

若应收账款大幅增加,一般会分析其与收入增长的幅度是否匹配,会把利润表中的收入×(1＋增值税税率)与应收账款增加额进行比较。如果应收账款的金额大于这个数据,可能会认为存在没有确认收入的情形。

【做中学 2－2】

某包装公司 2020 年营业收入 24 370 829.39 元,应收账款增加 42 358 042.95 元,该公司账款是否异常?

解析:

24 370 829.39×(1＋13％)＝27 539 037.21(元)

应收账款增加 42 358 042.95 元远远大于利润表中的收入×(1＋增值税税率),可能存在未确认收入的情形。

(三) 应收票据

核算企业因销售商品、产品、提供劳务等而收到的商业汇票。如果存在逾期应收票据,应转入应收账款。应收票据分析时应注意以下问题:

(1) 应收票据是否长期挂账。一般情况下商业汇票的付款期限最长不得超过 6 个月,如果存在长期挂账情形,则可能存在异常。

(2) 应收票据借方发生额直接对应存货账户,隐匿销售收入。

(3) 到期收回的带息票据,企业将收到的利息不申报纳税。

(4) 对贴现票据贴现息的计算和财务处理有误,影响缴纳企业所得税。

(5) 对销售货物收取的延期付款利息,未按税法规定作为价外费用计缴增值税。

【案例阅读】

税务稽查人员发现某建材销售企业被查年度中"应收票据"金额连续 3 年未发生变化,为借方余额 117 万元,企业财务人员辩称该款项已用作背书进货,可能没有及时做账务处理。进一步检查发现企业在一个工作簿上登记有 20 张大额商业汇票直接背书转让给钢材供应商进行采购钢材的情况,追踪查询之后发现这些背书转让的商业汇票只有 3 张在企业账簿中记载,其余均未入账,并且通过背书转让采购的钢材,主要销售对象为现金购货且不需要发票的客户,因此从采购到销售过程都未在企业账面体现,存在账外经营、逃避税款的情况,受到相应处罚。

(四) 其他应收款

"其他应收款"是企业由于非商品交易形成的债权,在企业资产中所占比重一般不会过大。但是在实行集团化管理的情况下,向关联方输送资金往往是通过其他应收款的项目来进行的。"其他应收款"质量分析具体如下:

(1) 正常部分的其他应收款,经验数据小于资产总额的 1％,若过高则属于不良资产;

(2) 被子公司占用的部分,即母公司"其他应收款"报表数与合并报表"其他应收

款"数据之差,其质量需要视情况而定;

(3) 被母公司、兄弟公司占用的"其他应收款",不良资产概率大。

"其他应收款"分析时常见风险如下:

(1) 如果报表中其他应收款比应收账款余额大,要结合企业的经营方式分析,如果是现销方式或以预收款销售为主的企业可能出现这种情形,如果并非这两类企业,需引起关注。

(2) 如果"其他应收款"金额过大或者占总资产的比重过大,并且常年变动比较小,可能存在未按规定缴纳个人所得税的风险。政策依据如下:

国税发[2005]120号:对个人投资者从其投资企业借款的期限超过1年,且又未用于企业生产经营的,其未归还的借款可视为企业对个人投资者的红利分配,依照"利息、股息、红利所得"项目计征个人所得税。

财税[2003]158号:纳税年度内个人投资者从其投资企业借款,在该纳税年度终了后既不归还,又未用于企业生产经营的,其未归还的借款可视为企业对个人投资者的红利分配,依照"利息、股息、红利所得"项目计征个人所得税。

财税[2008]83号:企业投资者个人、投资者家庭成员或企业其他人员向企业借款用于购买房屋及其他财产,将所有权登记为投资者、投资者家庭成员或企业其他人员,借款年度终了后未归还借款的,不论所有权人是否将财产无偿或有偿交付企业使用,其实质均为企业对个人进行了实物性质的分配,应依法计征个人所得税。

【案例讨论2-1】

上海某家公司在其2021年年报中"其他应收款"金额较高,经查阅发现某自然人股东位列公司"其他应收款"前五名,事由是借款及往来款1 800万元,存在何种风险?

【案例解析2-1】

该股东若期末不偿还借款,会涉及个人所得税。

【案例阅读】

公司借款给股东,风险有多大?

2010年,黄山市博皓投资咨询有限公司借款给股东苏忠合300万元、洪作南265万元、倪宏亮305万元,以上共计借款870万元,该借款已于2012年5月归还。

2013年2月28日,黄山市地方税务局稽查局对这家公司涉嫌税务违法行为进行立案稽查,并且于2014年2月20日对这家公司做出税务处理决定,其中认定公司少代扣代缴174万元个人所得税,责令公司补扣、补缴,并且做出税务行政处罚决定,对这家公司处以罚款87万元。

公司不服,认为该笔借款不是分红的性质,而且已于2012年的时候全额还款了。于是向黄山市人民政府提出行政复议申请,黄山市人民政府维持了税务局的处理决定。于是公司在法定期限内提起行政诉讼。依据《安徽省黄山市中级人民法院行政判决书》((2015)黄中法行终字第00006号)终审判决:驳回上诉,维持原判。

安徽省黄山市中级人民法院给出的理由是:黄山市地方税务局稽查局查明博皓公司股东从博皓公司借款超过一个纳税年度,该借款又未用于博皓公司经营,黄山市地方税务局稽查局将博皓公司股东在超过一个纳税年度内未归还的借款视为博皓公司对个人投资者的红利分配,依照《财政部、国家税务总局关于规范个人投资者个人所得税征收管理的通知》第二条规定,决定计征个人所得税,该决定符合财政部、国家税务总局关于个人投资者从投资的企业借款长期不还的处理意见。

公司不服,在法定期限内提起二审申请。《安徽省高级人民法院行政裁定书》((2017)皖行申247号)裁定:驳回黄山市博皓投资咨询有限公司的再审申请。

从案例当中我们可以看到,公司借款给股东,长期挂账其他应收款,有引起税务预警的风险,一旦被稽查就会面临着补缴税款、滞纳金、缴纳罚款的处理后果。

(3) 其他应收款在报表中出现负数或者红字,存在异常。

【案例讨论 2-2】

某税务稽查人员在审阅一家企业资产负债表时,发现报表中"其他应收款"项目为负数,于是进一步检查其他应收款明细,发现该企业6月8日有一笔其他应收款业务,摘要中注明是"收回欠款",但未注明借款单位名称,该明细账户借方也未见记载,于是查阅了该笔业务的凭证,记载凭证的会计分录:

借:银行存款 120 000 元

 贷:其他应收款 120 000 元

  所附原始凭证为一张"银行进账单"收款通知和一项专利技术转让书。

  这家公司的此笔账务处理存在哪些问题,请展开小组讨论。

【案例解析 2-2】

转让专利技术正确账务处理为:

借:银行存款

 无形资产处置损益

 累计摊销

 贷:无形资产

  应交税费——应交增值税(销项税额)

  资产处理损益

因此,专利技术转让涉及增值税和企业所得税,而案例中的账务处理不正确,案例中账务处理会造成以下问题:

(1) 少交增值税和企业所得税等；

(2) 无形资产虚列，造成摊销增多。

（五）预付款项

预付款项是资产负债表项目，列示预付账款与应付账款所属各明细科目的期末借方余额合计减去计提的有关预付账款的坏账准备科目。预付货款情况不多的公司，也可以将预付的货款直接记入"应付账款"借方。

预付账款与应收账款都属于公司的债权，但两者产生的原因不同，应收账款是公司应收的销货款，通常是用货币清偿的，而预付账款是预付给供货单位的购货款或预付给施工单位的工程价款和材料款，通常是用商品、劳务或完工工程来清偿的。

预付款项分析时应该考虑行业惯例和企业所处市场地位。

【案例讨论2-3】

请通过表2-5数据分析这两家企业产业链环境。

表2-5 两家公司财务数据

	应付账款	预付账款
东软集团	9%	接近于0
苏宁云商	28%	7%

【案例解析2-3】

应付账款和预付款项体现与上游供应商的谈判能力，软件行业采购量小，无太多与供应商的关系；电商零售业采购量大，应付账款较高，说明有一定谈判能力。

【案例阅读】

特变电工预付账款分析

特变电工是为全球能源事业提供系统解决方案的服务商，是国家级高新技术企业和中国大型能源装备制造企业，由2万余名员工组成，培育了以能源为基础，"输变电高端制造、新能源、新材料"一高两新国家三大战略性新兴产业，成功构建了特变电工（股票代码600089）、新疆众和（股票代码600888）、新特能源（股票代码HK1799）三家上市公司。2010—2018年相关数据见表2-6。

表2-6 2010—2018年相关财务数据

	2018年	2017年	……	2011年	2010年
预付款项	259 835 500 678	269 682 881 952	……	308 781 044 455	137 721 783 682
总资产	9 259 458 423 903	8 359 776 713 540	……	3 361 246 640 124	2 361 576 161 423
占比	2.7%	3.1%	……	8.9%	5.5%

2011年预付账款较2010年增长了124.21%,特变电工之所以有大幅增长,原因如下:

(1) 为了锁定某些原材料的价格,材料采购提前支付了预付款。

(2) 固定资产构建和在建工程的预付款,公司处于快速发展期,每年需要购建一些固定资产、无形资产,需要支付一些预付款。

(3) 一些产品需要铁路运输,要预订车皮,需要支付预付款。

预付账款常见风险点:

(1) 预付款项长期挂账,很可能并不是说明采购,而是以此名义将公司的资金挪为他用或隐藏借款。

【案例阅读】

假借预付账款之名隐藏借款

A企业资产负债表中流动资产1亿元左右,其中预付账款4 000多万元,占流动资产40%左右,企业的预付账款主要是A企业向其子公司B企业预付,双方无购销合同,子公司也未向母公司提供任何商品、服务和劳务。A企业适用25%的税率,B企业适用10%的税率。

此公司假借预付账款之名,隐藏借款原因,预付账款一般属于商业信用,一般没有利息。由于两家公司适用的企业所得税税率不同,根据税收征管法实施细则第54条:纳税人与其关联企业之间的业务往来有下列情形之一的,税务机关可以调整其应纳税额:(二)融通资金所支付或者收取的利息超过或者低于没有关联关系的企业之间所能同意的数额,或者利率超过或者低于同类业务的正常利率。因此,A公司需要对借款利息进行调整。

(2) 企业资金不充裕,但预付款项金额较高,存在一定风险。

【案例阅读】

透视高额预付账款

吉林利源精制股份有限公司在2018年7月31日公告中称,由于公司及全资子公司多个银行账户被冻结,导致公司及子公司资金紧张。但是在2018年半年报中显示,公司预付账款期末余额为3.75亿元,较期初增长523.44%,其他非流动资产中工程及设备预付款期末余额为6.58亿元,较期初增长86.41%。

一方面银行账户被冻结及债务违约,资金十分紧张;另一方面,又特别积极地把预付款项给供应商,太反常。

2018年9月7日，深交所发来问询函———中小板问询函[2018]第14号，对2018年半年报进行了问询，主要包括：

①上半年经营活动净现金流大幅下降的原因；

②毛利率大幅下降的原因；

③预付账款大幅增加的原因；

④销售费用大幅增长的原因；

  问题三、你公司预付账款期末余额为 3.75 亿元，较期初增长 523.44%，其他非流动资产中工程及设备预付款期末余额为 6.58 亿元，较期初增长 86.41%，请说明在你公司资金紧张的情况下，预付款项增长的原因和合理性。

  回复：

  公司针对该问题进行自查的过程中发现，公司的全资子公司沈阳利源轨道交通装备有限公司（以下简称"沈阳利源"）于 2017 年下半年起厂房设备陆续竣工投产，但业务量较小。为了使沈阳利源能够具备一定的承接订单的能力，并通过生产制造使新招聘工人尽快成为熟练工，上市公司母体将部分业务及订单转移到了沈阳利源。但由于公司财务人员变更频繁，客户同意配合公司订单转移后又出现反复，以及董事长王民身体状况欠佳等因素，公司存在重复计算销售收入，合并抵销不完整，以及应收账款重分类计入预付账款的情况。鉴于公司财会力量薄弱的现状，无法准确确定上述事项对半年度报告相关数据的影响程度，公司计划聘请年度财务审计机构对相关情况进行专项审计，结合审计结果调整公司账目后再对该问题予以回复。

  （3）利用预付账款隐瞒业务预付保证金的付出和回收。预付账款是个高危科目。有大额预付款的企业一定要小心，是否具有商业实质，是否被大股东占用，是否隐藏收入、利润等。

（六）存　货

  存货是指企业在生产经营过程中为销售或耗用而储存的各种资产，包括商品、产成品、半成品、在产品以及各种材料模型、燃料、包装物、低值易耗品等。

  《企业会计准则》规定：企业购入的存货，按买价加运输费、装卸费、保险费、包装费、仓储费、运输途中的合理损耗、入库前的挑选整理费用和按规定应计入成本的税金以及其他费用，作为实际成本。

  《小企业会计准则》规定：批发业、零售业的小企业在购买商品过程中发生的运输费、装卸费、保险费、包装费、运输途中的合理损耗和入库前的挑选整理费等，在发生时直接计入当期销售费用，不计入所购商品的成本。

存货质量分析：

（1）关注存货规模和结构变化，考察固定资产与存货的规模、结构是否相符。

【案例讨论2-4】

请结合表2-7数据分析，存货增加，是否说明产品竞争力或者效率下滑？

表2-7 相关财务数据

年份 项目	2017年	2018年	2019年半年报	2019年第三季度
固定资产	30亿元	50亿元	53亿元	55亿元
存货	49亿元	57亿元	86亿元	98亿元
营业收入	419亿元	498亿元	增长14.6%	增长23.12%
经营活动产生的现金净流量	73亿元	91亿元	增长73.41%	降低95.3%

【案例解析2-4】

该公司2018年固定资产变化，主要是安防产业基地二期、互联网视频产业基地、重庆制造基地等大型工程完工，而且增加的固定资产里以厂房价值为主。

三大基地建成后，生产能力又上了一个台阶，势必增加存货，这只是随着产能的扩大相应增加的存货。正常情况下，公司的销量和营收也应该上升一个台阶的。2019年半年报"经营活动产生的现金净流量"增长主要是销售回款所致。2019年第三季度"经营活动产生的现金净流量"下降主要是备货所致。

（2）关注存货周转速度，综合分析存货周转率和毛利率的关系。

【案例阅读】

这家企业2019年第三季度销售毛利率与2018年第三季度销售毛利率相似，但是存货周转天数却增加21天，同样的获利能力，但是存货周转更慢了，整体而言，经营效率下降。

（3）关注减值准备的计提。

（4）综合考虑效益与现金流量。

存货分析中常见风险点：

（1）"存货"金额非常大，"预收款项"金额也非常大，则存在一定风险

一方面无货可发，另一方面又出现库存积压，两者矛盾。这种情况可能存在销售挂账的问题，即货物已经发出，款项未收到，对方可以不需要发票或者延期需要发票，把这笔款项挂在预收账款上，不确认收入。

（2）存货余额大幅减少，营业收入也随之降低，则存在一定风险

当存货大幅减少时，营业收入应该随之增长，但是如果存货在减少，营业收入也在减少或者有所下降，则存在异常。可能存在隐瞒收入，或者有销售以外的其他用途，例如视同销售。

企业如果存在视同销售的问题,会被关注是否以存货对外投资,如果发现:

1) 长期股权投资期末比期初大幅增加;

2) 现金流量表中"投资支付的现金"及"取得子公司或其他营业单位支付的现金"金额很小。

将上述三个项目结合起来看,则可能存在以存货对外投资问题。

【案例讨论 2-5】

某企业 2018 年末资产负债表中存货较年初减少 60%,利润表中营业收入较去年下降了 15%,资产负债表中长期股权投资增长 300 万元,现金流量表中的"投资支付的现金"及"取得子公司或其他营业单位支付的现金"为 0。

查阅其长期股权投资的明细账发现,10 月份有一笔成本 300 万元、市场价格 500 万元的库存商品对外投资,账务处理为:

借:长期股权投资 300 万元

贷:库存商品 300 万元

请展开小组讨论,这种账务处理是否正确?

【案例解析 2-5】

不正确,正确账务处理:

借:长期股权投资　　　　　　580 万元

　　贷:主营业务收入　　　　　500 万元

　　　　应交税费——应交增值税(销项税额)　80 万元

借:主营业务成本　　　　　300 万元

　　贷:库存商品　　　　　　300 万元

(3) 存货年末比年初大幅降低,并且营业收入变动很小或者有所下降,应付账款期末与期初相比大幅减少,货币资金期末与期初相比变动不大,其他负债项目和资本金无明显增加,可能存在以存货抵债的业务。

【案例讨论 2-6】

某企业存货年末较年初下降 51%,本年收入与上年相比下降 8%左右,应付账款与上年相比大幅减少了 5 100 万元,企业货币资金年末比年初相比只下降了 300 万元,企业的其他负债项目变动较小。

进一步检查应付账款明细账发现,企业有几笔账务处理很相似,整合后发现企业将成本价 3 800 万元、市价 4 000 万元的产品抵偿前欠账款 4 700 万元的业务,账务处理为:

借:应付账款　　　4 700 万元

　　贷:库存商品　　3 800 万元

　　　　资本公积　　　900 万元

请分析以上账务处理是否正确?

【案例解析 2-6】

不正确,正确的账务处理:
借:应付账款　　　　　　4 700 万元
　　贷:主营业务收入　　　　　　　　　　　4 000 万元
　　　　应交税费——应交增值税(销项税额)　520 万元
　　　　营业外收入——债务重组利得　　　　　180 万元
借:主营业务成本　　　　3 800 万元
　　贷:库存商品　　　　　　3 800 万元

财税[2009]59 号规定:以非货币资产清偿债务,应当分解为转让相关非货币性资产、按非货币性资产公允价值清偿债务两项业务,确认相关资产的所得或损失。

增值税及附加税:4000 万元×13%×(1+7%+5%+2%)=592.8 万元
转让存货所得:4000 万元-3800 万元=200 万元
债务重组收益=180 万元

(4) 分析存货是否符合生产经营规模和行业特点。

【案例阅读】

甲企业是一个经营合资品牌小轿车的 4S 店,该企业的总资产规模为 1 亿元,其中存货占 4 000 多万元。该品牌小轿车平均单价 20 万元,按照整车的平均单价来估算,企业有 170 台左右的库存车辆,但实际核查后发现整车数量较少,其他汽车配件、维修材料、装饰材料等也不多,账实核对后,整车的数量账实相符,而一些料件的数量远远小于账存数。

这是因为:当维修对象为个人时,不开票,有价格方面的优惠,所以没开票,隐匿收入。

(5) 存货计价方法隐藏的税收风险。

如果企业取得存货时采用的是计划成本法,一般会关注材料成本分配的计算和分配是否正确,特别是材料成本差异期初有贷方余额,说明期初库存材料是节约差,所以只要当期有领用期初材料,账上就应该有分配材料成本差异冲减成本的处理,否则会存在多计成本的问题。

如果是商业零售企业,采用售价金额核算法,由于库存商品账面记录的是售价,所以检查人员会关注企业在结转销售商品的同时,是否对已售商品结转了商品进销差价,如果没有结转就会存在多计成本的问题。

(6) 存货的减少大于主营业务成本的增加,可能存在视同销售,税务机关重点检查有没有缴纳相关税费。

(七) 固定资产

固定资产分析时应注意以下问题:
(1) 固定资产应与收入相匹配,需要符合行业特点。

【案例讨论 2-7】

某化工企业主要经营粗苯等化工原料的生产销售,产品单价高,2016 年固定资产投入规模达 2 340 万元,以后年度基本保持不变,其相关财务数据见表 2-8。

表 2-8 相关财务数据

年份 项目	2019 年	2020 年	2021 年
营业收入	1 572 万元	2 173 万元	2 768 万元

请从收入与固定资产投入匹配视角分析企业经营情况。

【案例解析 2-7】

按照生产经营和市场规律,在固定资产规模早已达产并稳步提升的情况下,企业销售收入应保持较高水平。财务人员解释说:因为生产工艺流程欠佳,导致产能不足,主要产品产量一直保持较低水平,并表示财务制度规范,不存在隐瞒收入的情况。

但经实地考核得知,该企业生产规模不大,只有一个生产车间,两条生产线,该企业存在虚增固定资产的情况。

(2) 固定资产增加规模不多,但存货大幅增加,需针对以下情形进一步分析:

① 企业在物流组织上有重大变化,企业需要储存更多存货;

② 固定资产虽然增长了,但是市场短时间内对产品有更大的增量需求;

③ 企业生产与市场出现脱节,造成存货积压。

固定资产风险分析:

1) 固定资产期末原值减小,需检查是否按规定缴纳增值税。

借:银行存款

　贷:固定资产清理

　　　应交税费——应交增值税(销项税额)

2) 固定资产未取得发票处理方式。

【做中学 2-3】

企业购买的固定资产已经投入使用了,但是由于一些原因一直没有取得发票,可以税前扣除吗?

国家税务总局关于《贯彻落实企业所得税法若干税收问题的通知》(国税函[2010]79 号)第五条规定:企业固定资产投入使用后,由于工程款项尚未结清未取得全额发票的,可暂按合同规定的金额计入固定资产计税基础计提折旧,待发票取得后进行调整。但该项调整应在固定资产投入使用后 12 个月内进行。

因此,企业可以暂按合同规定的金额计入固定资产计税基础计提折旧,待发票取得后进行调整。

(3) 固定资产"试运行"处理

固定资产"试运行"取得的收入,按企业会计准则的规定,未达到预定可使用状态前产生的收入,应冲减固定资产成本。在企业所得税法的规定中,固定资产从投入使用月份的次月起按规定年限和方法提取折旧并在税前扣除。

【做中学 2-4】

公司建造一套设备,建造成本 100 万元,在安装调试期间,进行了试生产,产生试运行收入 10 万元。那么,安装调试期间的收入如何处理?

会计处理原则上应该将 10 万元冲减固定资产成本,税法处理原则上应从次月起计提折旧并在税前扣除。

(4) 固定资产利息超标处理

根据《企业所得税法实施条例》第三十八条第(二)项规定,企业在生产经营活动中发生的非金融企业向非金融企业借款的利息支出,不超过按照金融企业同期同类贷款利率计算的数额的部分,准予扣除。

按会计处理原则可以资本化计入固定资产原值,但固定资产使用期间所计提的折旧,在企业所得税汇算清缴时应进行纳税调整,超过金融企业同期同类贷款利率计算利息的部分,不得在企业所得税前扣除。

【做中学 2-5】

A 公司建设了一栋办公楼,建设投入金额 1 800 万元,由于公司资金周转困难,特向关联企业 B 公司借款(未超过债资比),共产生建设期间的利息费用 130 万元,A 公司按年息 12% 支付给 B 公司利息,金融企业的同期同类贷款利率为 10%。

12% 的利率超过了金融企业的同期同类贷款利率 10%,多余部分作为资本化利息,计入固定资产原值,但是汇算清缴时,需要纳税调整,不得在税前扣除。

(5) 固定资产净残值产生的风险

根据《企业所得税法实施条例》第五十九条规定,企业应当根据固定资产的性质和使用情况,合理确定固定资产的预计净残值。固定资产的预计净残值一经确定,不得变更。

(6) 固定资产折旧产生的风险

① 除房屋、建筑物以外未投入使用的固定资产:税务上不能折旧,会计上要折旧。比如已经停止使用生产经营的机器设备。

② 与经营活动无关的固定资产:税务上不能折旧,会计上要折旧。比如专门用于集体福利和个人消费的固定资产。

(八) 无形资产

无形资产是指企业拥有或者控制的没有实物形态的可辨认非货币性资产,主要包括专利权、非专利技术、商标权、著作权、土地使用权、特许权等。

《公司法》第二十七条规定:股东可以用货币出资,也可以用实物、知识产权、土地使用权等可以用货币估价并可以依法转让的非货币财产作价出资。但股东或者发起人不得以劳务、信用、自然人姓名、商誉、特许经营权或者设定担保的财产等作价出资。无形资产分析时应注意以下风险点:

(1) 以无形资产入股的涉税风险

以无形资产入股可能涉及增值税、印花税、个人所得税等。

【做中学 2-6】

中国境内非上市 A 公司 2018 年 5 月 15 日成立,注册资本人民币 2 000 万元。6 月 30 日甲个人股东又出资 1 000 万元,其中 500 万元为货币出资,500 万元为专利权出资,该专利权的投入成本为 200 万元。需要缴纳哪些税?

甲个人股东需要缴纳:

1) 增值税
2) 产权转让书据印花税 $500 \times 0.05\% = 0.25$ 万元
3) 个税 $(500 - 200 - 0.25) \times 20\% = 59.95$ 万元

公司需要缴纳:

印花税 $1\,000 \times 0.05\% \times 0.5 = 0.25$ 万元

(2) 研发费用加计扣除涉税风险

① 准确界定研发人员

【做中学 2-7】

税务机关在对某科技有限公司实施检查时发现,该公司在办理 2012 年度、2013 年度企业所得税汇缴申报时,分别将未直接从事研发活动的总经理、财务人员等工资费用 1 047 388 元、892 800 元计入研发费用申报加计扣除。税务机关要求该公司调整 2012 年度、2013 年度研发费用加计扣除申报金额,补缴 2012 年度企业所得税 78 554.1 元、2013 年度企业所得税 66 960 元。

研发人员必须是直接从事研发活动的。其体现形式就是研发项目费用中有研发人员的工资,否则就难以说明是直接从事。没有直接实质性参与研发的行政管理人员、财务人员和后勤人员不要列入研发费加计扣除范围。

② 研发费用需按规定设置辅助账

【做中学 2-8】

2018 年度,某科技公司立项并开展研发活动项目 22 个,研发费用 900 多万元,但该企业在财务处理上仅仅在材料领用环节注明研发活动使用领料,后续未作任何的核算,更没有专账核算,因此在纳税评估中被税务机关全额剔除。

未按规定设置并记录辅助账不得享受加计扣除。

③ 研发费用加计扣除前应首先判断是否属于不适用税前加计扣除政策行业的企业

【做中学 2-9】

某综合性商场 2018 年度取得零售收入 15 000 万元,兼营生产汽车仪表取得销售收入 5 000 万元,取得投资收益 1 000 万元。全年用于汽车仪表研发发生的费用支出 500 万元。则该商场零售收入占比 $15\,000 \div (15\,000 + 5\,000 + 1\,000 - 500) \times 100\% = 73\%$,不得享受研发费加计扣除优惠政策。

现行政策规定不适用加计扣除的行业有烟草制造业、住宿和餐饮业、批发和零售业、房地产业、租赁和商务服务业、娱乐业(以下简称六大行业)。对于同时从事多种

行业的纳税人,判断属于不适用税前加计扣除政策行业的企业,是指以六大行业业务为主营业务,其研发费用发生当年的主营业务收入占企业按税法第六条规定计算的收入总额减除不征税收入和投资收益的余额50%(不含)以上的企业。

④ 会计核算不健全、实行核定征收、不能够准确归集研发费用的企业不适用研发费加计扣除政策

【做中学2-10】

某企业当年发生研发支出200万元,取得政府补助50万元,按净额法进行会计处理,记研发费用为150万元,则税前加计扣除金额为$150 \times 75\% = 112.5$万元。

根据国家税务总局《关于企业研究开发费用税前加计扣除政策有关问题的公告》(国家税务总局公告2015年第97号)规定,企业取得作为不征税收入处理的财政性资金用于研发活动所形成的费用或无形资产,不得计算加计扣除或摊销。

取得政府补助按照不征税收入处理不一定是企业的最佳选择,因为不征税收入用于研发支出所形成的费用和支出项目摊销不能作为研发费用享受加计扣除的税收优惠,放弃不征税收入处理可能会给企业带来更大的税收收益。

(九)应付账款

应付账款是会计科目的一种,用以核算企业因购买材料、商品和接受劳务供应等经营活动应支付的款项。通常是指因购买材料、商品或接受劳务供应等而发生的债务,这是买卖双方在购销活动中由于取得物资与支付货款在时间上不一致而产生的负债。

1. 应付账款存在以下缺点

(1)期限较短

一般情况下卖方根据买方的信用不同会给予不同的信用期,比如一个月、三个月或者半年,但期限都是相对比较短的,不可能三年五载的让买方一直占着款。

(2)数额有限

应付账款作为商业信用的一种,而这种商业信用是具有一定天花板的,不可能遥无边际的。

(3)财务风险

应付账款虽然和信用卡一样,消费后不用立即还款,但都是有一定偿还期限的。如果信用卡逾期没还款,会被银行征信计入信用黑名单,而且还要支付高额的违约金。企业的应付账款如果没有充足的资金去偿还,会被卖方不断追讨债务,甚至有可能被告上法庭。

应付账款作为企业经营性负债的一种,体现的是企业占有上游资金的能力,是企业对上游的信用背书,表明企业对上游的议价能力比较强,是企业综合竞争力的表现。

【案例阅读】

永辉超市(601933,SH)2018年6月末应付账款余额62.88亿元,公司的总资产为318.84亿元,应付账款占比大约为20%。公司存货余额为47.53亿元,应付账款余额大于存货余额,而公司自当年初以来固定资产、在建工程和无形资产等长期资产的净增加额总体上来说并不大。

永辉超市与上游供应商的谈判能力比较强,可以大量利用上游供应商的资金用于自己的经营,而且卖货的速度快于对外支付货款的速度。

2. 应付账款常见风险如下

(1) 应付账款大幅增加(年末比年初)或余额巨大,而利润表中的营业收入确是持平或有所下降。

企业收入舞弊中,最常见的是把收入挂入"应付账款"上,账务处理:

借:银行存款/库存现金/应收账款

 贷:应付账款

通过记录找出原始凭证,核实是否隐瞒收入。

(2) 应付账款余额大幅减少,现金流量表中"购进商品接受劳务支付的现金"本期与上期变化不大。如果企业"短期借款""长期借款""其他应付款"等负债类科目也没有大幅上升,说明企业用货币资金偿债以及借新债还旧债的可能性比较小,而应付账款又大幅减少,说明有豁免债务、以非货币性资产抵债、有债转股、修改债务条件。如果存在非货币性资产抵债,会涉及增值税等问题。

(3) 应付账款长期挂账。企业盈利能力比较好,货币资金比较多,但是出现了大量的应付账款,是不正常的,会被怀疑虚增成本或者存在无法支付的应付款项。因为有的企业为了多计成本,往往会虚构一些采购业务。

【案例阅读】

2019年某税务检查人员对某房地产企业所得税纳税检查中发现该企业资产负债表中"应付账款"年末与年初相比大幅增加,而且占负债的比重也很大,而该房地产公司开发的项目已基本销售完毕,检查了应付账款明细账,发现其中有一笔经济业务:

借:开发成本 8 000万元

 贷:应付账款 8 000万元

该房地产企业开发项目规模小,该笔应付账在其开发成本中占有很大比重,房地产企业已取得该笔业务的正规建筑业发票,可这笔款项至检查时点仍未支付。

按理说房屋销售出去了,款项应该收回来了,应该支付相关的应付账款,不会形成大量的应付账款挂账。

税务机关证实这家建筑公司与房地公司是关联企业,建筑公司拥有房地产公司100%的股权,为了帮助房地产公司增加开发成本,虚开了4 000万元的建筑研发费用逃避缴纳税款。

3. 应付账款长期挂账处理办法

《小企业会计准则》第四十七条,第二款:

小企业确实无法偿付的应付款项,应当计入营业外收入。

《企业会计准则》规定:

企业由于非日常活动产生的经济利益的流入,应作为"利得"处理,处理这种得利,用营业外收入科目归集核算。

企业无法支付或者不需支付的应付账款,记入营业外收入,账务处理时附上不再支付的证据等。进项税额不需要做进项转出处理。

核销的具体情形为:对方已经工商注销或者死亡,且无其他单位或者个人继承该项债权;对方已明确声明放弃该项债权等。如果符合条件之一,企业就可以经过董事会等内部权力机构审定,将无需支付的应付账款核销掉。

(十)应付股利

应付股利包括应付给投资者的现金股利、应付给国家以及其他单位和个人的利润。应关注以下事项:

(1)借方发生额直接对应存货类账户以存货支付股利,未按税法规定视同销售计算缴纳增值税。

(2)结合存货与收入同步比率分析中发现的已销存货增幅远大于销售收入的增幅这一疑点,将企业是否以存货支付股利作为可能存在的问题之一加以考虑。

(3)结合"实收资本(股本)"明细账,看是否有个人股份,如有,注意核实是否按规定扣缴了个人所得税。

(4)注意检查利润分配的账务处理,防止某些核算不规范的企业不在税后利润分配,而在有关费用账户中分配利润。

(十一)应交税费

应交税费反映企业期末未交、多交或未抵扣的各种税金。应关注以下事项:

(1)增值税。错误核算销项税额、进项税额、已交税金、进项税额转出业务,影响计算缴纳增值税。

(2)其他税费。隐匿、转移、分解应税收入;虚列费用支出;将不准税前扣除的应交税金计入当期损益,减少应纳税所得额;对享受减免、返还的各种税金不按税法规定计入应纳税所得额计算缴纳所得税。

(十二)其他应付款

其他应付款是指核算企业除应付票据、应付账款、预收账款以外的各种应付、暂收其他单位和个人的款项。这个账户的余额有两个明显的特点:一是余额一般不会很大,是与应付账款、应付票据比较而言;二是余额比较稳定,如应付水费、电费、通信费、暂收的包装物押金等。如年末数较年初数有很大的增加,要关注以下事项:

(1)记账错误,将其他应收款计入其他应付款账户。

(2) 企业由于支付能力存在问题,不能履行清偿义务。
(3) 结算中由于双方发生纠纷,延误了结算。
(4) 企业经营规模扩大引起用费增加或有关部门收费标准提高。
(5) 以其他应付款做隐腔账户,将销售收入挂账。
(6) 随同货物销售收取的包装物押金,不按税法规定计算缴纳增值税、消费税。
(7) 对确有证报表明无法支付的其他应付款不及时转账及计入应纳税所得额。
(8) 销售货物时以存货类账户直接对应其他应付款账户,不做销售处理,隐匿销售收入。
(9) 其他应付款贷方发生额直接对应货币资金账户故意少计收入。
(10) 逾期未退包装物押金不按规定结转、少纳流转税和企业所得税。

(十三) 长期借款

长期借款反映企业借入尚未归还的一年期以上(不含年)的借款。分析时关注以下问题:
(1) 超过税法规定标准的利息支出、未按税法规定调增应纳税所得额。
(2) 将资本化的利息支出,列入当期费用,影响应纳税所得额。

(十四) 应付债券

应付债券反映企业发行的尚未偿还的各种长期债券的本息。应关注以下事项:
(1) 超过税法规定标准的利息支出、未按税法规定调增应纳税所得额。
(2) 将资本化的发行费用、溢折价摊销和利息支出,列入当期费用影响纳税所得额。

(十五) 实收资本

实收资本是指企业按照章程规定或合同、协议约定,接受投资者投入企业的资本。实收资本的构成比例或股东的股份比例是确定所有者在企业所有者权益中份额的基础,也是企业进行利润或股利分配的主要依据。

股本变动的原因有:①公司增发新股或配股;②资本公积或盈余公积转增股本;③以议送股的方式进行利润分配。

(十六) 资本公积

资本公积是企业收到投资者出资额超过其在注册资本(或股本)中所占资额的部分,以及其他资本公积等。其他资本公积是指除资本溢价、净损益、其他综合收益和利润分配以外所有者权益的其他变动。

(十七) 盈余公积

盈余公积是指企业按照规定从净利润中提取的各种积累资金。公司制企业的盈余公积包括法定盈余公积和任意盈余公积。应杜绝将应税收入记入"盈余公积"账户,以此偷逃流转税、企业所得税。

(十八) 未分配利润

未分配利润是指企业实现的净利润经过弥补亏损、提取盈余公积和向投资者分配利润后留存在企业的、历年结存的利润。相对于所有者权益的其他部分来说,企业对于未分配利润的使用有较大的自主权。

未分配利润变动的原因有:①企业生产经营活动的业绩;②企业的利润分配政策。

二、资产负债表水平分析

资产负债表水平分析,就是通过对企业各项资产、负债和所有者权益的对比分析,提示企业筹资与投资过程的差异,从而分析与揭示企业生产经营活动、经营管理水平、会计政策等对筹资与投资的影响。

资产负债表水平分析的目的就是从总体上概括了解资产、权益的变动情况,揭示出资产、负债和所有者权益变动的差异,分析差异产生的原因。资产负债表水平分析要根据分析的目的来选择比较的标准。若分析的目的在于揭示资产负债表的实际变动情况,分析产生差异的原因,则其比较的标准应选择资产负债表的上年实际数;若分析的目的在于揭示资产负债表的预算或计划情况,则其比较的标准应选择资产负债表的预算数或计划数。

资产负债表水平分析除了要计算某项目的变动额和变动率外,还应计算出该项目变动对资产或负债和所有者权益总额的影响程度,以便确定影响总资产或总负债和所有者权益总额的重点项目。

$$\text{某项目变动对总资产的影响} = \frac{\text{某项目变动额}}{\text{基期总资产}} \times 100\%$$

三、资产负债表结构分析

通过资产负债表结构分析,可以大致了解企业所拥有的资产状况、企业所负担的债务、所有者权益等财务状况。

(一) 资产结构分析

资产结构主要反映流动资产和总资产之间的比例关系。反映资产结构的一个重要指标是流动资产率,其计算公式为

$$\text{流动资产率} = \frac{\text{流动资产}}{\text{总资产}} \times 100\%$$

通过资产结构的分析,可帮助我们从宏观上掌握企业所在行业的特点、经营管理特点和技术装备水平。

流动资产占资产总额的比例越高,企业的日常生产经营活动越重要。比如在企业产品市场需求旺盛或扩大经营规模的时期,企业投入当期生产经营活动的资金要比其他企业、其他时期投入得多。当企业处于蓬勃发展时期时,企业的经营管理就显

得非常重要。该指标也是进行行业划分和行业比较的重要指标。一般地讲,纺织、冶金企业该指标在30%～60%之间,商业批发企业可高达90%以上。

在同一行业中,流动资产、长期投资所占的比重反映出企业的经营特点。流动资产和负债较高的企业稳定性差,却较灵活;而那些结构性资产和负债占较大比重的企业底子较厚,但转变调整比较困难。长期投资较高的企业,风险较高。无形资产增减和固定资产折旧快慢反映企业的新产品开发能力和技术装备水平。无形资产多的企业,开发创新能力强;而那些固定资产折旧比例较高的企业,技术更新换代快。通过对资产结构的分析,就能看出行业特点、经营特点和技术装备特点。

(二) 负债结构分析

负债结构主要是负债总额与所有者权益、长期负债与所有者权益之间的比例关系。对负债结构的分析,主要应弄清企业自有资金负债率和负债经营率。

1. 自有资金负债率

自有资金负债率是所有者权益和负债总额的比率,也叫企业投资安全系数,用来衡量投资者对负债偿还的保障程度。该指标也反映企业自负盈亏能力的大小,即

$$自有资金负债率 = \frac{负债总额}{资本总金额} \times 100\%$$

自有资金负债率越高,债权人所得到的保障越小,获得银行贷款的可能性越小。企业的原材料供应商也很关心这一指标,它是确定付款方式、付款期限的依据。自有资金负债率越低,股东及企业以外第三方对企业的信心就越足,但如果自有资金负债率过低,说明企业没有充分利用自有资金,发展潜力还很大。一般认为1:1最理想,即:

$$负债总额 = 资本总金额$$

2. 负债经营率

长期负债和所有者权益之比,称为企业的负债经营率,即

$$负债经营率 = \frac{长期负债总额}{所有者权益总额} \times 100\%$$

长期负债过大,利息支出很高,一旦企业陷入经营困境,如贷款收不回、流动资金不足等情况,长期负债就变成企业的包袱。而使用自有资金投资企业的结构性资金,就没有这种弊病。因此,负债经营率反映企业负债结构的独立性和稳定性,一般认为1:3或1:4较为合理。比率越高说明企业独立性越差,比率越低说明企业的资金来源稳定性越好。

(三) 所有者权益结构分析

1. 所有者权益结构变动

所有者权益结构变动既可能是因为所有者权益总量变动引起的,也可能是因为所有者权益内部各项目变动引起的。

2. 所有者权益结构与企业利润分配政策

一般来说,投资人投资不是经常变动的,因此,由企业生产经营获得的利润积累而形成的所有者权益数量的多少,就会直接影响所有者权益结构。如果企业实行高利润分配政策,就会把大部分利润分配给投资者,留存收益的数额就较小,生产经营活动形成的所有者权益所占比重就较低;反之,其比重就会提高。

3. 所有者权益结构与企业控制权

如果企业通过吸收投资人追加投资来扩大企业规模,就会增加所有者权益中投入资本的比重,使企业所有者权益结构发生变化,同时也会分散企业的控制权。

(四) 各行业资产和负债结构合理性评价

企业资产和负债的合理结构,各行业之间的差距也是比较巨大的,在进行企业的财务分析和评价时,应根据不同行业,运用不同的指标数值,才能得出有意义的结论。

我们把资产或负债结构符合或接近行业合理结构数据的企业称为资产或负债结构比较合理的企业。与合理资产和负债结构相对应的流动资产率、自有资金负债率和负债经营率数值分别称为合理流动资产率、合理自有资金负债率和合理负债经营率。

【引例解析】

通过深入分析某家企业,发现以下疑点:

第一,这家制造企业每个月的货币资金为 $5\,178/(1\,110+176)=4$,即每个月的货币资金数足够其 4 个月的生产经营,不符合企业常规,资金利用率太低,闲置时间太长。

第二,企业完全有能力归还借款,但是还要承担 100 多万元的财务费用,即使归还后的余额也是可以保障企业生产经营的,所以企业为什么不归还借款也是存在的一个疑点。

【拓展阅读】

财务造假坐实,300 亿货币资金"消失"

2019 年 4 月 30 日凌晨,此前面临财务造假质疑且被证监会立案调查的中成药龙头企业康美药业(600518.SH)发布了被审计机构出具保留意见的 2018 年年报,且去年净利润出现腰斩。

同时康美药业还"自揭家丑",承认公司 2017 年财务报表的营收、净利、费用、货币资产、存货、合并现金流量表有关项目等存在账实不符的情况,其中 2017 年营收和净利润分别虚增近 89 亿元、20 亿元,货币资金更是多计近 300 亿元,财务造假恐将坐实。

4 月 30 日,康美药业一字跌停,截至午间超过 172 万卖手封单,市值约为 475 亿元,曾经的千亿市值白马股恐怕难再复返,甚至有可能面临退市风险。

年报显示,2018 年康美药业实现收入 193.56 亿元,同比增长约 10%,而其此前创下的自2001年上市以来连续增长的盈利情况则被打破,2018年实现净利润11.35亿元,同比下降达47%;扣非归母净利润10.21亿元,同比下降近51%(同比数据均为2017年调整后)。具体如下:

单位:元 币种:人民币

主要会计数据	2018年	2017年		本期比上年同期增减(%)	2016年	
		调整后	调整前		调整后	调整前
营业收入	19 256 233 376.88	17 678 618 640.06	26 476 970 977.67	10.11	14 093 965 364.67	21 642 324 070.28
归属于上市公司股东的净利润	1 136 188 498.44	2 149 836 281.41	4 100 929 142.67	−47.20	1 841 878 214.66	3 340 403 610.26
归属于上市公司股东的扣除非经常性损益的净利润	1 020 992 906.66	2 076 763 624.28	4 027 843 491.44	−60.84	1 816 181 108.64	3 313 706 636.24
经营活动产生的现金质量净额	−3 191 529 576.31	−4 841 062 606.46	1 842 794 237.84	34.06	−2 304 433 439.36	1 003 189 351.32

对于这份年报,审计机构广东正中珠江会计师事务所(特殊普通合伙)出具了保留意见的审计报告,保留意见段的内容主要涉及三大事项。

一是康美药业被中国证监会立案调查事项。2018年12月28日,康美药业收到中国证监会下达的《调查通知书》,因公司涉嫌信息披露违法违规,公司被立案调查。由于该调查尚未有结论性意见或决定,审计机构无法确定立案调查结果对康美药业2018年度财务报表整体的影响程度。

值得注意的是,康美药业2018年10月被媒体密集质疑存在货币现金高、存贷双高、大股东股票质押比例高和中药材贸易毛利率高等情况,随后又被爆出关联方因涉嫌操纵康美药业股价、内幕交易而被公安经侦部门采取强制措施,这也导致康美药业股价持续走低。

康美药业同时发布的进展称,目前中国证监会的调查尚在进行中,且公司再次提示风险称,如公司因立案调查事项被中国证监会予以行政处罚,且依据行政处罚决定认定的事实,触及重大违法强制退市情形的,公司股票将面临重大违法强制退市的风险。

二是关联方资金往来。康美药业截至2018年年底其他应收款余额中包括公司自查的向关联方提供资金余额88.79亿元,坏账准备为0元。年报显示,截至2018年年底康美药业其他应收款约92.28亿元,占公司总资产的比重达到12%,同比增长近57%,变动原因系关联方的往来款项增加所致。

关联方资金占用专项报告显示,康美药业现大股东及其附属企业普宁市康淳药业有限公司(下称康淳药业)和普宁康都药业有限公司(下称康都药业)是占用上市公司资金的两大主要关联方,在2018年初这两家公司占用资金分别约为0元、57.14亿元,2018年累计占用金额(不含利息)分别达到33亿元、2.95亿元,期内分别累计偿还0.5亿元、3.8亿元,截至2018年年底占用资金余额分别为32.50亿元、56.29亿元,合计约为88.79亿元。具体如下:

非经营性资金占用	资金占用方名称	占用方与上市公司的关联关系	上市公司核算的会计科目	2018年期初占用资金余额	2018年度占用附计发生金额（不含利息）	2018年度占用资金的利息（如有）	2018年度偿还累计发生金额	2018年期末占用资金余额	占用形成原因	占用性质
现大股东及其附属企业	普宁市康美药业有限公司	其他关联方	其他应收款	—	3 300 000 000.00	—	50 000 000.00	3 250 000 000.00	资金往来	非经营性往来
	普宁康都药业有限公司	其他处联方	其他应收款	5 713 820 971.90	293 226 633.04	—	380 000 000.00	3 629 047 604.94	资金往来	非经营性往来
小计	—	—	—	5 713 820 971.90	3 595 226 633.04	—	430 000 000.00	8 839 047 604.94	—	—
非大股东及其附属企业										
小计	—	—	—	—	—	—	—	—	—	—
总计	—	—	—	5 713 820 971.90	3 595 226 633.04	—	430 000 000.00	8 870 047 604.94	—	—

据公告，康淳药业和康都药业占用资金的账龄分别在一年和三年以内，计提比例分别为35.01%、60.63%，但公司去年并未计提坏账准备，原因系关联方往来款承诺全额回收。对此审计机构称，虽然实施了分析、检查、函证等审计程序，仍未能获取充分、适当的审计证据，导致无法确定康美药业在财务报表中对关联方提供资金发生额及余额的准确性，以及无法对关联方资金往来的可回收性做出合理估计。

三是康美药业下属子公司部分在建工程项目建设实施过程中，存在部分工程项目财务管理不规范、财务资料不齐全等情况。截至2018年年底，康美药业通过自查已补计入上述工程款金额约36.05亿元（其中固定资产11.89亿元，投资性房地产20.15亿元，在建工程4.01亿元）。

年报数据显示，截至2018年年底，康美药业固定资产约89.50亿元，同比增长46%；在建工程约29.87亿元，同比增长74%；投资性房地产约41.70亿元，同比暴增237%，显示公司意图加大房地产投资，而2018年公司物业租售及其他业务收入达到11.18亿元，同比增加近47%。

但是对于补计的工程款，审计机构称，工程项目相关财务资料收集不充分，无法实施恰当的审计程序，以获取充分、有效的审计证据证明该等交易的完整性和准确性及对财务报表列报的影响。

值得注意的是，公司称在被证监会立案调查后，公司对此进行自查以及必要的核查，2018年之前，康美药业营业收入、营业成本、费用及款项收付方面存在账实不符的情况。通过自查后，康美药业对2017年财务报表进行重述，结果如下：

由于公司采购付款、工程款支付以及确认业务款项时的会计处理存在错误，造成公司应收账款少计6.41亿元，存货少计195.46亿元，在建工程少计6.32亿元；

由于公司核算账户资金时存在错误，造成货币资金多计299.44亿元；

在确认营业收入和营业成本时存在错误，造成营业收入多计88.98亿元，营业成本多计76.62亿元；

公司在核算销售费用和财务费用时存在错误，造成公司销售费用少计4.97亿元，财务费用少计2.28亿元；

由于公司采购付款、工程款支付以及确认业务款项时的会计处理存在错误，造成公司合并现金流量表销售商品、提供劳务收到的现金项目多计103亿元，收到其他与经营活动有关的现金项目少计1.38亿元，购买商品、接受劳务支付的现金项目多计73.01亿元，支付其他与经营活动有关的现金项目少计38.22亿元，购建固定资产、无形资产和其他长期资产支付的现金项目少计3.52亿元，收到其他与筹资活动有关的现金项目多计3.60亿元。

这些数据差错严重影响了康美药业2017年度业绩的真实性。对于此前媒体质疑的货币现金和存货问题均出现调整，2017年公司货币现金由341.51亿元下调为42.07亿元，调减幅度近88%；存货由157亿元调整为352.47亿元，调增幅度达124%。康美药业2017年财报有关数据前后调整情况如下所示：

受影响的期间报表项目名称	2017年12月31日/2017年度		
	更正前金额	差错更正累计影响金额	更正后金额
货币资金	34 151 434 208.68	−29 944 309 821.45	420 712 487.23
应收账款	4 351 011 323.40	641 073 222.34	4 992 084 545.74
应收利息	47 190 356.13	−47 190 356.13	—
其他应收款	180 323 027.94	5 713 820 971.90	5 894 143 999.84
存货	15 700 188 439.34	19 546 349 940.99	35 246 538 380.33
在建工程	1 084 519 812.47	631 600 108.35	1 716 119 920.82
递延所得税资产	261 001 505.68	29 586 632.91	290 588 138.59
其他应付款	1 603 455 877.02	190 545 991.67	1 794 001 868.69
盈余公积	1 882 478 621.90	−361 961 529.28	1 520 517 092.62
未分配利润	10 985 258 959.65	−3 257 653 763.48	7 727 605 196.17
营业收入	26 476 970 977.57	−8 898 352 337.51	17 578 618 640.06
营业技术	18 450 146 871.00	−7 662 129 445.53	10 788 017 425.47
销售费用	740 581 081.08	497 164 407.18	1 237 745 488.26
财务费用	969 264 876.00	228 239 962.83	1 197 504 838.83
资产减值损失	92 280 215.15	−12 396 935.10	79 883 280.05
所得税费用	732 053 848.25	1 859 540.27	733 913 388.52
销售商品、提供劳务收到的现金	28 766 131 827.76	−10 299 860 158.51	18 466 271 699.25
收到其他与经营活动有关的现金	943 030 295.93	137 667 804.27	1 080 698 100.20
购买商品、接受劳务支付的现金	24 324 394 786.49	−7 301 340 657.76	17 023 054 128.73
支付其他与经营活动有关的现金	924 659 143.70	3 821 995 147.82	4 746 654 291.52

续表

受影响的期间报表项目名称	2017年12月31日/2017年度		
	更正前金额	差精更正累计影响金额	更正后金额
购建固定资产、无形资产和其他长期资产支付的现金	1 795 351 236.12	352 392 491.73	2 147 743 727.85
收到其他与筹资活动有关的现金	361 587 400.00	−360 457 000.00	1 130 400.00

在2017年营收方面,康美药业从264.77亿元调整为175.79亿元,调减幅度达到34%,即营收虚增88.98亿元;净利润由41.01亿元调整为21.50亿元,调减幅度达到48%,即净利润虚增19.51亿元。据2018年年报,康美药业2017年经营活动产生的现金流量净额从18.43亿元调整为−48.40亿元,即2017年虚增金额66.83亿元,去年则为−31.92亿元;同时2017年的加权平均净资产收益率由原来的14.02%调整为7.20%,基本每股收益由0.784元调整为0.388元,2018年则进一步分别下降至3.44%、0.184元。

另外,值得注意的是,康美药业在2018年年报中对2016年营收、净利润、经营活动产生的现金流量净额、资产数据和主要财务指标也均进行了调整,或意味着公司财务数据"差错"可能不仅仅限于2017年。

对于此次康美药业自查重述调整2017年财报数据,浙江裕丰律师事务所厉健律师对界面新闻表示,这相当于康美药业"自认"违规,进一步坐实了康美药业涉嫌证券虚假陈述的事实,且违规涉案金额特别巨大,违规情节特别恶劣,严重侵害投资者合法权益,根据《证券法》第193条规定,康美药业及相关责任人员可能面临证监会给予的警告、责令改正和罚款。

【课后练习】

一、单项选择题

1. 对资产负债表的初步分析,不包括以下哪项?(　　)
   A. 资产分析　　B. 负债分析　　C. 所有者权益分析　　D. 收益分析
2. 减少企业流动资产变现能力的因素是(　　)。
   A. 取得商业承兑汇票　　　　　B. 未决诉讼、仲裁形成的或有负债
   C. 有可动用的银行贷款指标　　D. 长期投资到期收回
3. 对(　　)而言,资本结构分析的主要目的是优化资本结构和降低资本成本。
   A. 经营者　　B. 投资者　　C. 债权人　　D. 企业职工
4. 在通货膨胀期间,会导致利润虚增的存货计价方法是(　　)。
   A. 先进先出法　　B. 后进先出法　　C. 加权平均法　　D. 个别计价法
5. 资产占用形态结构是企业总资产中两类资产各占的比重或比例关系,这两类资产是(　　)。

A. 流动资产和非流动资产　　　　B. 短期资产和长期资产
C. 固定资产和非固定资产　　　　D. 有形资产和无形资产

6. 我国的企业法人登记管理条例规定,除国家另有规定外,企业的(　　)应与注册资本一致。
A. 未分配利润　　B. 盈余公积　　C. 资本公积　　D. 实收资本

二、多项选择题

1. 企业涉及或有负债的主要事项包括(　　)。
A. 未决诉讼　　　　　　　　　B. 产品质量担保债务
C. 应收票据贴现　　　　　　　D. 应收账款抵借
E. 辞退福利

2. 通过资产负债表分析可以达到的目的有(　　)。
A. 评价企业利润的质量　　　　B. 分析债务的期限结构和数量
C. 预测企业未来的现金流量　　D. 分析资产的结构
E. 判断所有者的资本保值增值情况

3. 分析企业的资产结构,一般从以下角度进行分析(　　)。
A. 从固定资产和长期投资比例角度
B. 从有形资产和无形资产比例角度
C. 从短期资产和中长期资产比例角度
D. 从流动资产和非流动资产比例分析

4. 企业货币资金持有量的影响因素包括(　　)。
A. 企业规模　　　　　　　　　B. 所在行业特性
C. 企业融资能力　　　　　　　D. 企业负债结构
E. 货币资金的构成

5. 资产负债表的作用表现在(　　)。
A. 揭示资产总额及其分布　　　B. 揭示负债总额及其结构
C. 了解偿还能力　　　　　　　D. 反映现金支付能力
E. 预测财务状况发展趋势

6. 资本公积有其特定的来源,主要包括(　　)。
A. 盈余公积转入　　　　　　　B. 资本溢价
C. 接受捐赠　　　　　　　　　D. 汇率变动差额
E. 从税后利润中提取

三、判断题

1. 因为货币资金的流动性最强,所以对企业经营来说是越多越好。(　　)
2. 预付账款体现的是一种商业信用和资金的无偿使用。(　　)
3. 企业持有较多的货币资金,最有利于投资人。(　　)
4. 通过比较资产负债表连续若干期间的绝对数趋势分析,就可以对报表整体的

结构有非常清楚的认识。（　　）

5. 资本结构是指各种资本的构成及其比例关系，其实质是债务资本在资本结构中安排多大的比例。（　　）

6. 预计负债是因或有事项而确定的负债。（　　）

7. 盈余公积的数量越多，反映企业资本的积累能力、补亏能力、股利分配能力以及应对风险能力越强。（　　）

四、案例分析题

某公司 2019 年和 2020 年末的比较资产负债表有关数据如下：

比较资产负债表

金额单位：元

项　目	2019 年	2020 年	差　额	增减百分比
流动资产：				
速动资产	30 000	28 000		
存货	50 000	62 000		
流动资产合计	80 000	90 000		
固定资产净额	140 000	160 000		
资产总计	220 000	250 000		
负债：				
流动负债	40 000	46 000		
长期负债	20 000	25 000		
所有者权益：				
实收资本	130 000	130 000		
盈余公积	18 000	27 000		
未分配利润	12 000	22 000		
所有者权益合计	160 000	179 000		
负债及权益合计	220 000	250 000		

要求：

（1）将以上比较资产负债表填写完整；

（2）分析总资产项目变化的原因；

（3）分析负债项目变化的原因；

（4）分析所有者权益项目变化的原因；

（5）指出该公司应该采取的改进措施。

项目三　利润表编制与分析

☞ **职业能力目标**

（1）掌握利润表结构、项目内容，会编制利润表；
（2）能够对利润表进行内容分析、结构分析、水平分析。

☞ **典型工作任务**

（1）利润表编制与分析；
（2）利润表内容分析、结构分析、水平分析。

任务一　利润表编制

【任务引例】

A 企业营业收入 T 型账户如下，请计算营业收入金额。

单位：元

主营业务收入		其他业务收入	
销售退回 268 000 转入本年利润 7 559 000	销售商品 7 827 000	转入本年利润 384 700	销售材料 384 700
	期末余额：0		期末余额：0

【知识储备与业务操作】

一、利润表的基本结构与格式

利润表是反映企业在一定会计期间的经营成果的财务报表。由于它反映的是某一期间的情况，所以又被称为动态报表。有时，利润表也称为损益表、收益表。

利润表一般有表首、正表两部分。其中表首说明报表名称编制单位、编制日期、报表编号、货币名称、计量单位等；正表是利润表的主体，反映形成经营成果的各个项目和计算过程，所以，曾经将这张表称为损益计算书。

利润表正表的格式一般有两种：单步式利润表和多步式利润表。单步式利润表是将当期所有的收入列在一起然后将所有的费用列在一起两者相减得出当期净损益。多步式利润表是通过对当期的收入、费用、支出项目按性质加以归类，按利润形成的主要环节列示一些中间性利润指标，如营业利润、利润总额、净利润，分步计算当期净损益。具体编制步骤如下：

第一步，以营业收入为基础，减去营业成本、税金及附加、销售费用、管理费用、财务费用、资产减值损失，加上公允价值变动收益（减去公允价值变动损失）和投资收益（减去投资损失），计算出营业利润；

第二步，以营业利润为基础，加上营业外收入，减去营业外支出，计算出利润总额；

第三步，以利润总额为基础，减去所得税费用，计算出净利润（或亏损）。

我国企业会计制度规定，企业的利润表采用多步式，每个项目通常又分为"本月数"和"本年累计数"两栏分别用列，如表3-1所列。

表 3-1 利润表

会企02表

编制单位：　　　　　　　　　　　____年____月　　　　　　　　　　　单位：元

项　目	本期金额	上期金额
一、营业收入		
减：营业成本		
税金及附加		
销售费用		
管理费用		
研发费用		
财务费用		
其中：利息费用		
利息收入		
加：其他收益		
投资收益（损失以"-"号填列）		
其中：对联营企业和合营企业的投资收益		
以摊余成本计量的金融资产终止确认收益（损失以"-"号填列）		
净敞口套期收益（损失以"-"号填列）		
公允价值变动收益（损失以"-"号填列）		
信用减值损失（损失以"-"号填列）		
资产减值损失（损失以"-"号填列）		
资产处置收益（损失以"-"号填列）		
二、营业利润（亏损以"-"号填列）		
加：营业外收入		
减：营业外支出		

续表 3-1

项　　目	本期金额	上期金额
三、利润总额（亏损总额以"－"号填列）		
减：所得税费用		
四、净利润（净亏损以"－"号填列）		
（一）持续经营净利润（净亏损以"－"号填列）		
（二）终止经营净利润（净亏损以"－"号填列）		
五、其他综合收益的税后净额		
（一）不能重分类进损益的其他综合收益		
1. 重新计量设定受益计划变动额		
2. 权益法下不能转损益的其他综合收益		
3. 其他权益工具投资公允价值变动		
4. 企业自身信用风险公允价值变动		
……		
（二）将重分类进损益的其他综合收益		
1. 权益法下可转损益的其他综合收益		
2. 其他债权投资公允价值变动		
3. 金融资产重分类计入其他综合收益的金额		
4. 其他债权投资信用减值准备		
5. 现金流量套期储备		
6. 外币财务报表折算差额		
……		
六、综合收益总额		
七、每股收益：		
（一）基本每股收益		
（二）稀释每股收益		

二、利润表各项目填列方法

（1）"研发费用"项目，反映企业进行研究与开发过程中发生的费用化支出，以及计入管理费用的自行开发无形资产的摊销。该项目应根据"管理费用"科目下的"研究费用"明细科目的发生额，以及"管理费用"科目下的"无形资产摊销"明细科目的发生额分析填列。

(2)"财务费用"项目下的"利息费用"项目,反映企业为筹集生产经营所需资金等而发生的应予费用化的利息支出。该项目应根据"财务费用"科目的相关明细科目的发生额分析填列。该项目作为"财务费用"项目的其中项,以正数填列。

(3)"财务费用"项目下的"利息收入"项目,反映企业按照相关会计准则确认的应冲减财务费用的利息收入。该项目应根据"财务费用"科目的相关明细科目的发生额分析填列。该项目作为"财务费用"项目的其中项,以正数填列。

(4)"其他收益"项目,反映计入其他收益的政府补助,以及其他与日常活动相关且计入其他收益的项目。该项目应根据"其他收益"科目的发生额分析填列。企业作为个人所得税的扣缴义务人,根据《中华人民共和国个人所得税法》收到的扣缴税款手续费,应作为其他与日常活动相关的收益在该项目中填列。

(5)"以摊余成本计量的金融资产终止确认收益"项目,反映企业因转让等情形导致终止确认以摊余成本计量的金融资产而产生的利得或损失。该项目应根据"投资收益"科目的相关明细科目的发生额分析填列;如为损失,以"一"号填列。

(6)"净敞口套期收益"项目,反映净敞口套期下被套期项目累计公允价值变动转入当期损益的金额或现金流量套期储备转入当期损益的金额。该项目应根据"净敞口套期损益"科目的发生额分析填列;如为套期损失,以"一"号填列。

(7)"信用减值损失"项目,反映企业按照《企业会计准则第 22 号——金融工具确认和计量》(财会〔2017〕7 号)的要求计提的各项金融工具信用减值准备所确认的信用损失。该项目应根据"信用减值损失"科目的发生额分析填列。

(8)"资产处置收益"项目,反映企业出售划分为持有待售的非流动资产(金融工具、长期股权投资和投资性房地产除外)或处置组(子公司和业务除外)时确认的处置利得或损失,以及处置未划分为持有待售的固定资产、在建工程、生产性生物资产及无形资产而产生的处置利得或损失。债务重组中因处置非流动资产(金融工具、长期股权投资和投资性房地产除外)产生的利得或损失和非货币性资产交换中换出非流动资产(金融工具、长期股权投资和投资性房地产除外)产生的利得或损失也包括在本项目内。该项目应根据"资产处置损益"科目的发生额分析填列;如为处置损失,以"一"号填列。

(9)"营业外收入"项目,反映企业发生的除营业利润以外的收益,主要包括与企业日常活动无关的政府补助、盘盈利得、捐赠利得(企业接受股东或股东的子公司直接或间接的捐赠,经济实质属于股东对企业的资本性投入的除外)等。该项目应根据"营业外收入"科目的发生额分析填列。

(10)"营业外支出"项目,反映企业发生的除营业利润以外的支出,主要包括公益性捐赠支出、非常损失、盘亏损失、非流动资产毁损报废损失等。该项目应根据"营业外支出"科目的发生额分析填列。"非流动资产毁损报废损失"通常包括因自然灾害发生毁损、已丧失使用功能等原因而报废清理产生的损失。企业在不同交易中形成的非流动资产毁损报废利得和损失不得相互抵销,应分别在"营业外收入"项目和

"营业外支出"项目进行填列。

（11）"（一）持续经营净利润"和"（二）终止经营净利润"项目，分别反映净利润中与持续经营相关的净利润和与终止经营相关的净利润；如为净亏损，以"一"号填列。该两个项目应按照《企业会计准则第 42 号——持有待售的非流动资产、处置组和终止经营》的相关规定分别列报。

（12）"其他权益工具投资公允价值变动"项目，反映企业指定为以公允价值计量且其变动计入其他综合收益的非交易性权益工具投资发生的公允价值变动。该项目应根据"其他综合收益"科目的相关明细科目的发生额分析填列。

（13）"企业自身信用风险公允价值变动"项目，反映企业指定为以公允价值计量且其变动计入当期损益的金融负债，由企业自身信用风险变动引起的公允价值变动而计入其他综合收益的金额。该项目应根据"其他综合收益"科目的相关明细科目的发生额分析填列。

（14）"其他债权投资公允价值变动"项目，反映企业分类为以公允价值计量且其变动计入其他综合收益的债权投资发生的公允价值变动。当企业将一项以公允价值计量且其变动计入其他综合收益的金融资产重分类为以摊余成本计量的金融资产，或重分类为以公允价值计量且其变动计入当期损益的金融资产时，之前计入其他综合收益的累计利得或损失从其他综合收益中转出的金额作为该项目的减项。该项目应根据"其他综合收益"科目下的相关明细科目的发生额分析填列。

（15）"金融资产重分类计入其他综合收益的金额"项目，反映当企业将一项以摊余成本计量的金融资产重分类为以公允价值计量且其变动计入其他综合收益的金融资产时，计入其他综合收益的原账面价值与公允价值之间的差额。该项目应根据"其他综合收益"科目下的相关明细科目的发生额分析填列。

（16）"其他债权投资信用减值准备"项目，反映企业按照《企业会计准则第 22 号——金融工具确认和计量》（财会〔2017〕7 号）第十八条分类为以公允价值计量且其变动计入其他综合收益的金融资产的损失准备。该项目应根据"其他综合收益"科目下的"信用减值准备"明细科目的发生额分析填列。

（17）"现金流量套期储备"项目，反映企业套期工具产生的利得或损失中属于套期有效的部分。该项目应根据"其他综合收益"科目下的"套期储备"明细科目的发生额分析填列。

【做中学 3-1】

A 股份有限公司 2021 年度损益类账户本年累计发生净额如表 3-2 所列。此外已知 A 股份有限公司 2021 年初发行在外的普通股股数为 30 000 万股；4 月 30 日新发行普通股 156 000 万股；2 月 1 日回购普通股 72 000 万股，以备将来奖励职工之用。公司无可转换公司债券、认股权证、股份期权等稀释性潜在普通股。

表 3-2 A 公司账户余额表

单位：万元

账户名称	本期金额	上期金额
主营业务收入		1 500 000
主营业务成本	85 000	
其他业务收入		2 000
其他业务成本	450	
税金及附加	2 000	
销售费用	12 150	
管理费用	7 950	
财务费用	9 760	4 880
投资收益	2 000	49 200
资产减值损失	31 750	
营业外收入		20 000
营业外支出	1 970	
所得税费用	56 350	

根据上述资料，编制 A 股份有限公司 2021 年度利润表，如表 3-3 所列。其中：

(1) 营业收入项目本期金额＝本期主营业务收入发生额＋本期其他业务收入发生额＝1 500 000＋2 000＝1 502 000（万元）。

(2) 营业成本项目本期金额＝本期主营业务成本发生额＋本期其他业务成本发生额＝85 000＋450＝85 450（万元）。

(3) 财务费用项目本期金额＝本期财务费用借方发生额－本期财务费用贷方发生额＝9 760－4 880＝4 880（万元）。

(4) 投资收益项目本期金额＝本期投资收益贷方发生额－本期投资收益借方发生额＝49 200－2 000＝47 200（万元）。

(5) 发行在外的普通股加权平均数＝300 000×12/12＋1 560 008/12－72 000×1/12＝398 000 万股。

(6) 基本每股收益＝净利润/发行在外的普通股加权平均数＝1 366 700/398 000＝3.43 元/股，由于不存在稀释性潜在普通股，因此稀释每股收益＝基本每股收益＝3.43 元/股。

表 3-3 利润表

编制单位：A 股份有限公司　　　　　　2021 年　　　　　　　　　　　　　　单位：元

项　目	本期金额	上期金额
一、营业收入	1 502 000	
减：营业成本	84 450	
税金及附加	2 000	
销售费用	12 150	
管理费用	7 950	
财务费用	4 880	
加：投资收益(损失以"－"号填列)	47 200	
其中：对联营企业和合营企业的投资收益	0	
公允价值变动收益(损失以"－"号填列)	0	
资产减值损失(损失以"－"号填列)	－31 750	
二、营业利润(亏损以"－"号填列)	1 405 020	
加：营业外收入	20 000	
减：营业外支出	1 970	
三、利润总额(亏损总额以"－"号填列)	1 423 050	
减：所得税费用	56 350	
四、净利润(净亏损以"－"号填列)	1 366 700	
五、每股收益：		
(一)基本每股收益	3.43	
(二)稀释每股收益	3.43	

【引例解析】

营业收入＝主营业务收入＋其他业务收入＝(7 827 000－268 000)＋384 700＝7 943 700(元)

任务二　利润表分析

【任务引例】

H 公司 2021 年利润表如表 3-4 所列，请对 H 公司进行经营分析。

表 3-4 利润表

编制单位：H 股份有限公司　　　　2021 年　　　　　　　　　　　　　　单位：千元

项　目	2021 年	2020 年	增减额	增减率
一、营业收入	2 316 444	1 798 408	518 036	28.81
减：营业成本	1 860 734	1 462 935	397 799	27.19
税金及附加	9 860	9 247	613	6.63
销售费用	87 603	77 122	10 481	13.59
管理费用	201 140	149 104	52 036	34.90
财务费用	62 429	87 287	−24 858	−28.48
加：投资收益（损失以"−"号填列）	−2 259	18 686	−20 945	112.09
资产减值损失（损失以"−"号填列）	35 419		35 419	
二、营业利润（亏损以"−"号填列）	57 000	31 399	25 601	81.53
加：营业外收入	113 903	2 253	111 650	4 955.61
减：营业外支出	3 359	1 402	1 957	139.59
三、利润总额（亏损总额以"−"号填列）	167 544	32 250	135 294	419.52
减：所得税费用	50 360	−1 496	51 856	3 466.31
四、净利润（净亏损以"−"号填列）	117 184	33 746	83 438	247.25

【知识储备与业务操作】

一、利润表项目分析

（一）营业收入

营业收入是指企业日常经营活动中取得的经济利益的收入。营业收入的多少代表了整个企业规模的大小。营业收入包括企业主要经营活动和非主要经营活动所带来的收入总额，会计核算上分别称为主营业务收入和其他业务收入。收入意味着企业资产的增加或负债的减少，也是企业财富和所有者权益增长的基础。如果企业的利润总额绝大多数来自营业收入，则企业的利润质量较高。阅读时应结合利润表附表进行，了解营业收入中主营业务收入和其他业务收入的金额，分析企业主营业务的发展趋势，进而做出合理的决策。

1. 主营业务收入

从数量上分析，主营业务收入应与资产负债表中的资产总额配比。主营业务收入代表了企业主要经营能力和获利能力，这种能力应该与企业的生产经营规模（资产总额）相适应。分析时应结合行业进行，不同行业的主营业务不同，主营业务收入也不同。

从质量上分析，主营业务收入应该符合《企业会计准则 14 号——收入》的规定并要划分收入与利得的界限。其中,收入属于企业主要的经常性收入,收入和相关成本在会计报表中分别反映;利得是指收入以外的其他收益,通常从偶发的经济业务中取得,属于那种不经过经营过程就能取得或不曾期望获得的收益,如企业接受捐赠或政府补助取得的资产、因其他企业违约收取的罚款、处理固定资产的净损益、流动资产价值变动等。此外,在阅读时要观察主营业务收入是否与资产负债表的应收账款匹配,由此可以观察企业信用政策,是以赊销还是以现销为主。

2. 其他业务收入

其他业务收入占营业收入的比重不应该过大,若比重较高,应关注会计报表附注,检查该企业是否存在关联方交易行为。这种关联方交易主要是企业向关联方企业出租固定资产、出租包装物、出让无形资产(如专利权、商标权等)的使用权,尤其是非专利技术,应分析这种交易的真实合理性。

(二)营业成本

营业成本是指企业所销售商品或者提供劳务的成本总额。它又分为主营业务成本和其他业务成本,它们是与主营业务收入和其他业务收入相对应的一组概念。营业成本不用于期间费用,它具有明确的归属对象,因此营业成本又可称为被对象化了的成本。营业成本直接影响着企业的毛利润,对企业的获利能力和业绩有着至关重要的作用。

1. 主营业务成本

主营业务成本是企业销售商品、提供劳务等经常性活动所发生的成本。从数量上分析,主营业务成本应当和主营业收入匹配。毛利率就是联系这两者的一个很重要的指标,毛利率的高低直接反映了企业的经营效益。工艺先进的企业,将可以用最少的材料、最低的成本生产出质量合格的产品。因此就具有高于行业水平的毛利率,从而获得超额利润,这也是所有企业孜孜不倦改进技术、降低成本的重要原因。

从质量方面分析,主营业务成本由于受到会计政策职业判断的影响,具有一定的可操纵性。从历年的舞弊案来看,操纵主营业务成本导致盈利高估来迷惑投资者,或者调高主营业务成本来逃税是比较常见的手段。因此在分析主营业务成本时,应该注重行业间的横向比较,以及企业历史的纵向比较,一旦发现有畸高或者畸低的现象,就应该深入调查,看看是不是存在舞弊的可能。

2. 其他业务成本

其他业务成本是企业确认的除主营业务活动以外的其他经营活动所发生的支出。其他业务成本包括销售材料的成本、出租固定资产的折旧额、出租无形资产的摊销额、出租包装物的成本或摊销额等。在分析其他业务收入时也应该关注它与其他业务成本的配比关系。

(三)税金及附加

"税金及附加"账户属于损益类账户,用来核算企业日常主要经营活动应负担的税费,包括消费税、城市维护建设税、资源税、房产税、车船使用税、土地使用税和教育费附加等。在分析该项目时应该关注企业所缴纳的税金及附加与该会计期间的收入是否符合税法规定的勾稽关系。因为该项目金额相对较小,故不是分析的重点。

(四) 期间费用

1. 销售费用

销售费用是企业在销售产品、自制半成品和提供劳务等过程中发生的费用,包括由企业负担的包装费、运输费、广告费、装卸费、保险费、委托代销手续费、展览费、租赁费(不含融资租赁费)和销售服务费、销售部门人员工资、职工福利费、差旅费、折旧费、修理费、物料消耗、低值易耗品摊销以及其他经费等。销售费用是一种期间费用,在报告期末要全部结转损益。

销售费用可能对销售收入产生很大的影响,其中各种广告营销费用应该占据销售费用的较大比重。比如在收视率较高的电视台播放广告会收取数额较高的广告费,但是也能起到家喻户晓、提升销量的作用。因此,销售费用用于扩大市场时,应当关注营业收入是否也增加。销售费用在超过一定水平后,由于市场趋于饱和,收入的增长率将降低。如果一个公司的销售费用增长幅度远远大于营业收入的增长幅度,其获利空间是非常有限的。在对企业未来的经营状况进行预测时,有理由认为要维持营业收入的增长,企业应支付较高水平的销售费用来实现营销目标。

2. 管理费用

管理费用是指企业行政管理部门为组织和管理生产经营活动而发生的各项费用。包括公司经费、职工教育经费、业务招待费、技术转让费、无形资产摊销、咨询费、诉讼费、开办费摊销、上缴上级管理费、劳动保险费、待业保险费、董事会会费以及其他管理费用等。管理费用也属于期间费用,在发生的当期就计入当期的损益。

按照成本性态来分析,所有费用都可以分为三类,即固定性费用、变动性费用、混合型费用。如果将混合型费用继续划分可以将其分为固定性部分和变动性部分,管理费用也不例外。在公司的组织结构、管理风格、管理手段、业务规模等的方面的变化不大的时候,企业的固定性管理费用应该不会有太大变动,而变动性管理费用则随着业务量的增长而增长。

在利润表分析时,尤其值得关注的是企业是否通过固定资产折旧来调节利润,因为会计准则为固定资产折旧提供了多种可供选择的会计政策。这种会计处理的灵活性使得相关人员可以有机会调节费用,从而操纵利润。

3. 财务费用

财务费用是指企业为筹集生产经营所需资金等而发生的费用,包括利息支出(减利息收入)、汇兑损失(减汇兑收益)及相关手续费、企业发生的现金折扣或收到的现金折扣等。

一般来说,利息支出是企业财务费用中占比最大的一部分,它主要取决于三个因素,即贷款规模、贷款利息率以及贷款期限。

贷款规模的增长会提高企业的财务杠杆效应，提高企业的收益率，同时也增加了财务费用支出，在提高财务风险的同时拉低了企业的利润；反之，贷款规模的降低，虽然会降低财务费用与财务风险，但可能使得企业没有足够的资金来拓展业务，在一定程度上可能会限制企业的发展。贷款利息率和贷款期限主要取决于资本市场的供求关系、贷款规模、贷款的担保条件以及贷款企业的信誉。

在分析企业的财务费用时，应当将财务费用的增减变动和企业的筹资活动联系起来，分析财务费用增减变动的合理性和有效性，并且关注市场平均利率水平和同行业间的筹资费用成本。此外，应该考虑财务费用的赤字问题，对大多数企业而言，财务费用不会出现赤字，当企业存款利息收入大于贷款利息费用，或者收到大量的现金折扣时，才会冲减企业的财务费用。如果企业出现数额较大的财务费用赤字，则应查明原因，看是否存在财务舞弊。

（五）投资收益

投资收益是对外投资所取得的利润、股利和债券利息等收入减去投资损失后的净收益。严格地讲所谓投资收益是指以项目为边界的货币收入等，它既包括项目的销售收入，又包括资产回收（即项目寿命期末回收的固定资产和流动资金）的价值。投资收益主要包括长期股权投资收益和金融资产投资收益（以及在取得该金融资产时支付的佣金、手续费等相关交易费用）。

长期股权投资收益是企业在正常的生产经营中所取得的可持续投资收益。由于会计准则规定了长期股权投资的核算方法有成本法和权益法两种，并且这两种方法确认的长期股权投资收益相差很大。因此在分析长期股权投资收益时应当关注其使用的会计核算方法的合理性和正确性，从而保证确认的长期股权投资收益真实有效。

企业的金融资产主要有以公允价值计量且其变动计入当期损益的金融资产、以摊余成本计量的金融资产和以公允价值计量且其变动计入其他综合收益的金融资产等。不同金融资产的会计核算方法有所不同，企业在金融资产的持有期间，公允价值变动并没有计入投资收益，而是分别计入了"公允价值变动损益"科目和"其他综合收益"科目，只有在处置时才将公允价值变动损益转入投资收益。

投资收益是一种利得，通过其他单位适用投资者投资资产所创造的效益分配后取得。由于对外投资使企业间接地获取投资收益，因此投资收益的高低和真实性也不易控制。因此，一方面应当分析投资收益的来源，了解它的可持续性；另一方面应当对投资收益的现金回收进行分析，判断这种收益的最终质量和回收的确定性。在分析的时候应当注意与现金流量表中投资收益收回的现金相比较。还应当将经营利润与投资收益做一个互补分析，了解这两者的替换互补趋势，提高警惕以确定是否存在着财务舞弊。

（六）资产减值损失

资产减值损失是指企业在资产负债表日，经过对资产的测试，判断资产的可回收金额低于其账面价值而计提的各项资产减值准备确认的相应损失,该项目反映了企业各项资产发生的减值损失。

利润表中的资产减值损失项目主要包括坏账准备、存货跌价准备、长期股权投资减值损失、固定资产减值损失、在建工程减值损失、无形资产减值损失等内容。新会计准则规定,对于采用权益法核算的长期股权投资、固定资产、无形资产和在建工程计提的减值准备,其资产减值损失一经确认,在以后期间不得转回。这一规定在一定程度上消除了一些企业通过计提秘密减值准备来调节利润的可能性。

(七) 营业外收入与营业外支出

分析营业外收入和营业外支出项目时,应该注意同一项流入或者流出是不是有重复发生的情况,如果存在这样的现象,就有必要分析公司是否存在故意将经常性损益放入非经常性损益的行为。

二、利润表水平分析

利润表水平分析是指通过将企业报告期的利润表数据与前期对比,揭示各方面存在的问题,为了全面深入分析企业的利润情况奠定基础。运用水平分析,可以了解项目增减变动的金额和幅度,从而发现疑点。变动额度的多少为异常应视企业收入基础来确定,一般而言,变动金额占企业营业收入总额比例较高,如超过20%,就应该提高警惕了。

利润表水平分析应当抓住几个关键利润指标的变动情况,如净利润、利润总额和营业利润的变动额与变动幅度,再逐项分析导致这些利润变动的原因。例如,营业利润的增加可能是由于营业收入的增加,也可能是由于营业成本和费用的减少,抑或是两者共同作用的结果,当然还有其他可能的情况。当营业收入的增加水平低于营业成本或者期间费用的增加水平时,就说明企业成本控制较差或者费用利用不合理,从而导致获取利润的能力降低。企业在以后年度应当采取措施降低营业成本、减少期间费用,从而增强企业的盈利能力。在财务报表无法向我们解答一些报表项目的夸张变动时,可以通过阅读财务报表附注来了解更多的信息,以便于做出更合理、更准确的分析。

三、利润表结构分析

利润表结构分析是通过计算利润表中各项目占营业收入的比重或结构,来反映利润表中具体项目与营业收入的关系情况以及变动情况,从而分析说明财务成果的结构及其增减变动的合理程度。通过各项目的比重,分析各项目在企业经营收入中的重要性。一般来说,项目的比重越大,说明其重要程度越高,在正常情况下,高质量的净利润的最主要来源是营业收入或者主营业务收入。将分析期各项目的比重与前期同项目的比重对比,研究各项目的比重变动情况,以及取得的业绩和存在的问题。

换言之,利润表的结构分析法可以从两个角度进行分析:一是分析同一年度利润表的结构性数据所表现出来的构成比例的合理程度;二是分析各年度是哪些具体因素导致了企业经营业绩的变化,以及它们各自的影响程度。

此外,在对利润表进行结构分析时,我们还可以运用收支系数、成本项目结构比例、EBITDA率等指标来帮助揭示取得的业绩和存在的问题。

(1) 收支系数。其计算公式为

$$收支系数 = 营业收入/成本费用$$

这个公式表示,每支出一元成本费用可以获得多少收入。当收支系数大于1时,假设其他业务利润和营业外收支为零,则表示每支出1元成本费用可以获得的利润。说明成本费用与收入的理想结构,成本费用占收入的比例越低,获利能力越大。

(2) 成本项目结构比例,其计算公式为

$$成本项目结构比例 = 构成项目支出额/成本总额$$

通过分析各成本项目(工资、职工福利费,折旧费、修理费、低值易耗品摊销、业务费、租赁费、网间结算成本)所占比重,可以重点控制、调节和关注比重较大的成本项目的支出。通过与历史比较和同行业进行成本项目结构比例的比较,可以找出差距,进行改善。

(3) EBITDA率,其计算公式为

$$EBITDA 率 = EBITDA/营业收入$$

EBITDA指标,相当于经营活动取得的净现金流,通过对该项指标进行分析,可以了解企业在经营活动中实现每百元营业收入取得了多少净现金流。通过对这项指标的观察,可以分析、判断企业的获利能力和资金循环能力。

【做中学 3-2】

B企业利润表资料及分析表如表3-5所列,请分析B公司经营变动情况。

表3-5 B公司利润结构分析表

项目	2021年(%)	2020年(%)	增减率
1. 营业收入	100	100	
减:营业成本	80.33	81.35	−1.02
税金及附加	0.43	0.51	−0.08
销售费用	3.78	4.29	−0.51
管理费用	8.68	8.29	0.39
财务费用	2.70	4.85	−2.15
加:投资收益(损失以"−"号填列)	−0.10	1.04	−1.14
资产减值损失(损失以"−"号填列)	1.53	0.00	1.53
2. 营业利润(亏损以"−"号填列)	2.46	1.75	0.71
加:营业外收入	4.92	0.13	4.79

续表 3-5

项 目	2021年(%)	2020年(%)	增减率
减：营业外支出	0.15	0.08	0.07
3. 利润总额(亏损总额以"-"号填列)	7.23	1.79	5.44
减：所得税费用	2.17	-0.08	2.25
4. 净利润(净亏损以"-"号填列)	5.06	1.88	3.18

从表 3-5 可看出，该企业本年度营业利润占营业收入的比重为 2.46%，比上年度的 1.75% 增长了 0.71%；本年度利润总额的比重为 7.23%，比上年度的 1.79% 增长 5.44%；本年度净利润的比重为 5.06%，比上年的 1.88% 增长了 3.18%。可见，从企业利润的构成情况上看，盈利能力比上年度都有所提高。各项财务成果结构增长的原因，从营业利润结构增长看，主要是营业成本、营业税费、销售费用和财务费用结构下降所致，说明营业成本及税金和财务费用下降是提高营业利润比重的根本原因。但是利润总额结构增长的主要原因，除受营业利润影响以外，主要还在于营业外收入比重的大幅提高。另外，投资净收益比重下降、管理费用、资产减值损失、营业外支出和所得税结构的提高，对营业利润、利润总额和净利润结构都带来一定不利影响。

【引例解析】

H 公司 2021 年实现净利润 117 184 千元，比上年增长了 83 438 千元，增长率为 247.25%，增长幅度较高。从分析表看，公司净利润增长主要是由利润总额比上年增长 135 294 千元引起的；由于所得税比上年增长 51 856 千元，二者相抵，导致净利润增长了 83 438 千元。

H 公司利润总额增长 135 294 千元，关键原因是公司营业外收入增长，公司营业外收入增长 111 650 千元，增长率为 4 955.61%；同时营业利润增长也是导致利润总额增长的有利因素，营业利润比上年增长了 25 601 千元，增长率为 81.53%。但因营业外支出的不利影响，使利润总额减少 1 957 千元。增减因素相抵，利润总额增加了 135 294 千元。

H 公司营业利润增长主要是营业收入增长和财务费用降低所致。营业收入比上年增加 518 036 千元，增长率为 28.81%，根据该公司年报，其营业收入大幅增长，主要原因在于公司不断调整产品结构，增加产量，不断满足市场需求，从而造成主营业务收入大幅上升；财务费用的降低，导致营业利润增加了 24 858 千元；但由于营业成本、营业税费、销售费用、管理费用、资产减值损失的增加，以及投资净收益的大幅度下降等的影响，减利 517 295 千元，增减相抵，营业利润增加 25 601 千元，增长 81.53%。

【拓展阅读】

虚构营业成本 百隆东方逃税疑云

一面是远远低于市场的采购价；一面是营业成本构成中，原材料棉花的单位成本不可思议的高。2011年12月16日过会的百隆东方，其财务数据和涉税问题一直不断受到媒体质疑。

《招股说明书》显示，百隆东方曾于2008年4月和2009年10月因销售废料取得的销售收入未入账，导致少缴增值税和企业所得税，被当地税务机关分别处以5.43万元和30.50万元罚款。

1. 反常的营业成本构成

2008年至2011年1—6月期间，百隆东方主营业务成本构成中棉花成本分别为16.93亿元、16.56亿元、21.20亿元和11.07亿元，同期该公司销售色纺纱分别为10.02万吨、10.53万吨、10.96万吨和4.42万吨。在棉纺织行业，棉花与棉纱之间的产出存在一定比例关系，国内企业的产出比例均值为1.2∶1，即生产1公斤棉纱需要1.2公斤的棉花。由此，可以通过其销售产品的数量来反推出耗用棉花数量。报告期内，百隆东方消耗的棉花数量（测算）分别为12.024万吨、12.64万吨、13.15万吨和5.3万吨。

据此测算，该公司主营业务成本中棉花的消耗单价为1.41万元/吨、1.31万元/吨、1.61万元/吨、2.088万元/吨（税前价）。而同期，百隆东方的棉花采购价格为1.04万元/吨、1.21万元/吨、1.89万元/吨和2.41万元/吨（税前价）。其中，2008年的数据最为反常，当期全年棉花采购均价仅有1.04万元/吨，而其同期生产过程中耗用棉花的单价却高达1.41万元/吨，相差近40%。

在我国增值税是工业企业的主要税种，其是以商品在流转过程中产生的增值额作为计税依据的一种流转税。计算公式为：当期应纳增值税＝当期销项税额－实际抵扣进项税额。百隆东方所耗用的棉花主要从两种渠道获得，一种是直接向产地棉农收购，开具籽棉收购专用发票，税率13%；另一种是向棉花加工企业收购，开具增值税专用发票，税率17%。

由于棉花进项税可以在销售时抵扣产品增值税，这意味着增加营业成本，可以间接增加进项税额，从而少缴增值税。《招股书》显示，百隆东方每年有6亿元左右的棉花采购为通过下属子公司向当地棉农直接采购，占同期棉花采购总额的50%。据了解，在税务实践过程中，由于收购环节诸多因素难以管控，存在棉花收购加工行业纳税人收购发票自开自抵现象，如收购发票的低购高开、无货虚开、购进皮棉按籽棉虚开、替别人代开的情况时有发生，进而给收购加工环节增值税管理和所得税管理工作增加了难度。

事实上，百隆东方在经营过程中已出现过这样的漏洞，并被税务机关查处：2008年4月，菏泽市国家税务局稽查局向曹县百隆下发菏国税稽罚[2008]13号《税务行政处罚决定书》,曹县百隆 2006 年 12 月至 2007 年 12 月期间因销售废料取得的销售收入 152 822.10 元未入账导致少缴增值税和企业所得税,违反有关税收征收规定,处以 54 259.70 元罚款;2009 年 10 月,宁波市镇海区国家税务局向海德针织下发镇国税罚[2009]54 号《税务行政处罚通知书》,海德针织 2003 年 3 月至 2009 年 6 月期间因销售废品取得的销售收入 1 309 276.88 元未入账造成少缴增值税和企业所得税,违反有关税收征收规定,处以 304 976.10 元罚款。

2. 虚构 4 368 万元进项税

那么,是什么原因导致百隆东方 2008 年棉花采购价格和主营业务成本中棉花成本单价出现高达 40% 的差额?

以百隆东方 2008 年生产成本中棉花单价 1.41 万元/吨计算,其税后价格为 1.649 7 万元/吨。而郑州棉花期货市场数据显示,在 2004 年至 2007 年期间,棉花期货价格最高价为 1.575 万元/吨,从未达到过 1.649 7 万元/吨,其中 2007 年棉花的期货平均价格为 1.429 5 万元/吨(税后)。这就不禁令人感到费解,既然市场上未有过如此高的价格,那么百隆东方是从何种途径采购来这批天价棉花,并用来冲抵 2008 年销售产品时需要交纳的增值税?

以 2007 年期货市场棉花平均价格 1.429 5 万元/吨(税后)计算,其税前价格为 1.22 万元/吨,2008 年百隆东方年度采购均价为 1.04 万元/吨。粗略计算,百隆东方 2008 年生产耗用棉花的实际单价约为 1.13 万元/吨((1.22 万元/吨＋1.04 万元/吨)/2),较根据主营业务成本、产品销售量推算的单价低 19.86%。以当年主营业务成本构成中棉花成本 16.93 亿元计算,实现虚增 3.36 亿元采购成本。以籽棉采购进项税率 13% 计算,有高达 4 368 万元的进项税无法得到合理解释。

【课后练习】

一、单选题

1. 反映企业全部财务成果的指标是(　　)。
   A. 主营业务利润　　B. 营业利润　　C. 利润总额　　D. 净利润
2. 企业商品经营盈利状况最终取决于(　　)。
   A. 主营业务利润　　B. 营业利润　　C. 利润总额　　D. 投资收益
3. 企业提取法定盈余公积金是在(　　)。
   A. 提取任意公积金之后
   B. 弥补企业以前年度亏损之后
   C. 支付各项税收的滞纳金和罚款之后
   D. 支付普通股股利之前
4. 企业用盈余公积金分配股利后,法定盈余公积金不得低于注册资本的下述比例(　　)。
   A. 10%　　B. 20%　　C. 25%　　D. 50%
5. 产生销售折让的原因是(　　)。

A. 激励购买方多购商品 　　　　　　B. 促使购买方及时付款
C. 进行产品宣传 　　　　　　　　　D. 产品质量有问题

6. 计算销售量变动对利润影响的公式为(　　)。
A. 销售量变动对利润的影响＝产品销售利润实际数×(产品销售量完成率－1)
B. 销售量变动对利润的影响＝产品销售利润实际数×(1－产品销售量完成率)
C. 销售量变动对利润的影响＝产品销售利润基期数×(产品销售量完成率－1)
D. 销售量变动对利润的影响＝产品销售利润基期数×(1－产品销售量完成率)

7. 销售品种构成变动会引起产品销售利润变动，主要是因为(　　)。
A. 各种产品的价格不同 　　　　　B. 各种产品的单位成本不同
C. 各种产品的单位利润不同 　　　D. 各种产品的利润率高低不同

8. 产品等级构成变化引起产品销售利润变动，原因是(　　)。
A. 等级构成变动必然引起等级品平均成本的变动
B. 等级构成变动必然引起等级品平均价格的变动
C. 等级构成变动必然引起等级品平均销售量的变动
D. 等级构成变动必然引起等级品平均利润的变动

9. 产品质量变动会引起产品销售利润变动，是因为(　　)。
A. 各等级品的价格不同 　　　　　B. 各等级品的单位成本不同
C. 各等级品的单位利润不同 　　　D. 各等级品的利润率高低不同

10. 如果企业本年销售收入增长快于销售成本的增长，那么企业本年营业利润(　　)。
A. 一定大于零 　　　　　　　　　　B. 一定大于上年营业利润
C. 一定大于上年利润总额 　　　　　D. 不一定大于上年营业利润

11. 企业收入从狭义上是指(　　)。
A. 主营业务收入　　B. 营业收入　　C. 投资收入　　D. 营业外收入

12. 假设某企业的存货计价方法由先进先出法改为后进先出法，这项会计政策的变更对利润的影响是(　　)。
A. 利润增加　　　B. 利润减少　　　C. 利润不变　　　D. 不一定

13. 与利润分析无关的资料是(　　)。
A. 利润分配表　　　B. 应交增值税明细表
C. 分部报表　　　　D. 营业外收支明细表

14. 影响产品价格高低的最主要因素是(　　)。
A. 销售利润　　　B. 销售税金　　　C. 产品成本　　　D. 财务费用

15. 在各种产品的利润率不变的情况下，提高利润率低的产品在全部产品中所占的比重，则全部产品的平均利润率(　　)。
A. 提高　　　　　B. 降低　　　　　C. 不变　　　　　D. 无法确定

二、多项选择题
1. 影响主营业务利润的基本因素有（　　）。
   A. 销售量　　　　　　　　　　　B. 单价
   C. 期间费用　　　　　　　　　　D. 销售品种构成
   E. 产品等级
2. 进行产品销售利润因素分析的主要步骤包括（　　）。
   A. 找出影响产品销售利润的因素
   B. 将影响产品销售利润的因素分为有利因素和不利因素。
   C. 确定各因素变动对产品销售利润的影响程度。
   D. 按各因素变动对产品销售利润的影响程度排序。
   E. 对产品销售利润完成情况进行分析评价。
3. 企业的收入从广义上讲应包括（　　）。
   A. 主营业务收入　　　　　　　　B. 其他业务收入
   C. 股利收入　　　　　　　　　　D. 利息收入
   E. 营业外收入
4. 销售净收入是指从销售收入中扣除（　　）。
   A. 销售退回　　　　　　　　　　B. 现金折扣
   C. 数量折扣　　　　　　　　　　D. 商业折扣
   E. 销售折让
5. 下列项目属于期间费用的有（　　）。
   A. 营业费用　　　　　　　　　　B. 制造费用
   C. 财务费用　　　　　　　　　　D. 销售费用
   E. 管理费用
6. 投资收入分析应包括的内容有（　　）。
   A. 利息收入分析　　　　　　　　B. 租金收入分析
   C. 资产使用费收入分析　　　　　D. 处理固定资产的收入分析
   E. 股利收入分析
7. 销售费用结构分析主要分析以下指标（　　）。
   A. 销售费用变动率　　　　　　　B. 销售费用变动额
   C. 销售费用构成率　　　　　　　D. 百元销售收入销售费用
   E. 百元销售收入销售费用增长率
8. 财务费用项目分析的内容包括（　　）。
   A. 借款总额　　　　　　　　　　B. 利息支出
   C. 利息收入　　　　　　　　　　D. 汇兑收益
   E. 汇兑损失
9. 影响直接材料成本的因素有（　　）。

A. 产品产量　　　　　　　　B. 材料单耗
C. 材料单价　　　　　　　　D. 材料配比
E. 生产工人的技术熟练程度

三、判断题

1. 营业利润是企业营业收入与营业成本费用及税金之间的差额。它既包括产品销售利润，又包括其他业务利润，并在二者之和基础上减去管理费用与财务费用。（　　）

2. 息税前利润是指没有扣除利息和所得税前的利润，即等于营业利润与利息支出之和。（　　）

3. 利润表附表反映了会计政策变动对利润的影响。（　　）

4. 如果某一分部的对外营业收入总额占企业全部营业收入总额50%及以上的，则不需编制分部报表。（　　）

5. 销售成本变动对利润有着直接影响，销售成本降低多少，利润就会增加多少。（　　）

6. 税率的变动对产品销售利润没有影响。（　　）

7. 价格变动对销售收入的影响额与对利润的影响额不一定总是相同的。（　　）

8. 价格变动的原因是多种多样的，但是，概括地说，价格变动无非是质量差价和供求差价两种。（　　）

9. 价格因素是影响产品销售利润的主观因素。（　　）

10. 按我国现行会计制度规定，企业当期实现的净利润即为企业当期可供分配的利润。（　　）

11. 企业成本总额的增加不一定意味着利润的下降和企业管理水平的下降。（　　）

12. 当期单位产品销售成本与单位生产成本的差异主要受期初和期末存货成本变动的影响。（　　）

13. 直接材料成本不只受材料的单位耗用量和单价两个因素影响。（　　）

14. 全部销售成本分析是从产品类别角度找出各类产品或主要产品销售成本的构成内容及结构比重。（　　）

15. 运用水平分析法可以更深入地说明销售费用的变动情况及其合理性。（　　）

项目四　现金流量表编制与分析

☞ **职业能力目标**

（1）掌握现金流量表的结构、项目内容；
（2）能够运用直接法和间接法编制现金流量表；
（3）根据现金流量表，能够对经营活动产生的现金流量项目、投资活动产生的现金流量项目和筹资活动产生的现金流量项目进行分析；
（4）能够对现金流量表进行水平分析与比率分析。

☞ **典型工作任务**

（1）使用直接法和间接法编制现金流量表；
（2）现金流量表项目分析；
（3）分析影响现金流量变化的主要因素。

任务一　现金流量表编制

【任务引例】

华城有限公司所涉会计科目金额如下，请编制现金流量表。

（1）本期主营业务收入为 1 250 000 元，本期销售产品以现金收取销项税额 212 500 元；应收账款期初余额为 300 000 元，期末余额 600 000 元；应收票据期初余额 246 000 元，期末余额为 46 000 元。

（2）本期主营业务成本为 750 000 元，本期以现金支付能抵扣的增值税 100 000 元；应付账款期初余额为 953 800 元，期末余额为 900 000 元；应付票据期初余额为 200 000 元，期末余额为 300 000 元；存货期初余额为 2 580 000 元，期末余额为 2 574 700 元。

（3）本期上交增值税 200 000 元；本期发生所得税 99 000 元，已交纳。期初未交所得税 50 000 元，期末未交所得税 20 000 元。

（4）本期实际支付的消费税 25 000 元，城市维护建设税 1 750 元，教育费附加 700 元。

（5）本期实际以现金支付工人的工资（不含在建工程人员工资）300 000 元，支付养老保险金 50 000 元。

（6）现金支付有关管理费用 30 000 元。

(7) 转让权益性投资本金 150 000 元,实收现金 180 000 元;转让债券投资收回现金 55 000 元,其中本金 50 000 元。

(8) 分得现金股利 8 000 元。

(9) 出售不需用旧设备一台,收到现金 10 000 元,支付拆卸费 3 000 元。

(10) 购一台设备价款 200 000 元,增值税 34 000 元,存款支付,另支付安装费 6 000 元。

(11) 委托证券公司代为发行面值为 3 000 000 元的长期债券,证券公司收取 1% 的手续费,并代为支付印刷费 20 000 元。余款已存入银行。在发行前,本企业支付咨询费等 3 000 元。

(12) 银行存款偿还长期借款本金 100 000 元,利息 30 000 元,其中前两年已计提 20 000 元。

(13) 支付上年和本年融资租赁费 40 000 元。

【知识储备与业务操作】

一、现金流量表内涵

现金流量表,是指反映企业在一定会计期间现金和现金等价物流入和流出的报表。现金流量,是某段时期内企业现金流入和流出的数量。从编制原理上看,现金流量表按照收付实现制原则编制,将权责发生制下的盈利信息调整为收付实现制下的现金流量信息,便于信息使用者了解企业净利润的质量。

从内容上看,现金流量表被划分为经营活动、投资活动和筹资活动三个部分。

经营活动,是指企业投资活动和筹资活动以外的所有交易和事项。各类企业由于行业特点不同,对经营活动的认定存在一定差异。对于工商企业而言,经营活动主要包括销售商品、提供劳务、购买商品、接受劳务、支付税费等;对于商业银行而言,经营活动主要包括吸引存款、发放贷款、同业存放、同业拆借等;对于保险公司而言,经营活动主要包括原保险业务和再保险业务等;对于证券公司而言,经营活动主要包括自营证券、代理承销证券、代理兑付证券、代理买卖证券等。

投资活动,是指企业长期资产的购进和不包括现金等价物的短期投资活动。长期资产是指固定资产、无形资产、在建工程、其他资产等持有期限在一年或一个营业周期以上的资产。不同企业由于行业特点不同,对投资活动的认定也存在差异。例如,交易性金融资产所产生的现金流量,对于工商业企业而言,属于投资活动现金流量,而对于证券公司而言,则属于经营活动现金流量。

筹资活动,是指导致企业所有者权益及债务规模和构成发生变化的活动。通常情况下,应付账款、应付票据等商业应付款等属于经营活动,不属于筹资活动。

上述三类活动又分为各具体项目,这些项目从不同角度反映企业业务活动的现金流入与流出,弥补了资产负债表和利润表提供信息的不足。通过现金流量表,报表使用者能够了解现金流量表的影响因素,评价企业的支付能力、偿债能力和周转能力,预测企业未来现金流量,为其决策提供有力证据。

二、现金流量表编制方法

现金流量表编制包括直接法和间接法,直接法是以利润表中的营业收入为起算点,调整与经营活动有关的项目的增减变动,然后计算出经营活动的现金流量;间接法是以净利润为出发点,通过对若干项目的调整,最终计算确定经营活动产生的现金流量。

在我国,现金流量表以直接法编制,但是在现金流量表的补充资料中还单独按照间接法反映经营活动现金流量的情况。

三、现金流量表格式及填列

现金流量表格式如表4-1所列。

表4-1 现金流量表

会企03表

编制单位:　　　　　　　　　　　　　　　年　　月　　　　　　　　　　　　　　单位:元

项　目	本期金额	上期金额
1. 经营活动产生的现金流量:		
销售商品、提供劳务收到的现金		
收到的税费返还		
收到的其他与经营活动有关的现金		
经营活动现金流入小计		
购买商品、接受劳务支付的现金		
支付给职工以及为职工支付的现金		
支付的各项税费		
支付的其他与经营活动有关的现金		
经营活动现金流出小计		
经营活动产生的现金流量净额		
2. 投资活动产生的现金流量:		
收回投资所收到的现金		
取得投资收益所收到的现金		
处置固定资产、无形资产和其他长期资产所收回的现金净额		
收到的其他与投资活动有关的现金		
投资活动现金流入小计		
购建固定资产、无形资产和其他长期资产所支付的现金		
投资所支付的现金		

续表 4－1

项　　目	本期金额	上期金额
取得子公司及其他营业单位支付的现金净额		
支付的其他与投资活动有关的现金		
投资活动现金流出小计		
投资活动产生的现金流量净额		
3．筹资活动产生的现金流量：		
吸收投资所收到的现金		
借款所收到的现金		
收到的其他与筹资活动有关的现金		
筹资活动现金流入小计		
偿还债务所支付的现金		
分配股利、利润或偿付利息所支付的现金		
支付的其他与筹资活动有关的现金		
筹资活动现金流出小计		
筹资活动产生的现金流量净额		
4．汇率变动对现金及现金等价物的影响		
5．现金及现金等价物净增加额		
加：期初现金及现金等价物余额		
6．期末现金及现金等价物余额		

（一）经营活动产生的现金流量

1．销售商品、提供劳务收到的现金

（1）本项目包含的内容

① 本期销售商品和提供劳务本期收到的现金；

② 前期销售商品和提供劳务（含应收账款和应收票据）本期收到的现金；

③ 本期预收的商品款和劳务款等；

④ 本期收回前期核销的坏账损失；

⑤ 本期发生销货退回而支付的现金（从本项目中扣除）。

注意： 第一，本项目包括收到的增值税销项税额；第二，销售材料、代销业务收到的现金也在本项目反映。

（2）本项目计算公式

销售商品、提供劳务收到的现金＝营业收入＋本期收到的增值税销项税额＋应收账款（期初余额－期末余额）（不扣除坏账准备）＋应收票据（期初余额＋期末余额）＋预收款项项目（期末余额＋期初余额）－本期由于收到非现金资产抵债减少的应收账款、应收票据的金额－本期发生的现金折扣－本期发生的票据贴现利息（不附追索

权)＋收到的带息票据的利息(会计处理为借记银行存款,贷记财务费用)±其他特殊调整业务

2. 收到的税费返还

反映企业收到返还的各种税费。如收到的减免增值税退税、出口退税、减免税款退税和收到的教育费附加返还等,按实际收到的金额填列。

本项目可根据"营业外收入""应交税费—应交增值税(出口退税)"等科目分析填列。

3. 收到的其他与经营活动有关的现金

反映企业除上述各项目外,收到的其他与经营活动有关的现金流入。包括企业收到的罚款收入、属于流动资产的现金赔款收入、经营租赁的租金和押金收入、银行存款的利息收入、接受现金捐赠收入等。

本项目可根据"库存现金""银行存款""营业外收入""财务费用""其他应付款"等科目分析填列。

4. 购买商品、接受劳务支付的现金

(1) 本项目包含的内容

① 本期购买商品、接受劳务本期支付的现金；

② 本期支付前期购买商品、接受劳务的未付款项(含应付账款、应付票据等)；

③ 本期预付的购货款；

④ 本期发生购货退回而收到的现金(从本项目中扣除)。

注意：本项目包括付出的增值税进项税额。

(2) 本项目计算公式

购买商品、接受劳务支付的现金＝营业成本＋当期以现金支付的增值税进项税额＋当期存货的增加(期末存货－期中存货)＋应付账款的减少(期初应收账款－期末应收账款)＋应付票据的减少(期初应付票据－期末应付票据)－预付账款的减少(期初预付账款－期末预付账款)－本期发生的购货退回收到的现金

5. 支付给职工以及为职工支付的现金

(1) 本项目包含的内容

反映企业实际支付给职工以及为职工支付的现金。包括本期实际支付给职工的工资、奖金、各种津贴和补贴等；以及为职工支付的养老、失业等社会保险基金、补充养老保险、企业为职工支付的商业保险金、住房公积金、支付给职工的住房困难补助,以及企业支付给职工或为职工支付的福利费用等。

注意：该项目不包括支付给离退休人员的各种费用,不包括在建工程人员工资。

(2) 本项目计算公式

支付给职工以及为职工支付的现金＝本期生产成本、制造费用、管理费用中已付的职工薪酬＋应付职工薪酬(除在建工程人员)(期初余额－期末余额)。

6．支付的各项税费

（1）本项目包含的内容

反映企业实际支付的各种税金和支付的教育费附加、矿产资源补偿费等。包含：

① 当期支付当期的各项税费；

② 当期支付前期的各项税费；

③ 当期预付的各项税费。

注意：不包括支付的计入固定资产价值的耕地占用税；不包括支付的计入在建工程价值的增值税和消费税；不包括各种税费返还。

（2）本项目计算公式

支付的各项税费＝税金及附加＋所得税费用＋管理费用中的印花税等税金＋已交纳的增值税＋应交税费（不包括增值税）（期初余额－期末余额）＋递延所得税负债（期初余额－期末余额）（不包括计入所有者权益的金额）＋递延所得税资产（期末余额－期初余额）（不包括计入所有者权益的金额）

7．支付的其他与经营活动有关的现金

（1）本项目包含的内容

反映企业除上述各项目外，支付的其他与经营活动有关的现金流出。如罚款支出、支付的差旅费、经营租赁的租金、业务招待费现金支出、支付的保险费、支付给离退休人员的各种费用、现金捐赠支出等。

（2）本项目计算公式

支付的其他与经营活动有关的现金＝"管理费用"中除职工薪酬、支付的税金和未支付现金的费用外的费用（即支付的其他费用）＋"制造费用"中除职工薪酬和未支付现金的费用外的费用（即支付的其他费用）＋"销售费用"中除职工薪酬和未支付现金的费用外的费用（即支付的其他费用）＋"财务费用"中支付的结算手续费＋"其他应收款"中支付职工预借的差旅费以及企业支付的押金＋"其他应付款"中支付的经营租赁的租金＋"营业外支出"中支付的罚款支出和现金捐赠支出等

（二）投资活动产生的现金流量

1．收回投资收到的现金

反映企业出售、转让或到期收回除现金等价物以外的交易性金融资产、可供出售的金融资产、长期股权投资（除处置子公司及其他营业单位外）以及收回持有至到期投资本金而收到的现金，包括转让的投资收益。

注意：不包括收到的现金股利和债券投资的利息；"持有至到期投资"的收回，本项目只填本金，不填利息。

2．取得投资收益收到的现金

反映企业因各种投资收到的现金股利、利润和利息等。

3．处置固定资产、无形资产和其他长期资产收回的现金净额

反映企业处置固定资产、无形资产和其他长期资产而收到的现金，减去处置资产

而支付的有关费用后的净额,包括固定资产等因损失而收到的保险赔款等。

注意:①此项目与"固定资产清理"核算的结果不同;②如为负数,则填入"支付的其他与投资活动有关的现金"项目。

4. 处置子公司及其他营业单位收到的现金净额

反映企业处置子公司及其他营业单位收到的现金,减去相关税费和子公司及其他营业单位持有的现金及现金等价物以后的净额。

5. 收到的其他与投资活动有关的现金

反映企业除上述各项目外,收到的其他与投资活动有关的现金流入,如收到的属于购买时买价中所包含的现金股利或已到付息期的利息等。

6. 购置固定资产、无形资产和其他长期资产支付的现金

反映企业购买、建造固定资产,购买无形资产和其他长期资产所支付的现金。包括支付的买价、相关税费及在建工程人员的薪酬等。

注意:该项目不包括:①资本化的借款利息;②融资租入固定资产所支付的租赁费;③分期付款购建固定资产支付的款项(注:含首期支付的款项)。这些项目在筹资活动产生的现金流量中反映。

7. 投资支付的现金

反映企业进行各种投资(除取得子公司及其他营业单位外)所支付的现金。

注意:不包括购买现金等价物支付的现金;不包括购买股票和债券时,买价中所包含的已宣告但尚未发放的现金股利或已到付息期但尚未领取的利息。

8. 取得子公司及其他营业单位支付的现金净额

反映企业取得子公司及其他营业单位购买出价中以现金支付的部分,减去子公司及其他营业单位持有的现金及现金等价物以后的净额。

9. 支付的其他与投资活动有关的现金

反映企业除上述各项目外,支付的其他与投资活动有关的现金。如购买股票和债券时,支付的买价中所包含的已宣告但尚未发放的现金股利或已到付息期但尚未领取的利息等。

(三) 筹资活动产生的现金流量

1. 吸收投资收到的现金

反映企业收到的投资者投入的现金。包括发行股票收到的款项净额(发行收入-券商直接从发行收入中扣除的发行费用)。

注意:企业发行股票时由企业直接支付的评估费、审计费、咨询费,不能从本项目中扣除。

2. 取得借款收到的现金

反映企业本期实际借入短期借款、长期借款所收到的现金,以及发行债券实际收到的款项净额,即发行收入减去直接支付的佣金等发行费用后的净额。

注意:偿还借款支付的现金不能从本项目中扣除。

3. 收到的其他与筹资活动有关的现金

反映企业除上述各项目外,收到的其他与筹资活动有关的现金。

4. 偿还债务支付的现金

反映企业以现金偿还短期借款、长期借款和应付债券的本金。

注意:该项目仅指本金,不包括偿还的借款利息、债券利息。

5. 分配股利、利润和偿付利息支付的现金

反映企业实际支付的现金股利、利润和支付的借款利息、债券利息等。

6. 支付的其他与筹资活动有关的现金

反映企业除上述各项目外,支付的其他与筹资活动有关的现金。如支付的筹资费用、支付的融资租赁费、分期付款购建固定资产支付的款项(含首期支付的款项)等。

四、现金流量表附表格式及内容

补充资料中"将净利润调节为经营活动的现金流量",实际上是以间接法编制的经营活动的现金流量。间接法是以净利润为出发点,通过对若干项目的调整,最终计算确定经营活动产生的现金流量。

采用间接列报将净利润调节为经营活动的现金流量净额时,主要需要调整四大类项目:

(1)实际没有支付现金的费用;

(2)实际没有收到现金的收益;

(3)不属于经营活动的损益;

(4)经营性应收应付项目的增减变动。

其基本原理是:

经营活动产生的现金流量净额＝净利润＋不影响经营活动现金流量但减少净利润的项目－不影响经营活动现金流量但增加净利润的项目＋与净利润无关但增加经营活动现金流量的项目－与净利润无关但减少经营活动现金流量的项目

表4－2 现金流量表(附表)

编制单位: ____年____月 单位:元

项　　目	本期金额	上期金额
补充资料		
1. 将净利润调节为经营活动现金流量		
净利润		
加:资产减值准备		
固定资产折旧、油气资产折耗、生产性生物资产折旧		
无形资产摊销		

续表 4-2

项　目	本期金额	上期金额
长期待摊费用摊销		
处置固定资产、无形资产和其他长期资产的损失(收益以"－"填列)		
固定资产报废损失(收益以"－"填列)		
公允价值变动损失(收益以"－"填列)		
财务费用(收益以"－"填列)		
投资损失(收益以"－"填列)		
递延所得税资产减少(增加以"－"号填列)		
递延所得税负债增加(减少以"－"号填列)		
存货的减少(增加以"－"号填列)		
经营性应收项目的减少(增加以"－"号填列)		
经营性应付项目的增加(减少以"－"号填列)		
其他		
经营活动产生的现金流量净额		
2. 不涉及现金收支的重大投资和筹资活动		
债务转为资本		
一年内到期的可转换公司债券		
融资租入固定资产		
3. 现金及现金等价物净变动情况		
现金的期末余额		
减：现金的期初余额		
加：现金等价物的期末余额		
减：现金等价物的期初余额		
现金及现金等价物净增加额		

【任务解析】

(1) 销售商品、提供劳务收到的现金＝当期主营业务收入＋当期现金收取的销项税额＋应收账款的减少(应收账款期初余额－应收账款期末余额)＋应收票据的减少(应收票据期初余额－应收票据期末余额)＋预收账款的增加(预收账款期末余额－预收账款期初余额)＋本期收回前期核销的坏账损失－当期因销售退回的现金－债务人以非现金资产抵偿债务而减少的应收账款和票据－核销坏账损失而减少的应收账款等＝1 250 000＋212 500＋(300 000－600 000)＋(246 000－46 000)＝1 362 500(元)

(2) 购买商品、接受劳务支付的现金＝当期主营业务成本＋当期以现金支付的增值税进项税额＋当期存货的增加(期末存货－期初存货)＋应付账款的减少(期初应收账款－期末应收账款)＋应付票据的减少(期初应付票据－期末应付票据)－预付账款的减少(期初预付账款－期末预付账款)－本期发生的购货退回收到的现金＝750 000＋100 000＋(2 574 700－2 580 000)＋(953 800－900 000)＋(200 000－300 000)＝798 500(元)

(3) 支付给职工以及为职工支付的现金＝350 000(元)

(4) 支付的各项税费＝200 000＋99 000＋(50 000－20 000)＋25 000＋1 750＋700＝356 450(元)

(5) 支付的其他与经营活动有关的现金＝50 000＋30 000＝80 000(元)

(6) 收回投资所收到的现金＝180 000＋50 000＝230 000(元)

(7) 取得投资收益所收到的现金＝(55 000－50 000)＋8 000＝13 000(元)

(8) 处置固定资产、无形资产和其他长期资产所收回的现金净额＝10 000－3 000＝7 000(元)

(9) 购建固定资产、无形资产和其他长期资产所支付的现金＝200 000＋34 000＋6 000＝240 000(元)

(10) 吸收投资所收到的现金＝3 000 000(1－1‰)－20 000＝2 950 000(元)

(11) 偿还债务所支付的现金＝100 000(元)

(12) 分配股利、利润或偿付利息所支付的现金＝30 000(元)

(13) 支付的其他与筹资活动有关的现金＝40 000＋3 000＝43 000(元)

具体现金流量表如表4－3所列。

表4－3 现金流量表

项 目	金 额
1. 经营活动产生的现金流量：	
销售商品、提供劳务收到的现金	1 362 500
收到的税费返还	
收到的其他与经营活动有关的现金	
现金流入小计	1 362 500
购买商品、接受劳务支付的现金	840 500
支付给职工以及为职工支付的现金	300 000
支付的各项税费	356 450
支付的其他与经营活动有关的现金	80 000
现金流出小计	1 576 950
经营活动产生的现金流量净额	－214 450
2. 投资活动产生的现金流量：	
收回投资所收到的现金	230 000
取得投资收益所收到的现金	13 000

续表 4-3

项 目	金 额
处置固定资产、无形资产和其他长期资产所收回的现金净额	7 000
收到的其他与投资活动有关的现金	
现金流入小计	250 000
购建固定资产、无形资产和其他长期资产所支付的现金	240 000
投资所支付的现金	
支付的其他与投资活动有关的现金	
现金流出小计	240 000
投资活动产生的现金流量净额	10 000
3. 筹资活动产生的现金流量：	
吸收投资所收到的现金	2 950 000
借款所收到的现金	
收到的其他与筹资活动有关的现金	
现金流入小计	2 950 000
偿还债务所支付的现金	100 000
分配股利、利润或偿付利息所支付的现金	30 000
支付的其他与筹资活动有关的现金	43 000
现金流出小计	173 000
筹资活动产生的现金流量净额	2 777 000
4. 汇率变动对现金的影响	
5. 现金及现金等价物净增加额	2 572 550

任务二　现金流量表分析

【任务引例】

大威公司2020—2021年度现金流量表的适度比率如表4-4所列，请分析该企业盈利质量。

表4-4　相关指标数据

指标名称	2021年	2020年
净利润现金保障倍数	0.74倍	0.39倍
销售商品、提供劳务收到的现金对营业收入的比率	46.89%	42.19%

【知识储备与业务操作】
一、现金流量表结构分析

现金流量表结构分析是指通过对现金流量表中不同项目间的比较,分析企业现金流入的主要来源和现金流出的方向,并评价现金流入、现金流出对净现金流量的影响。现金流量结构包括现金流入结构、现金流出结构以及现金流入、流出比例等,可列表进行分析,这些分析是为了进一步掌握企业在各项活动中现金流量的变动规律、变动趋势,公司经营周期所处的阶段以及异常变化情况。分析人员可以利用现金流入和现金流出结构的历史比较和同业比较,得到更有意义的信息。对于一个健康成长的公司来说,经营活动的现金流量应该是正数,投资活动的现金流量应该是负数,筹资活动的现金流量应该是正负相间的。

现金流量结构是指企业各种现金流入量、各种现金流出量及现金净流量与企业总的现金流入量、总的现金流出量及全部现金净流量的比例关系。在进行分析时,可将现金流量结构分析分为现金流入结构、现金流出结构和现金净流量结构,并分别进行分析。

(一)现金流入结构

现金流入结构反映在企业全部现金流入量中,经营活动、投资活动和筹资活动分别占的比例,以及在这三种活动中,不同渠道流入的现金在该类别现金流入量和总现金流入量中所占的比例。一般而言,在企业现金流入量总额中,经营活动产生的现金流入量占有较大比重,特别是主营业务活动产生的现金流入量明显高于其他活动产生的现金流入量。当然,因企业类型不同,这一比例也可能存在差异,短期内也可能不存在上述规律。

(二)现金流出结构

现金流出结构反映企业全部现金流出量中经营活动、投资活动和筹资活动分别占的比例,以及在这三种活动中,不同渠道流出的现金在该类别现金流出量和总现金流出量中所占的比例。一般而言,企业经营活动产生的现金流出量,在企业总现金流出量中所占比重较大,而企业具有一定的稳定性,各期变化幅度不会太大。而投资活动和筹资活动产生的现金流出量,从量上看会因企业的财务政策不同存在较大差异;从稳定性上看,也经常具有偶发性。例如,随着交付投资款、偿还到期债务、支付股利等活动的发生,当期该类活动的现金流出量便会呈现剧增。因此,在对企业现金流出结构进行分析时,应结合企业具体情况,不同期间不能采用相同衡量标准。

(三)现金净流量结构

现金净流量结构反映企业经营活动、投资活动和筹资活动的现金净流量占企业全部现金净流量的比例,也就是企业本年度创造的现金及现金等价物净增加额中,以上三类活动的贡献程度。通过分析,可以明确反映出本期的现金净流量主要为哪类活动所带来的,并以此来说明现金净流量形成的原因是否合理。

二、现金流量表比率分析

现金流量表比率分析通常有三类,即盈利比率、清偿债务比率和适度比率。

(一) 盈利比率

1. 每股经营现金流

每股经营现金流＝经营活动现金净流量/流通在外的加权平均普通股股数

每股经营现金流衡量的是每股发行在外的普通股能获得的经营活动现金净流量,即企业经营活动为每股普通股带来的现金净流入,也可以理解为企业在维持期初现金净流量不变的前提下,派发现金股利的理论最大额。有些企业的每股收益、每股未分配利润很高,但每股经营现金流却很低,这就意味着该企业没有足够的现金流来支撑收益,无法保证分红派息。负的每股经营现金流意味着企业的经营活动现金净流量为负,即企业经营活动产生的现金流入量小于流出量。负值并非一定不好,一些处于快速扩张期的企业把销售回款全部用于企业自身进一步的扩张,以抢占市场、提高占有率,同时往往伴随着融资规模的不断增大。这种情况在房地产行业尤为明显。有时负的每股经营现金流也是可以接受的。

2. 现金流量与销售收入比率

现金流量与销售收入的比率＝经营活动现金净流量/营业收入×100%

现金流量与销售收入的比率反映的是权责发生制下确认的销售收入,在收付实现制下最终为企业带来多少现金净流入。该比率过低,意味有确认的营业收入中相当部分最终未能转化为现金流入企业,利润只是报表中的数字而非真实的现金收入。

(二) 清偿债务比率

1. 现金流动负债比率

现金流动负债比率＝经营活动现金净流量/流动负债×100%

现金流动负债比率反映当期经营活动所产生的现金净流量同流动负债的倍数关系,从现金流角度动态考察企业的短期偿债能力。它是对企业短期偿债能力要求最高的一个指标。净利润与经营活动产生的现金流量往往不同步,有利润的年份不一定有足够的现金、现金等价物来偿还债务,所以用现金流动负债比率衡量企业经营活动所产生的现金净流量可以在多大程度上保证当期流动负债的偿还,直观地反映出企业偿还流动负债的实际能力。现金流动负债比率越大,表明企业经营活动产生的现金净流量越多,越能保障企业按期偿还短期债务。但是,该指标也不是越大越好,指标过大表明企业流动资金利用不充分,获利能力不强。该指标的国际标准线定为40%,我国企业一般远小于这一标准线,不同行业的企业这一指标差别很大。

2. 现金总负债比率

现金总负债比率＝经营活动现金净流量/负债总额×100%

现金总负债比率是企业经营活动现金净流量与负债总额的比率,它反映的是企业经营活动产生的现金净额偿还全部债务的能力,该指标表明经营现金净流量对全部债务偿还的满足程度。该指标越大,经营活动产生的现金流对负债清偿的保证越强,企业偿还全部债务的能力越强。

3. 现金股利对经营活动现金净流量的比率

现金股利对经营活动现金净流量的比率＝现金股利/经营活动现金净流量×100%

现金股利对经营活动现金净流量的比率是衡量企业用经营活动带来的现金净流量支付现金股利的能力。该比率越低,说明企业现金股利支付的保证程度越高;反之,该比率过高往往意味着企业经营活动现金净流量过低,企业的股利支付能力不足。

(三)适度比率

1. 净利润现金保障倍数

净利润现金保障倍数＝经营活动现金净流量/净利润

净利润现金保障倍数是衡量企业盈余质量的重要比率,用企业经营活动现金净流量同净利润的比值反映企业收付实现制和权责发生制下的差别,反映企业利润中经营现金利润的多少。该比率从现金流入、流出的动态角度对企业收益的质量进行评价,一定程度上排除了企业对会计收益的操纵。该指标既不能太高,也不能太低,太高有可能是因为企业盈利能力弱,太低也意味着企业现金形态的经营利润过低,盈利质量低下,因而称之为适度指标。经验认为,指标值落在0.5~1.5视为正常。

2. 销售商品、提供劳务收到的现金对营业收入的比率

销售商品、提供劳务收到的现金对营业收入的比率
＝销售商品、提供劳务收到的现金/营业收入×100%

销售商品、提供劳务收到的现金对营业收入的比率又称销售现率,反映企业每确认一元营业收入最终有多少货款真正流入企业。该指标衡量企业经营活动效益,比率越高,说明企业销售政策越完善、回款能力越强、销售经营状况越好;反之则说明企业收账不力或销售信用较为宽松,应收账款数量过大、账期过长,影响企业盈利质量。

【引例解析】

大威公司2020年净利润现金保障倍数低于0.5,意味着其2020年盈利质量不高,但2021年达到0.74,处于0.5~1.5的正常值范围内。另外,大威公司两个年度的现销收入比均低于0.5,可见营业收入质量不高,但2021年相对2020年有所改善。

【拓展阅读】

慧眼识报表 现金总称王

上市公司是靠利润生存的吗?答案是不必然。在20世纪90年代,在西方经济的一片繁荣中,4家倒闭企业中却有3家是盈利的,根源就在于这些企业的资金周转

出了问题。用一句通俗的话来讲就是,不怕没钱赚,就怕链条断。通用公司总裁韦尔奇说,有三种方法可以测试公司的成长性,即员工满意度、顾客满意度和现金流量表。戴尔总裁则认为,如果把利润表看成开车的速度仪,现金则是油箱中的油,两人的观点可谓是异曲同工。

众多周知,现金流量表有三部分,分别是经营活动产生的现金流量、投资活动产生的现金流量和筹集活动产生的现金流量。

经营活动产生的现金流量是造血功能,衡量一个公司的自我造血能力;投资活动产生的现金流量是放血功能,适当放血有利于健康;筹资活动产生的现金流量是输血功能,即公司外部能带来多少新鲜血液。那么,造血、放血、输血是一种什么关系,现金流量表的这三方面功能又该如何观察?我认为,对于现金流量表的观察可从以下三点来进行分析。

第一,经营活动产生的现金流量,主要是从主营业务中产生的,如果公司欠采购方的钱,同时销售方的钱短期内又难以回收,那么经营活动的现金净流量显然会是负数,难以长久支撑公司的运营。然而,许多现金净流量为负数的公司,利润表却是正数,这是一个非常有趣的现象。

比如东方日升,三年平均净利润增长超过100%,但2010年每股现金净流量,却是一个巨大的负数。

第二,观察现金流量的窗口是每股现金净流量。如果每股收益中有很多的注水,那么,每股现金净流量是过滤掉水分的一个重要指标。我们注意到,每股经营活动现金流量与产业状况和景气程度直接相关。

第三,支付给职工及为职工支付的现金。我们看到,有不少上市公司在利润表中大量提取职工薪酬,却没有实际发放。这表明这些公司在现金流量方面,存在着巨大的缺口。如果一个上市公司,都不打算为职工支付薪酬,不打算为公司员工上五险一金,在现金流量表中这个数字摇摆不定或者连年递减,这家公司衰退无疑。

如果说资产负债表是上市公司的骨骼,利润表是上市公司的肌肉,那么现金流量表就是公司的血液。血液是否畅通、血液是否流畅,上市公司是否发生贫血病和败血病,就要看现金流量表。正所谓,赚钱看流量,盲人不摸象,慧眼识报表,现金总称王。

现金流量表是一张动态数据报表,它就像人体的血液一样,只有良性循环,才能为企业提供营养与能量。不少企业的利润表连年快速增长,但现金却持续流出,这样的企业很容易出现资金链断裂的风险。

在这个现金为王的时代,分析一家公司的财务报表,一定不能忽视现金流量表的重要性。在现金流量中,经营活动产生的现金流量、每股现金净流量、支付给职工及为职工支付的现金是关键数据。把握住它们,也就能看清一个企业是否能健康长久地发展下去。

【课后练习】

一、单项选择题

1. 下列各项中,属于企业现金流量表"经营活动产生的现金流量"的是(　　)。
   A. 收到的现金股利 B. 支付的银行借款利息
   C. 收到的设备处置价款 D. 支付的经营租赁租金

2. 当期销售商品实现收入 100 000 元;应收账款期初余额 20 000 元,期末余额 50 000 元;预收账款期初余额 10 000 元,期末余额 30 000 元。销售商品、提供劳务收到的现金项目是(　　)。
   A. 50 000 B. 90 000 C. 110 000 D. 150 000

3. 某企业 2019 年度发生以下业务:以银行存款购买将于 2 个月后到期的国债 500 万元,偿还应付账款 200 万元,支付生产人员工资 150 万元,购买固定资产 300 万元。假定不考虑其他因素,该企业 2008 年度现金流量表中"购买商品、接受劳务支付的现金"项目的金额为(　　)万元。
   A. 200 B. 350 C. 650 D. 1 150

二、多选题

1. 下列各项中,属于现金流量表"现金及现金等价物"的有(　　)。
   A. 库存现金 B. 银行本票存款
   C. 银行承兑汇票 D. 持有 2 个月内到期的国债

2. 下列各项中,属于现金流量表"经营活动产生的现金流量"的报表项目有(　　)。
   A. 收到的税费返还
   B. 偿还债务支付的现金
   C. 销售商品、提供劳务收到的现金
   D. 支付给职工以及为职工支付的现金

3. 下列各项中,应作为现金流量表中经营活动产生的现金流量的有(　　)。
   A. 销售商品收到的现金 B. 取得短期借款收到的现金
   C. 采购原材料支付的增值税 D. 取得长期股权投资支付的手续费

4. 下列各项,属于现金流量表中现金及现金等价物的有(　　)。
   A. 库存现金 B. 其他货币资金
   C. 3 个月内到期的股票投资 D. 不能随时用于支付的银行存款

5. 下列各项中,属于筹资活动现金流量的有(　　)。
   A. 分配股利支付的现金 B. 清偿应付账款支付的现金
   C. 偿还债券利息支付的现金 D. 清偿长期借款支付的现金

项目五　偿债能力分析

☞ 职业能力目标

（1）掌握偿债能力的概念；
（2）了解偿债能力分析的意义；
（3）能够正确计算短期偿债能力和长期偿债能力指标；
（4）根据财务报表，能够对偿债能力进行分析。

☞ 典型工作任务

（1）企业短期偿债能力指标计算及分析；
（2）企业长期偿债能力指标计算及分析。

任务一　企业偿债能力分析概述

【任务引例】

A企业在同行业中盈利能力较强，但是销售收入大多以赊销为主，而且账期很长，企业有利润能否说明企业一定具有较强的偿债能力？

【知识储备与业务操作】

一、偿债能力的概念

偿债能力是指企业对债务清偿的承受能力或保证程度，即企业偿还全部到期债务的资产保证程度。偿债能力是现代企业综合财务能力的重要组成部分，是企业经济效益持续增长的稳健性保证。因此，重视并有效提高偿债能力，不仅是维护债权人正当权益的法律约束，而且是企业保持良好市场形象和资信地位，避免风险损失，实现企业价值最大化目标的客观需要；不仅是企业走向市场并在瞬息万变的市场竞争中求得生存与发展的先决条件，而且是增强企业的风险意识，树立现代市场观念的重要表现。

根据债务长短期不同，企业偿债能力包括短期偿债能力和长期偿债能力。

二、偿债能力分析的意义

企业偿债能力问题是反映企业财务状况的重要内容，是财务分析的重要组成部分。对企业进行偿债能力分析,对于管理者、投资者和债权者都有着十分重要的意义与作用。

(一) 有利于企业管理者进行正确经营决策

企业经营者要保证企业经营目标的实现,必须保证企业生产经营各环节的畅通和顺利进行,而企业各环节的畅通的关键在于企业的资金循环与周转速度。企业偿债能力好坏既是对企业资金循环状况的直接反映,又对企业生产经营的资金循环和周转有着重要的影响。因此,企业偿债能力的分析,对于企业经营者及时发现企业在经营过程中存在的问题,并采取相应措施加以解决,保证企业的生产经营顺利进行有着十分重要的作用。

另外,举债必须以偿还为前提,如果企业不能按时偿还所负担债务的本息,势必影响企业筹措资金的信誉,从而影响到企业正常的生产经营,甚至危及企业的生存。通过对影响短期偿债能力和长期偿债能力的因素分析,企业管理者可以稳健地控制企业未来的风险,从而采取有效的措施,提高偿还债务的能力,维护企业自身信用声誉,做出正确决策。

(二) 有利于投资者进行正确的投资决策

一个投资者在决定是否向某企业投资时,不仅仅考虑企业的盈利能力,还要考虑企业的偿债能力。投资者是企业剩余收益的享有者和剩余风险的承担者。首先,从剩余收益享有者这一身份来看,投资者从企业中所获的利益的次序在债权人之后,而企业借款的利息费用金额一般情况下是固定的,且在税前支付,因此债务的利息会给投资者产生财务杠杆的作用,当企业资本利润率高于利息成本时,投资者就能通过财务杠杆作用获得财务杠杆收益,反之就要承担更大的损失。因此投资者要对收益与风险进行权衡。其次,投资者是剩余风险的承担者,当企业破产清算时,投资者获得清偿的次序也在债权人之后,所以投资者不仅关注其投入的资产是否能够增值,更关注其投入的资产能否保全。因此企业的投资者对偿债能力进行深入的分析,有助于投资者做出正确的投资决策。

(三) 有利于债权人进行正确的借贷决策

偿债能力对债权人的利益有着直接的影响,因此企业偿债能力强弱直接决定着债权人信贷资金及其利息是否能收回的问题,而收回本金并取得较高利息是债权人借款要考虑的最基本的因素。任何一个债权者都不愿意将资金借给一个偿债能力很差的企业,债权者在进行借贷决策时,首先必须对借款企业的财务状况,特别是偿债能力状况进行深入细致的分析,否则将会做出错误的决策,不仅收不到借款利息,而且连本金都无法收回,所以说企业偿债能力分析对债权者有着重要的意义。

由此可见,企业偿债能力涉及到企业的不同的利益主体的切身利益,影响企业的信誉,会给企业的生产经营带来直接影响,甚至会导致企业破产清算。当企业偿债能力较差时,投资者由于不愿意承担过高的破产清算的风险而在资本市场抛售企业的股票,导致股票价格的下跌;银行也会提高贷款利率以补偿其承担的偿债风险,其他债权人也会不愿意授予企业信用。因此偿债能力分析是企业及其他相关利益主体非常关注的一项重要内容。

【引例解析】

不一定。企业要想按期偿付借款的本金和利息,那么企业必须拥有一定数量的现金。而企业在一定时期内取得的利润并不能代表企业所拥有的现金,也就是说任何盈利良好的企业如果没有足够的现金来偿付到期债务,都可能会被宣告破产。因此,我们不能仅仅根据企业是否有利润来对企业的偿债能力做出判断。

任务二 短期偿债能力分析

【任务引例】

A公司2021年偿债能力指标变动,如表5-1所列。

表5-1 偿债能力指标数据

指　标	2021年	2020年	变　动
流动比率	2.10	2.18	-0.08
速动比率	0.69	0.89	-0.2
现金比率	0.15	0.43	-0.28

请思考：如何评价A公司偿债能力？

【知识储备与业务操作】

一、短期偿债能力分析概述

短期偿债能力是指企业流动资产对流动负债及时足额偿还的保证程度,是衡量企业当前财务能力,即流动资产变现能力的重要标志。短期偿债能力主要取决于企业资产和负债的流动性。

对企业管理者而言,短期偿债能力的强弱意味着企业承受财务风险的能力大小。短期偿债能力弱可能导致的后果为：企业获得商业信用的可能性降低,丧失折扣带来的好处;为了偿还到期债务,可能会强行出售投资或资产,从而降低企业的盈利能力;不能偿还到期债务时,将面临破产清算的危险。对投资者而言,短期偿债能力的强弱意味着企业盈利能力的高低和投资机会的多少。企业短期偿债能力下降通常是盈利水平降低和投资机会减少的先兆,这意味着资本投资的流失。对企业的债权人而言,企业短期偿债能力的强弱意味着本金与利息能否按期收回。对企业的供应商和消费者而言,企业短期偿债能力的强弱意味着企业履行合同能力的强弱。

各偿债能力分析主要结合鸿昌公司的资产负债表(表5-2)、利润表(表5-3)进行。

表 5－2　资产负债表

编制单位：鸿昌股份有限公司　　　　　2021 年 12 月 31 日　　　　　　　　　单位：万元

资　产	期末数	期初数	负债和所有者权益	期末数	期初数
流动资产			流动负债		
货币资金	50 000	280 000	短期借款	60 000	50 000
应收账款	920 000	700 000	应付账款	490 000	440 000
预付账款	40 000	60 000	应交税费	150 000	40 000
存货	1 300 000	850 000	流动负债合计	700 000	530 000
流动资产合计	2 310 000	1 890 000	非流动负债		
非流动资产			应付债券	1 650 000	200 000
固定资产	2 000 000	400 000	非流动负债合计	1 650 000	200 000
累计折旧	200 000	100 000	负债合计	2 350 000	730 000
非流动资产合计	1 800 000	300 000	所有者权益		
			股本	1 060 000	960 000
			盈余公积	200 000	180 000
			未分配利润	500 000	320 000
			所有者权益合计	1 760 000	1 460 000
资产总计	4 110 000	2 190 000	负债与所有者权益合计	4 110 000	2 190 000

表 5－3　利润表

编制单位：鸿昌股份有限公司　　　　　　2021 年度　　　　　　　　　　　　单位：万元

项　目	本年数	上年数
1. 营业收入	21 200	18 800
减：营业成本	12 400	10 900
税金及附加	1 200	1 080
销售费用	1 900	1 620
管理费用	1 000	800
财务费用	300	200
投资收益（损失以"－"号填列）	300	300
2. 营业利润	4 700	4 500
加：营业外收入	150	100
减：营业外支出	650	600
3. 利润总额（亏损以"－"号填列）	4 200	4 000
减：所得税费用	1 680	1 600
4. 净利润	2 520	2 400

二、指标分析

（一）营运资本

营运资金是企业流动资产减去流动负债的差额，它是反映企业短期偿债能力的绝对数指标。营运资金越多，企业可用于偿还流动负债的资金越充足，企业短期偿债能力也就越强。营运资金计算公式为

$$营运资本＝流动资产－流动负债$$
$$＝长期资本－长期资产$$

【做中学 5－1】

根据鸿昌股份有限公司资产负债表提供的资料，营运资金计算如下：

2021 年初营运资金＝1 890 000－530 000＝1 360 000（万元）

2021 年末营运资金＝2 310 000－700 000＝1 610 000（万元）

计算结果表明，2021 年末营运资金比 2021 年初营运资金有所增加，说明偿债能力增强。

营运资本数额大小受到行业特点和经营规模的影响，没有统一的衡量标准。同一行业不同企业之间的营运资本缺乏可比性，该指标一般只对本企业进行动态比较，如年末与年初数比较，本年与以前年度的数额进行比较等。

营运资金管理是企业财务管理的重要组成部分，是对企业流动资产及流动负债的管理。据调查，公司财务经理有 60% 的时间都用于营运资金管理。一个企业要维持正常的运转就必须拥有适量的营运资金，营运资金过多，变现能力强，说明资产利用率不高；营运资金过少，预示固定资产投资依赖短期借款等流动性融资额的程度高，经营上可能面临一定的困难。

营运资金管理策略主要包括：加快现金、存货和应收账款的周转速度，尽量减少资金的过分占用，降低资金占用成本；利用商业信用，解决资金短期周转困难，同时在适当的时候向银行借款，利用财务杠杆，提高权益资本报酬率。

（二）流动比率

流动比率是指定时期内企业的流动资产与流动负债之间的比率，它反映了企业运用流动资产变现以偿还流动负债的能力。该指标是一个相对数指标，表明企业每 1 元钱流动负债有多少流动资产作为支付的保障。流动比率直观地表明流动资产对流动负债的保障程度，更适合不同企业之间或企业的不同历史时期的绩效之比较。其计算公式为

$$流动比率＝流动资产合计÷流动负债合计$$

流动比率越高说明企业资产的变现能力越强，短期偿债能力亦越强；反之则弱。一般认为，流动比率＜1 时资金流动性差；1.5≤流动比率≤2 时，资金流动性一般，流动比率＞2 时资金流动性好。但不同行业的流动比率不一样，例如商品流通企业的

流动比率就较大,而生产周期较长的制造业的流动比率就较低,所以要根据行业和经营环境进行具体分析。

【做中学 5-2】

根据鸿昌股份有限公司资产负债表提供的资料,营运资金计算如下:

2021 年初流动比率 = 1 890 000/530 000 = 3.57

2021 年末流动比率 = 2 310 000/700 000 = 3.30

计算结果表明,该企业 2021 年流动比率比 2020 年流动比率有所下降,而且年初和年末的流动比率均超过一般公认标准,一定程度上反映该企业具有较强的短期偿债能力。

运用流动比率进行分析时,要注意以下几个问题:

(1) 流动比率高,一般认为偿债保证程度较强,但并不一定有足够的现金或银行存款偿债,因为流动资产除了货币资金以外,还有存货、应收账款、待摊费用等项目,有可能出现虽说流动比率高,但真正用来偿债的现金和存款却严重短缺的现象,所以分析流动比率时,还需进一步分析流动资产的构成项目。

(2) 计算出来的流动比率,只有和同行业平均流动比率、本企业历史流动比率进行比较,才能知道这个比率是高还是低。这种比较通常并不能说明流动比率为什么这么高或低,要找出过高或过低的原因还必须分析流动资产和流动负债所包括的内容以及经营上的因素。一般情况下,营业周期、流动资产中的应收账款和存货的周转速度是影响流动比率的主要因素。

流动比率的局限性:

(1) 无法评估未来资金流量。流动性代表企业运用足够的现金流入以平衡所需现金流出的能力,而流动比率各项要素都来自资产负债表的时点指标,只能表示企业在某一特定时刻一切可用资源及需偿还债务的状态或存量,与未来资金流量并无因果关系。

(2) 未反映企业资金融通状况。在一个注重财务管理的企业中,持有现金的目的在于防范现金短缺现象。然而,现金属于非获利性或获利性极低的资产,一般企业均尽量减少现金数额。事实上,通常有许多企业在现金短缺时转向金融机构借款,此项资金融通的数额,未能在流动比率的公式中得到反映。

(3) 应收账款的偏差性。应收账款额度的大小往往受销货条件及信用政策等因素的影响,企业的应收账款一般具有循环性质,除非企业清算,否则,应收账款经常保持相对稳定的数额,因而不能将应收账款作为未来现金净流入的可靠指标。在分析流动比率时,如把应收账款的多寡视为未来现金流入量的可靠指标,而未考虑企业的销货条件、信用政策及其他有关因素,则难免会发生偏差。

(4) 存货价值确定的不稳定性。经由存货而产生的未来短期现金流入量,常取决于销售毛利的大小。一般企业均以成本表示存货的价值,并据以计算流动比率。事实上,经由存货而发生的未来短期内现金流入量,除了销售成本外,还有销售毛利,然而流动比率未考虑毛利因素。

(5) 粉饰效应。企业管理者为了显示出良好的财务指标,会通过一些方法粉饰流动比率。例如:对以赊购方式购买的货物,故意把接近年终要进的货推迟到下年初再购买;或年终加速进货,将计划下年初购进的货物提前至年内购进等等,都会人为地影响流动比率。

(三) 速动比率

速动比率是指企业速动资产与流动负债的比例关系,是衡量企业流动资产中可以立即用于偿还流动负债的能力。计算公式为

$$速动比率 = 速动资产 \div 流动负债$$

速动资产是指那些可以迅速用于支付流动负债的流动资产,一般认为是流动资产减去变现能力差且不稳定的存货、预付账款、一年内到期的非流动资产等项目后的余额。其中,存货在流动资产中变现速度最慢,部分存货可能已损失报废但还没作处理或已抵押给某债权人,而且存货估价还存在着成本与合理市价相差悬殊等问题。但实际运用中不应这样被笼统地界定,其构成应为

$$速动资产 = 货币资金 + 交易性金融资产 + 剔除应收关联企业的应收票据 +$$
$$账龄小于1年且剔除应收关联企业的应收账款净额 + 其他应收款$$

通常认为正常的速动比率为1,低于1的速动比率被认为是短期偿债能力偏低。但实际分析时,我们应根据企业性质和其他因素综合判断,还要参照同行业的资料和本企业的历史情况。

【做中学5-3】

根据鸿昌股份有限公司资产负债表提供的资料,营运资金计算如下:

2021年初速动比率 = (280 000 + 700 000) ÷ 530 000 = 1.85

2021年末速动比率 = (50 000 + 920 000) ÷ 700 000 = 1.39

计算结果表明,该企业2021年末速动比率比2021年初速动比率有所降低,说明短期偿债能力减弱,主要是由于货币资金下降引起的。虽然年末速动比率超过一般公认标准,但是应收账款大幅增长,比重很大,需要进一步分析应收账款的变现能力。

速动比率分析中应注意以下问题:

(1) 在计算速动比率时,对应收账款应按账龄逐一分级进行折算以分析其变现能力。虽然在计算速动比率时应收账款按净额计算,但应收账款的回收受到很多因素的影响,有可能应收账款的实际收回金额与账面净值差异较大,应收账款的收现时间也影响到速动比率反映企业短期偿债能力的准确程度。实际工作中,我们一般对超过半年的应收账款打20%~40%的折扣;对1年以上的应收账款打50%~80%的折扣;2年以上的应收账款仅仅是个象征符号,原则上不再列入速动资产。

(2) 速动比率与流动比率一样容易被粉饰。管理层可以采取一些方法对速动比率进行粉饰,使得分析者根据报告日的资产负债表计算出质量不错的速动比率,但实际的短期偿债能力可能较差。企业为了提高速动比率,会在报表日前以银行存款偿

还流动负债,或者在结账日前大力促销,使存货变为应收账款等类似的调整方式,人为地提高速动比率。

另外,由于速动比率固有的缺陷,会计信息使用者在对企业短期偿债能力进行分析时,还应结合有关表外因素进行分析,这样的评价结果更为准确。若企业拥有可随时动用的银行贷款指标和随时可变现的长期资产,则会引发企业的流动资产增加,使企业的短期偿债能力得以提高;而在会计报表附注中若存在金额较大的或有负债、股利发放和担保等事项,则可导致企业未来现金减少,使企业的短期偿债能力大为降低。

由于各行业之间的差别,在计算速动比率时,可以从流动资产中去掉可能与当期现金流量无关的项目,以计算更进一步的变现能力,可以采用保守速动比率,即保守速动资产与流动负债的比值。保守速动资产一般是指货币资金、短期证券投资净额和应收账款净额的总和。其计算公式如下:

保守速动比率=(货币资金+短期证券投资净额+应收账款净额)÷流动负债

(四)现金比率

现金比率是指企业现金类资产与流动负债的比例关系。现金类资产指企业货币资金和短期有价证券。其计算公式为

现金比率=(货币资金+短期有价证券)÷流动负债×100%

现金比率反映了企业随时可以偿债的能力或对流动负债的随时支付能力。当发现企业的应收账款和存货的变现能力存在问题时,现金比率就显得十分重要,它说明在最坏的情况下企业的短期偿债能力。一般认为,0.2 的现金比率可以接受,而这一比率过高,就意味着企业过多资源被盈利能力较低的现金占用,这会影响企业盈利能力。

【做中学 5-4】

根据鸿昌股份有限公司资产负债表提供的资料,营运资金计算如下:

2021 年初现金比率=280 000÷530 000=0.53

2021 年末现金比率=50 000÷700 000=0.07

计算结果表明,该企业 2021 年末现金比率比 2021 年初现金比率明显降低,说明短期偿债能力减弱。

(五)现金流动负债比率

现金流动负债比率是企业在一定时期内的经营现金净流量同流动负债的比率,可以从现金流动的角度来反映企业当期偿付短期负债的能力。计算公式为

现金流动负债比率=年度经营现金净流量÷年末流动负债×100%

该指标从现金流入和流出的动态角度对企业的实际偿债能力进行考察。由于净利润与经营活动产生的现金净流量有可能背离,有利润的年份不一定有足够的现金(含现金等价物)来偿还债务,所以利用以收付实现制为基础计量的现金流动负债比

率指标,能充分体现企业经营活动所产生的现金净流量,可以在多大程度上保证当期流动负债的偿还,直观地反映出企业偿还流动负债的实际能力。

现金流动负债比率分析中应注意以下问题:

(1) 对经营活动产生的现金净流量的计量。计算企业现金流动负债比率时所取的数值仅为经营活动产生的现金流量。这是因为企业的现金流量来源主要取决于该企业的经营活动,评价企业的财务状况也主要是为了衡量企业的经营活动业绩。投资及筹资活动仅起到辅助作用且其现金流量具有偶然性、非正常性,因此用经营活动产生的现金流量来评价企业业绩更具有可比性。

(2) 对流动负债总额的计量。流动负债总额中包含预收账款,由于预收账款并不需要企业当期用现金来偿付,因此在衡量企业短期偿债能力时,应将其从流动负债中扣除。对于预收账款数额不大的企业,可以不予考虑。但如果一个企业存在大量的预收账款,则必须考虑其对指标的影响程度,进行恰当的分析处理。

另外,经营活动产生的现金净流量是过去一个会计年度的经营结果,而流动负债则是未来一个会计年度需要偿还的债务,两者的会计期间不同,因此,这个指标是建立在以过去一年的现金流量来估计未来一年的现金流量的假设基础之上的。使用这一财务比率时,需要考虑未来一个会计年度影响经营活动的现金流量变动的因素。

【做中学 5-5】

根据鸿昌股份有限公司资产负债表提供的资料,假设 2021 年和 2020 经营活动产生的现金流量分别为 200 000 和 80 000,则现金流动负债比率如下:

2021 年现金流动负债比率 = 200 000 ÷ 530 000 × 100% = 38%

2020 年现金流动负债比率 = 80 000 ÷ 700 000 × 100% = 11%

计算结果表明,该企业 2021 年现金流动负债比率比 2020 年现金流动负债比率降低,说明短期偿债能力减弱。

【引例解析】

A 公司 2021 年偿债能力指标变动流动比率、速动比率、现金比率均小于 2020 年数据,呈下降趋势,2021 年流动比率较 2020 年下降 0.08,速动比率下降 0.2,现金比率下降 0.28,各指标下降的主要原因是公司流动资产减少或流动负债增强,表明公司短期偿债能力下降。虽然流动比率大于 2,但是速动比率小于 1,现金比率小于 0.2,均低于经验合理水平,表明 A 企业偿债能力较弱。

【拓展阅读】

影响短期偿债能力的表外因素

一、增强短期偿债能力的表外因素

(1) 可动用的银行贷款指标:不反映在财务报表中,但会在董事会决议公告中披露;(2) 可以很快变现的非流动资产:企业可能有一些非经营性长期资产可以随时出售变现,而不出现在"一年内到期的非流动资产"项目中,在企业发生周转困难时,将其出售并不影响企业的持续经营;(3)偿债能力的声誉:声誉好,易于筹集资金。

二、降低短期偿债能力的表外因素

与担保有关的或有负债:如果它的金额较大并且很可能发生,就应在评价偿债能力时予以关注。

任务三　长期偿债能力分析

【任务引例】

B公司长期偿债能力指标如表5-4所列。

表5-4　长期偿债能力指标数据

指　　标	年初数	年末数	行业平均值
资产负债率(%)	40.67	20.64	60
产权比率(%)	68.56	26.01	—
有形净值债务(%)	68.56	26.01	—

请分析企业长期偿债能力。

【知识储备与业务操作】

一、长期偿债能力的概念

长期偿债能力是企业偿还长期债务的现金保障程度。企业的长期债务是指偿还期在1年或者超过1年的一个营业周期以上的负债,包括长期借款、应付债券、长期应付款等。分析一个企业长期偿债能力,主要是为了确定该企业偿还债务本金和支付债务利息的能力。

由于长期债务的期限长,企业的长期偿债能力主要取决于企业资产与负债的比例关系,取决于获利能力。

(一)资本结构

资本结构是指企业各种长期筹资来源的构成和比例关系。长期资本来源,主要是指权益筹资和长期债务。

资本结构对企业长期偿债能力的影响主要体现在以下两个方面:

(1)权益资本是承担长期债务的基础。

(2)资本结构影响企业的财务风险,进而影响企业的偿债能力。

(二)获利能力

长期偿债能力与获利能力密切相关,企业能否有充足的现金流入偿还长期负债,在很大程度上取决于企业的获利能力。一般来说,企业的获利能力越强,长期偿债能力越强;反之,则越弱。

二、衡量长期偿债能力的指标

(一)资产负债率

资产负债率是全部负债总额除以全部资产总额的百分比,也就是负债总额与资产总额的比例关系,也称之为债务比率。资产负债率的计算公式如下:

$$资产负债率=(负债总额÷资产总额)×100\%$$

公式中的负债总额指企业的全部负债,不仅包括长期负债,而且包括流动负债。公式中的资产总额指企业的全部资产总额,包括流动资产、固定资产、长期投资、无形资产和递延资产等。

【做中学 5-6】

根据鸿昌股份有限公司资产负债表提供的资料,资产负债率计算如下:

$$2021 年初资产负债率=730\,000/2\,190\,000×100\%=33.33\%$$
$$2021 年末资产负债率=2\,350\,000/4\,110\,000×100\%=57.18\%$$

计算结果表明,2021 年末资产负债率比 2021 年初资产负债率有所提高,说明债权人提供的资本占全部资本的比例提高,长期偿债能力减弱,原因在于,2021 年末较 2021 年初负债增长较快,用资产偿还负债的能力下降。

资产负债率是衡量企业负债水平及风险程度的重要标志。一般认为,资产负债率的适宜水平是 40%~60%。对于经营风险比较高的企业,为降低财务风险,应选择较低的资产负债率;对于经营风险低的企业,为增加股东收益,应选择较高的资产负债率。

在分析资产负债率时,可以从以下几个方面进行:

(1)从债权人的角度看,资产负债率越低越好。资产负债率低,债权人提供的资金与企业资本总额相比,所占比例低,企业不能偿债的可能性小,企业的风险主要由股东承担,这对债权人来讲,是十分有利的。

(2)从股东的角度看,他们希望保持较高的资产负债率水平。站在股东的立场上,在全部资本利润率高于借款利息率时,负债比例越高越好。

(3)从经营者的角度看,他们最关心的是在充分利用借入资本给企业带来好处的同时,尽可能降低财务风险。

(二)产权比率

产权比率是负债总额与股东权益总额之间的比率,也称之为债务股权比率。它也是衡量企业长期偿债能力的指标之一。其计算公式如下:

$$产权比率=(负债总额÷所有者权益总额)×100\%$$

公式中的"所有者权益"在股份有限公司是指"股东权益"。

产权比率与资产负债率都是用于衡量长期偿债能力的,具有相同的经济意义。资产负债率和产权比率可以互相换算。

$$产权比率 = \frac{负债}{所有者权益}$$

$$= \frac{负债}{资产 - 负债}$$

$$= \frac{负债/资产}{资产/资产 - 负债/资产}$$

$$= \frac{负债/资产}{1 - 负债/资产}$$

产权比率只是资产负债率的另一种表示方法,产权比率的分析方法与资产负债率分析类似。资产负债率分析中应注意的问题,在产权比率分析中也应引起注意。比如,将本企业产权比率与其他企业对比时,应注意计算口径是否一致等。

【做中学 5-7】

根据鸿昌股份有限公司资产负债表提供的资料,产权比率计算如下:

2021 年初产权比率 = 730 000/1 460 000×100% = 50%

2021 年末产权比率 = 2 350 000/1 760 000×100% = 133.5%

计算结果表明,2021 年末产权比率比 2021 年初产权比率大幅提高,说明债权人提供的资本占全部资本的比例提高,说明企业的负债筹资能力提高;也说明企业的财务风险增大,长期偿债能力减弱。

(三) 权益乘数

股东权益比例的倒数称为权益乘数。权益乘数反映了企业财务杠杆的大小,权益乘数越大,说明股东投入的资本在资产中所占的比重越小,财务杠杆越大,公司将承担较大的风险。但是,若公司营运状况刚好处于向上趋势中,较高的权益乘数反而可以创造更高的公司获利,透过提高公司的股东权益报酬率,对公司的股票价值产生正面激励效果,用以衡量企业财务风险。其计算公式如下:

权益乘数 = 资产总额÷所有者权益总额

权益乘数 = 1÷(1 - 资产负债率)

【做中学 5-8】

根据鸿昌股份有限公司资产负债表提供的资料,权益乘数计算如下:

2021 年初权益乘数 = 2 190 000/1 460 000 = 1.50

2021 年末权益乘数 = 4 110 000/1 760 000 = 2.34

计算结果表明,2021 年末权益乘数比 2021 年初权益乘数大幅提高,说明所有者投入企业的资本占全部资产的比重变小,企业负债程度变高,长期偿债能力变弱,主要是由于负债增加引起的。

与产权比率相同,权益乘数也是资产负债率的必要补充。权益乘数与资产负债率之区别是它们在反映长期偿债能力的过程中侧重点不同。权益乘数侧重于揭示资产总额为所有者权益的倍数关系,倍数越大,企业资产对负债的依赖程度越高,风险越大;资产负债率侧重于揭示总资产中有多少是靠负债取得的,说明债权人权益的受保障程度。

(四) 有形净值债务率

有形净值债务率是企业负债总额与有形净值的百分比。有形净值是所有者权益减去无形资产净值后的净值,即所有者具有所有权的有形资产净值。有形净值债务率用于揭示企业的长期偿债能力,表明债权人在企业破产时的被保护程度。其计算公式如下:

$$有形净值债务率 = [负债总额 \div (股东权益 - 无形资产净值)] \times 100\%$$

有形净值债务率主要是用于衡量企业的风险程度和对债务的偿还能力。这个指标越大,表明风险越大;反之,则越小。同理,该指标越小,表明企业长期偿债能力越强;反之,则越弱。

对有形净值债务率的分析,可以从以下几个方面进行:

(1) 有形净值债务率揭示了负债总额与有形资产净值之间的关系,能够计量债权人在企业处于破产清算时能获得多少有形财产保障。从长期偿债能力来讲,指标越低越好。

(2) 有形净值债务率指标最大的特点是在可用于偿还债务的净资产中扣除了无形资产,这主要是由于无形资产的计量缺乏可靠的基础,不可能作为偿还债务的资源。

(3) 有形净值债务率指标的分析与产权比率分析相同,负债总额与有形资产净值应维持1:1的比例。

第四,在使用产权比率时,必须结合有形净值债务率指标,做进一步分析。

(五) 利息偿付倍数

利息偿付倍数是指企业经营业务收益与利息费用的比率,也称为已获利息倍数或利息偿付倍数。它表明企业经营业务收益相当于利息费用的多少倍,其数额越大,企业的偿债能力越强。其计算公式如下:

$$利息偿付倍数 = 息税前利润 \div 利息费用$$
$$= (税前利润 + 利息费用) \div 利息费用$$
$$= (税后利润 + 所得税 + 利息费用) \div 利息费用$$

公式中的分子"息税前利润"是指利润表中未扣除利息费用和所得税之前的利润。它可以用"利润总额加利息费用"来测算,也可以用"净利润加所得税、利息费用"来测算。我们通常用财务费用代替利息费用来计算利息保障倍数。

【做中学 5-9】

根据鸿昌股份有限公司资产负债表、利润表提供的资料,利息偿付倍数计算如下：

2020 年利息偿付倍数＝（4 000＋200）/200＝21

2021 年利息偿付倍数＝（4 200＋300）/300＝15

计算结果表明，2021 年与 2020 年相比，利息偿付倍数有所降低，说明息税前利润对利息费用的保障程度降低，虽有所降低，但保障程度仍较强。

对于利息偿付倍数的分析，应从以下几个方面进行：

（1）利息偿付倍数指标越高，表明企业的债务偿还越有保障；相反，则表明企业没有足够资金来源偿还债务利息，企业偿债能力低下。

（2）因企业所处的行业不同，利息偿付倍数有不同的标准界限。一般公认的利息偿付倍数为 3。

（3）从稳健的角度出发，应选择几年中最低的利息偿付倍数指标，作为最基本的标准。

（4）在利用利息偿付倍数指标分析企业的偿债能力时，还要注意一些非付现费用问题。

（六）固定支出偿付倍数

固定支出偿付倍数是利息偿付倍数的扩展形式，是从利润表方面评价企业长期偿债能力的又一指标。固定支出偿付倍数是指企业经营业务收益与固定支出的比率。其计算公式如下：

固定支出偿付倍数＝（税前利润＋固定支出）÷固定支出

这里的固定支出是指利息费用加上企业发生的、类似于利息费用的固定性费用。该指标数额越大，偿债能力越强。该指标用于考察与负债有关的固定支出和经营业务收益的关系，用于衡量企业用经营业务收益偿付固定支出的能力。

固定支出应包括以下内容：

（1）计入财务费用的利息支出，这部分利息支出是最基本的固定支出。

（2）资本化利息，即计入固定资产成本的利息费用。

（3）经营租赁费中的利息部分。

计算固定支出偿付倍数指标时使用的息税前利润是在利润表的基础上调整得来的，使用税前利润加利息费用，这两个指标的计算口径是一致的。

固定支出偿付倍数 ＝（息税前利润＋租赁费中的利息费用）/[利息费用＋租赁费中的利息费用＋优先股股息×（1－所得税率）]

三、影响长期偿债能力的其他因素

（一）长期资产

资产负债表中的长期资产主要包括固定资产、长期投资和无形资产。将长期资产作为偿还长期债务的资产保障时，长期资产的计价和摊销方法对长期偿债能力的影响最大。

1. 固定资产

资产的市场价值最能反映资产偿债能力。事实上，报表中固定资产的价值是采用历史成本法计量的，不反映资产的市场价值，因而不能反映资产的偿债能力。固定资产的价值受以下因素的影响：

(1) 固定资产的入账价值。

(2) 固定资产折旧。

(3) 固定资产减值准备。

2. 长期投资

长期投资包括长期股权投资、长期债权投资。报表中长期投资的价值受以下因素的影响：

(1) 长期投资的入账价值。

(2) 长期投资减值准备。

3. 无形资产

资产负债表上所列的无形资产同样影响长期资产价值。

(二) 长期负债

在资产负债表中，属于长期负债的项目有长期借款、应付债券、长期应付款、专项应付款和其他长期负债。在分析长期偿债能力时，应特别注意以下问题：

(1) 会计政策和会计方法的可选择性，使长期负债额产生差异。分析时应注意会计方法的影响，特别是中途变更会计方法对长期负债的影响。

(2) 应将可转换债券从长期负债中扣除。

(3) 有法定赎回要求的优先股也应该作为负债。

(三) 长期租赁

融资租赁是由租赁公司垫付资金，按承租人要求购买设备，承租人按合同规定支付租金，所购设备一般于合同期满转归承租人所有的一种租赁方式。因而企业通常将融资租赁视同购入固定资产，并把与该固定资产相关的债务作为企业负债反映在资产负债表中。

不同于融资租赁，企业的经营租赁不在资产负债表上反映，只出现在报表附注和利润表的租金项目中。当企业经营租赁量比较大，期限比较长或具有经常性时，经营租赁实际上就构成了一种长期性筹资。因此，必须考虑这类经营租赁对企业债务结构的影响。

(四) 退休金计划

退休金是支付给退休人员用于保障退休后生活的货币额。退休金计划是一种企业与职工之间关于职工退休后退休金支付的协议。退休金计划应包括以下内容：参与该计划职工的资格和条件；计算给付退休金的方法；指定的退休金受托单位；定期向退休基金拨付的现金额;退休金的给付方式等。

(五) 或有事项

或有事项是指过去的交易或事项形成的一种状态,其结果须通过未来不确定事项的发生或不发生予以证实。或有事项分为或有资产和或有负债。或有资产是指过去交易或事项形成的潜在资产,其存在要通过未来不确定事项的发生或不发生予以证实。产生或有资产会提高企业的偿债能力,产生或有负债会降低企业的偿债能力。

因此,在分析企业的财务报表时,必须充分注意有关或有项目的报表附注披露,了解未在资产负债表上反映的或有项目,并在评价企业长期偿债能力时,考虑或有项目的潜在影响。同时,应关注有否资产负债表日后的或有事项。

(六) 承　诺

承诺是企业对外发出的将要承担的某种经济责任和义务。企业为了经营的需要,常常要做出某些承诺,这种承诺有时会大量地增加该企业的潜在负债或承诺义务,而却没有通过资产负债表反映出来。因此,在进行企业长期偿债能力分析时,报表分析者应根据报表附注及其他有关资料等,判断承诺变成真实负债的可能性;判断承诺责任带来的潜在长期负债,并做相应处理。

(七) 金融工具

金融工具是指引起一方获得金融资产并引起另一方承担金融负债或享有所有者权益的契约。与偿债能力有关的金融工具主要是债券和金融衍生工具。

金融工具对企业偿债能力的影响主要体现在两方面:

(1) 金融工具的公允价值与账面价值发生重大差异,但并没有在财务报表中或报表附注中揭示。

(2) 未能对金融工具的风险程度恰当披露。

报表使用者在分析企业的长期偿债能力时,要注意结合具有资产负债表表外风险的金融工具记录,并分析信贷风险集中的信用项目和金融工具项目,综合起来对企业偿债能力做出判断。

【引例解析】

B公司反映长期偿债能力的三项指标期末比期初都有了较大幅度的下降,其中资产负债率由年初的40.67%下降为年末的20.64%;产权比率和有形净值债务率由年初的68.56%,下降为年末的26.01%。这一变化说明该企业的负债融资比例下降,企业财务风险降低,债权人权益的受保障程度提高。

资产负债率的行业平均值为60%,而该企业年末只有20.64%,该企业的资产负债率大大低于同行业的一般水平,说明该企业采取了比较保守的财务政策。这虽然可使企业抵御风险的能力提高,但同时也使企业权益投资者无法享受到负债融资的好处。从企业其他资料获知,公司前一年全部资本利润率为11.68%,高于平均的利息率,公司降低负债比率后,就减少了利息抵税的好处,从这一点来看,预期公司明年的权益资本收益率可能会降低。

【拓展阅读】

透视"大宇神话"

一、大宇集团的基本情况

韩国第二大企业集团大宇集团1999年11月向新闻界正式宣布,该集团董事长金宇中以及14名下属公司的总经理决定辞职,以表示"对大宇的债务危机负责,并为推行结构调整创造条件"。韩国媒体认为,这意味着"大宇集团解体进程已经完成""大宇集团已经消失"。大宇集团于1967年开始奠基立厂,其创办人金宇中当时是一名纺织品推销员。经过30余年的发展,通过政府的政策支持、银行的信贷支持和在海内外的大力购并,大宇成为直逼韩国最大企业——现代集团的庞大商业帝国:1998年底,总资产高达640亿美元;业务涉及贸易、汽车、电子、通用设备、重型机械、化纤、造船等众多行业;国内所属企业曾多达41家,海外公司数量创下过600家的纪录,鼎盛时期,海外雇员多达几十万,大宇成为国际知名品牌。大宇是"章鱼足式"扩张模式的积极推行者,认为企业规模越大,就越能立于不败之地,即所谓的"大马不死"。据报道,1993年金宇中提出"世界化经营"战略时,大宇在海外的企业只有15家,而到1998年底已增至600多家,"等于每3天增加一个企业"。还有更让韩国人为大宇着迷的是:在韩国陷入金融危机的1997年,大宇不仅没有被危机困倒,反而在国内的集团排名中由第4位上升到第2位,金宇中本人也被美国《幸福》杂志评为亚洲风云人物。1997年年底韩国发生金融危机后,其他企业集团都开始收缩,但大宇仍然我行我素,结果债务越背越重。尤其是1998年初,韩国政府提出"五大企业集团进行自律结构调整"方针后,其他集团把结构调整的重点放在改善财务结构方面,努力减轻债务负担。大宇却认为,只要提高开工率,增加销售额和出口就能躲过这场危机。因此,它继续大量发行债券,进行"借贷式经营"。1998年大宇发行的公司债券达7万亿韩元(约58.33亿美元)。1998年第4季度,大宇的债务危机已初露端倪,在各方援助下才避过债务灾难。此后,在严峻的债务压力下,大梦方醒的大宇虽做出了种种努力,但为时已晚。1999年7月中旬,大宇向韩国政府发出求救信号;7月27日,大宇因"延迟重组",被韩国4家债权银行接管;8月11日,大宇在压力下屈服,割价出售两家财务出现问题的公司;8月16日,大宇与债权人达成协议,在1999年年底前,将出售盈利最佳的大宇证券公司,以及大宇电器、大宇造船、大宇建筑公司等,大宇的汽车项目资产免遭处理。"8月16日协议"的达成,表明大宇已处于破产清算前夕,遭遇"存"或"亡"的险境。由于在此后的几个月中,经营依然不善,资产负债率仍然居高,大宇最终不得不走向本文开头所述的那一幕。

二、财务杠杆与举债经营

大宇集团为什么会倒下,在其轰然坍塌的背后,存在的问题固然是多方面的,但不可否认有财务杠杆的消极作用在作怪。所谓财务杠杆,是指由于固定性财务费用的存在,使企业息税前利润(EBIT)的微量变化所引起的每股收益(EPS)大幅度变动的现象。也就是,银行借款规模和利率水平一旦确定,其负担的利息水平也就固定不变。因此,企业盈利水平越高,扣除债权人拿走某一固定利息之后,投资者(股东)得到的回报也就愈多;相反,企业盈利水平越低,债权人照样拿走某一固定的利息,剩余给股东的回报也就愈少。在盈利水平低于利率水平的情况下,投资者不但得不到回报,甚至可能倒贴。

由于利息是固定的,因此,举债具有财务杠杆效应。而财务杠杆效应是一把"双刃剑",既可以给企业带来正面、积极的影响,也可以带来负面、消极的影响。其前提是:总资产利润率是否大于利率水平。当总资产利润率大于利率时,举债给企业带来的是积极的正面影响;相反,当总资产利润率小于利率时,举债给企业带来的是负面、消极的影响。

大宇集团在政府政策和银行信贷的支持下,走上了一条"举债经营"之路。试图通过大规模举债,达到大规模扩张的目的,最后实现"市场占有率至上"的目标。如前所述,举债经营能否给企业带来积极效应,关键是两条:一是资金的利用效果如何,二是资金的收回速度快慢。资金得到充分利用,当总资产利润率大于利率时,举债可以提高企业的盈利水平。资金投入能得到充分有效利用,能够及早产生效益并收回所投资金,则到期债务本息的偿付就有保证。1997年亚洲金融危机爆发后,大宇集团已经显现出经营上的困难,其销售额和利润均不能达到预期目的,而与此同时,债权金融机构又开始收口短期贷款,政府也无力再给它更多支持。1998年初韩国政府提出"五大企业集团进行自律结构调整"方针后,其他集团把结构调整的重点放在改善财务结构方面,努力减轻债务负担。但大宇却认为,只要提高开工率,增加销售额和出口就能躲过这场危机。因此,它继续大量发行债券,进行"借贷式经营"。正由于经营上的不善,加上资金周转上的困难,韩国政府于7月26日下令债权银行接手对大宇集团进行结构调整,以加快这个负债累累的集团的解散速度。由此可见,大宇集团的举债经营所产生的财务杠杆效应是消极的,不仅难以提高企业的盈利能力,反而巨大的偿付压力使企业陷于难以自拔的财务困境。从根本上说,大宇集团的解散,是其财务杠杆消极作用影响的结果。

三、从资本结构原理看"大马不死"的神话

大宇是"章鱼足式"扩张模式的积极推行者,认为企业规模越大,就越能立于不败之地。从资本结构理论的角度看,有规模不一定有效益。资本结构理论的目的在于,寻求一种能使股东价值达到最大的负债与权益结构。其基本思路有两条:(1)"做饼原理",即在保持现有资本结构不变的条件下,尽可能通过提高企业EBIT水平来达到提高EPS的目的;(2)"分饼原理",即在EBIT保持不变的条件下,如何通过改变资本结构来达到提高EPS的目的。

很显然,大宇集团走的是一条传统思路,即"分饼原理"。试图通过扩大企业规模来达到提高企业盈利水平的目的。而要把饼做大需要相应的资金。资金来源不同其所决定的资本结构也不同,相应地,财务杠杆的作用程度也不同。要将企业规模做大容易,只要像大宇集团那样,通过大规模举债即可实现,问题是所投入的资金能否产生效益。以债台高筑为基础的急剧扩张式企业,其所面临的不仅仅是逆水行舟,不进则退的局面,更多是一旦资金没有得到有效利用而难以产生相应效益,就将产生消极的财务杠杆作用,并在这种负面的财务杠杆的作用下以几倍的速度将企业推向亏损,甚至破产的境地。如前所述,有规模又要有效益,必须具备总资产利润率大于借款利率这一基本前提。与此同时,企业一旦具备这一前提,就更应考虑资本结构理论的另一条思路,即"分饼原理"。当企业投入某一数额的资金可以产生一定EBIT水平时,企业应及时合理调整其资本结构,据此提高企业的EPS水平。而要实现这一思路,在理财上,必须遵循以下基本理财步骤:首先必须对投资项目进行严格的可行性研究,通过可行性研究把握市场和项目的盈利能力;在此基础上,再根据项目的盈利能力谨慎选择相应的筹资模式,以充分、合理利用财务杠杆的积极作用效应,提高企业的EPS水平。

由此可见,不求最大,但求最好是比较正确的经营思路。将有限的财务资源投资到企业最具竞争能力的业务上,不仅可以提高企业的核心竞争能力,提高企业的竞争优势,而且可以避免不必要的债务负担和财务危机。

【课后练习】

一、单项选择题

1. 某企业现在的流动比率为2∶1,下列哪项经济业务会引起该比率降低(   )
   A. 用银行存款偿还应付账款 B. 发行股票收到银行存款
   C. 收回应收账款 D. 开出短期票据借款
2. 如果流动比率大于1,则下列结论成立的是(   )
   A. 速动比率大于1 B. 现金比率大于1
   C. 营运资金大于0 D. 短期偿债能力绝对有保障
3. 会引起企业速动比率提高的经济业务是(   )
   A. 银行提取现金 B. 赊销商品

C. 收回应收账款 D. 开出短期票据借款

4. 如果流动资产大于流动负债,则月末用现金偿还一笔应付账款会使(　　)

A. 营运资金减少 B. 营运资金增加

C. 流动比率提高 D. 流动比率降低

5. 影响企业短期偿债能力的最根本的原因是(　　)

A. 企业的资产结构 B. 企业的融资能力

C. 企业的权益结构 D. 企业的经营业绩

二、多项选择题

1. 下列项目中,属于速动资产的有(　　)

A. 现金 B. 应收账款

C. 其他应收款 D. 固定资产

E. 存货

2. 下列各项指标中,反映短期偿债能力的指标有(　　)

A. 流动比率 B. 速动比率

C. 资产负债率 D. 净资产负债率

E. 赚取利息倍数

3. 企业采取备抵法核算坏账损失,如果实际发生一笔坏账,冲销应收账款,则会引起(　　)

A. 流动比率提高 B. 流动比率降低

C. 流动比率不变 D. 速动比率不变

E. 营运资金不变

4. 计算速动资产时,把存货从流动资产中扣除的原因有(　　)

A. 存货的变现速度慢

B. 存货的周转速度慢

C. 存货的成本与市价不一致

D. 有些存货可能已经报废

E. 有些存货可能已经被抵押

5. 某企业流动比率为2,以下哪些业务会使该比率下降(　　)

A. 收回应收账款 B. 赊购商品与材料

C. 偿还应付账 D. 从银行取得短期借款已入账

E. 赊销商品

三、综合计算题

1. 某公司年初有存货 7 200 万元,流动负债 6 000 万元,年末有存货 9 600 万元,流动负债 8 000 万元,全年总资产平均占用额 16 000 万元,拥有股本总额 5 000 万元,面值 10 元,年初速动比率为 0.8,年末流动比率为 1.5,全年存货周转率为 2.5

次,流动资产周转率为 4 次,权益乘数为 1.5,实现净利润 2 880 万元,公司所得税税率为 40%,借入资金利率为 15%。

要求分别计算:(1)年初、年末流动资产;
　　　　　　(2)营业收入、营业成本;
　　　　　　(3)总资产周转率、净资产收益率;
　　　　　　(4)已获利息倍数、总资产报酬率。

2. 某企业 2021 年有关财务资料如下:

年末流动比率为 2.5,年末速动比率为 1.2(不考虑预付账款、一年内到期的非流动资产等),存货周转率为 5 次。年末资产总额 180 万元(年初 140 万元),年末流动负债 14 万元,年末长期负债 42 万元(负债中只包括流动负债和长期负债两项),年初存货成本为 15 万元。销售收入 198 万元,管理费用 9 万元,利息费用 10 万元。所得税率为 33%。

计算下列指标:(1)计算该企业 2021 年年末资产负债率;
　　　　　　(2)计算 2021 年年末权益乘数;
　　　　　　(3)计算 2021 年总资产周转率;
　　　　　　(4)计算该企业 2021 年年末存货。

项目六　营运能力分析

☞ **职业能力目标**

（1）掌握营运能力的概念；
（2）能够正确计算营运能力有关的财务指标；
（3）能正确分析流动资产的营运能力；
（4）能正确分析固定资产的营运能力；
（5）能正确分析总资产的营运能力。

☞ **典型工作任务**

（1）企业流动资产的营运能力计算及分析；
（2）企业固定资产的营运能力计算及分析；
（3）企业总资产的营运能力计算及分析。

任务一　企业营运能力分析概述

【任务引例】

对资产运用效率进行分析，首先要知道影响资产周转率变动的因素有哪些。一般来讲，影响资产周转率变动的因素主要有：企业所处行业及其经营背景、企业经营周期的长短、企业的资产构成及其质量、资产的管理力度、企业采用的财务政策等。请具体思考每一项因素如何影响资产运用效率。

【知识储备与业务操作】

营运能力分析的内涵

（一）营运能力的定义

营运能力是指企业资产营运的效率和效益。企业资产营运效率是指资产的周转率或周转天数；企业资产营运效益是指企业的产出与资产占用额之间的比率。资产运用效率高即循环快，意味着企业用较少的投入获得更多的收益即企业效益较高。营运资产是指流动资产和固定资产，由于无形资产的作用必须通过或依附有形资产才能发挥作用，从这个意义上说，企业营运资产的利用能力如何，从根本上决定了企业的经营状况和经济效益。

营运能力分析是指对反映企业资产营运效率和效果的指标进行计算和分析,从而评价企业资产的营运状况,为企业提高经济效益指明方向的过程或活动。主要包括流动资产营运能力分析、固定资产营运能力分析、总资产营运能力分析。

(二)营运能力分析的意义

1. 有利于企业管理者改善经营管理

企业的营运能力分析对企业管理者至关重要,主要体现在如下几个方面:

(1)优化资产结构。资产结构即各类资产之间的比例关系。不同资产对企业经营具有不同影响,不同性质、不同经营时期的企业各类资产的组成比例将有所不同。通过资产结构分析,可发现和揭示与企业经营性质、经营时期不相适应的结构比例,并及时加以调整,形成合理的资产结构。

(2)改善财务状况。企业在一定时点上的存量资产,是企业取得收益或利润的基础,当企业的长期资产、固定资产占用资金过多或出现有问题资产、资产质量不高时,就会形成资金积压,以至营运资金不足,从而使企业的短期投资人对企业财务状况产生不良的印象。因此,企业必须注重分析、改善资产结构,使资产保持足够的流动性,以赢得外界对企业的信心。特别是对于资产"泡沫",或虚拟资产进行资产结构分析,摸清存量资产结构,并迅速处理有问题的资产,可以有效防止或消除资产经营风险。

(3)加速资金周转。非流动资产只有伴随着产品(或商品)的销售才能形成销售收入,在资产总量一定的情况下,非流动资产和非商品资产所占的比重越大,企业所实现的周转价值越小,资金的周转速度也就越低。为此,企业必须通过资产结构分析,合理调整流动资产与其他资产的比例关系。

2. 有助于投资者进行投资决策

企业营运能力分析有助于判断企业财务的安全性、资本的保全程度以及资产的收益能力,以进行相应的投资决策。一是企业的安全性与其资产结构密切相关,如果企业流动性强的资产所占的比重大,企业资产的变现能力强,财务安全性较高。二是要保全所有者或股东的投入资本,除要求在资产的运用过程中,资产的净损失不得冲减资本金外,还要有高质量的资产作为其物质基础,否则资产周转价值不能实现,就无从谈及资本保全。而通过资产结构和资产管理效果分析,可以很好地判断资本的安全程度。三是企业的资产结构直接影响着企业的收益。企业存量资产的周转速度越快,实现收益的能力越强;存量资产中商品资产越多,实现的收益额也越大;商品资产中毛利额高的商品所占比重越高,取得的利润率就越高。良好的资产结构和资产管理效果预示着企业未来收益的能力。

3. 有助于债权人进行信贷决策

资产结构和资产管理效果分析有助于判明其债权的物资保证程度或其安全性,

可用于进行相应的信用决策。短期债权人通过了解企业短期资产的数额,可以判明企业长短期债权的物资保证程度。在通过资产结构分析企业债权的物资保证时,应将资产结构与债务结构相联系,进行匹配分析,考察企业的资产周转结构与债务的期限结构的匹配情况、资产的周转变现结构与债务的偿还结构的匹配情况,以进一步掌握企业的各种结构是否相互适应。通过资产管理效果分析,则可对债务本息的偿还能力有更直接的认识。

总之,营运能力分析能够用于评价一个企业的经营业绩、管理水平,乃至预期它的发展前途,关系重大。

(三)营运周期

营运周期是企业从使用资金购买原材料到实现销售收回资金的时间长短(见图 6-1)。营运周期短,企业资产的周转速度快,企业经营效率高,管理好;营运周期长,则相反。

营运周期＝ 存货周转天数＋应收账款周转天数

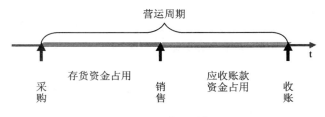

图 6-1 营运周期

【引例解析】

1. 企业所处行业及其经营背景不同,会导致不同的资产周转率。如制造业资产周转相对较慢;服务业资产周转率相对较高。越是落后的、传统的行业,资产周转率相对较低;采用先进的技术、现代经营和管理,可有效地提高资产的周转率。

2. 企业经营周期长短不同,会导致不同的资产周转率。在同行业中,经营周期越短,资产流动性越强,资产运用效率就越好,企业取得的收益越多。

企业的资产构成及其质量不同,导致不同的资产周转率。企业在一定时点上的资产总量是企业取得收入和利润的基础。但是,在资产总量一定的情况下,非流动资产所占比重越大,资产的周转速度就越低。另一方面,当出现有问题的资产、资产质量不高时,就会形成资金积压,使资产周转速度下降。

3. 资产管理力度和企业采取的财务政策不同,会导致不同的资产周转率。管理力度大,会使企业资产结构优化,使资产质量提高,因而会加快资产的周转速度,财务政策如固定资产的折旧方法、企业的信用政策等都影响到企业资产周转率。

任务二　流动资产营运能力分析

【任务引例】

企业的库存周转得越快,表明从采购到生产制造再销售出去的过程就越短,产生盈利的次数就越多;而存货周转得越慢,则表示企业货物卖出变现的时间周期就越长,库存有可能存在积压变质,从而积压资金,影响企业的盈利。企业库存周转越快越好吗？请结合白酒企业与快消品行业展开思考。

【知识储备与业务操作】

流动资产周转速度指标主要包括流动资产周转率和周转天数、应收账款周转率和周转天数、存货周转率和周转天数等。

（一）流动资产周转率

流动资产周转率指企业一定时期的营业收入与流动资产平均余额的比率,是企业在一定时期内完成几次从货币到商品再到货币的循环。其计算公式为

$$流动资产周转率（次数）＝营业收入净额÷流动资产平均额$$

$$流动资产周转天数＝365÷流动资产周转率$$

$$流动资产平均额＝（期初流动资产额＋期末流动资产额）÷2$$

流动资产周转率反映了企业对流动资产的使用效率,指标数值越大,说明企业流动资产的周转速度越快,资产运用效率越高。当然,要想提高流动资产的周转率,也需要从公式的分子、分母的构成项目中寻找解决办法。

流动资产周转天数,即每周转一次所用的时间。每周转一次使用的时间越短,则流动资产的周转速度越快,资产的运用效率越高,因此,此指标是反映流动资产运用效率的逆指标。

【做中学 6-1】　开元公司 2020 流动资产平均额为 1 490 万元,2021 年初和年末流动资产总额分别为 1 572 万元和 1 680 万元,2020 年和 2021 年营业收入分别为 6 840 万元和 7 200 万元。要求：计算该公司 2020 年、2021 年的流动资产周转率和周转天数。

$$2020 年流动资产周转率（次数）＝\frac{营业收入净额}{流动资产平均额}＝\frac{6\ 840}{1\ 490}＝4.59（次）$$

$$2020 年流动资产周转天数＝\frac{365}{4.59}＝79.52\ 天$$

$$2021 年流动资产周转率（次数）＝\frac{营业收入净额}{流动资产平均额}＝\frac{7\ 200}{\frac{1\ 572＋1\ 680}{2}}＝4.43（次）$$

$$2021 年流动资产周转天数＝\frac{365}{4.43}＝82.39（天）$$

开元公司所在行业的流动资产周转率平均水平为 4.5 次,开元公司 2020 年流动资产周转率为 4.59 次,该公司 2021 年流动资产周转率较 2020 年有所下降,但两年均与行业平均流动资产周转率相似,说明开元公司营运能力较好并且稳定。

进行流动资产周转率分析时要注意以下两点:一是企业流动资产周转率的分析和评价应结合企业的历史资料和行业平均水平判断。不同行业的流动资产周转水平会出现差异,零售企业的流动资产周转率一般要高些,房地产行业的流动资产周转率要低些。二是流动资产周转率受企业资产结构的影响,而不同行业资产结构会相差很大。如银行业的资产以流动资产为主,其流动资产周转速度就慢。

(二)应收账款周转率

应收账款周转率是指企业一定时期商品赊销收入净额与应收账款平均余额的比值,或称应收账款周转次数。计算公式如下:

$$应收账款周转率 = \frac{商品赊销收入净额}{应收账款平均余额}$$

$$应收账款周转天数(平均收账天数) = \frac{365}{应收账款周转率}$$

$$应收账款平均余额 = \frac{(年初应收账款净额 + 年初坏账准备 + 年末应收账款净额 + 年末坏账准备)}{2}$$

外部分析者常用营业收入代替赊销收入来计算应收账款周转率。分母的应收账款额包括资产负债表中的"应收账款"与"应收票据"等全部赊销款项。

应收账款周转率反映了企业应收账款在一定时期内周转的次数。周转次数越多,则应收账款收回速度越快,资产的流动性越强,企业短期偿债能力越强,当然企业对资产的使用效率就越高。

应收账款周转天数反映企业应收账款周转一次所用的时间。时间越短,应收账款回收速度越快,企业资产的流动性就越好,企业管理效率较高,收账费用和坏账损失较少。

【做中学 6-2】 开元公司 2020 年应收账款年初数为 412 万元,应收票据年初数为 30 万元;2021 年初和年末的应收账款分别为 489.6 万元和 1027.2 万元,应收票据分别为 38.4 万元和 0;2020 年和 2021 年营业收入分别为 6 840 万元和 7 200 万元。要求:计算开元公司应收账款周转率。

$$2020\ 年应收账款周转率 = \frac{商品赊销收入净额}{应收账款平均余额} = \frac{6\ 840}{\frac{489.6 + 38.4 + 412 + 30}{2}} = \frac{6\ 840}{485} = 14.1$$

$$2020\ 年应收账款周转天数(平均收账天数) = \frac{365}{14.1} = 25.89\ 天$$

$$2021\ 年应收账款周转率 = \frac{商品赊销收入净额}{应收账款平均余额} = \frac{7\ 200}{\frac{489.6 + 1027.2 + 38.4 + 0}{2}} = \frac{7\ 200}{777.6} = 9.26$$

$$2021\text{年应收账款周转天数(平均收账天数)} = \frac{365}{9.26} = 39.42 \text{ 天}$$

计算结果表明,2021年应收账款周转率比2020年应收账款周转率有所降低,表明企业营运能力有所减弱。

应收账款周转率分析时应注意以下几点:

(1) 企业会计政策变更。有关应收账款方面的会计政策变更,应收账款也会发生相应变化。如应收账款提取坏账准备的方法由账龄分析法改为期末余额百分比法,就可能引起应收账款余额的变动。

(2) 企业信用政策。宽松的信用政策在增加销售收入的同时,会增加应收账款平均占用额,导致应收账款周转率降低,周转天数延长。同时,宽松的信用政策有助于企业增加客户,提高市场占有率,增加收入和利润,所以,相对低的应收账款周转率或许对企业是有利的。反之,严格的信用政策会降低应收账款平均占用额,但可能减少公司的收入和利润,在这种情况下,即使应收账款周转率升高,周转天数缩短,也不一定对企业有利。所以,应平衡销售收入增长与应收账款增加,全面考虑机会成本和收账费用等因素。

(3) 应收账款年末余额的可靠性。应收账款是特定时点的存量,容易受季节性、偶然性和人为因素影响。存在季节性经营的企业在计算应收账款周转率时,可以先按月或按季计算应收账款平均额,再计算应收账款年平均额。

(4) 运用应收账款周转率进行分析时,必须考虑自身和行业因素。从理论上讲应收账款周转率越高越好,但实际中企业应收账款周转率多高为好,没有一个统一的标准。分析时可与本企业历史水平对比,或与同行业一般水平对比,从而对本期应收账款周转率做出判断。

(5) 应收账款质量。应该冲销应收账款的长期挂账,减少有名无实的应收账款。

(6) 企业总资产规模的变动。由于企业总资产要保持一定的结构,所以总资产的变化必然带来其组成部分的变化,应收账款也必然随之变化。

(三) 存货周转率

存货周转率是反映企业存货在一定时期内周转速度的指标。计算公式为

$$\text{存货周转率} = \frac{\text{营业成本}}{\text{平均存货余额}} \text{ 或} = \frac{\text{营业收入}}{\text{存货平均余额}}$$

$$\text{存货平均余额} = \frac{\text{期初存货余额} + \text{期末存货余额}}{2}$$

$$\text{存货周转天数} = \frac{365}{\text{存货周转率}}$$

存货周转率的计算有两种方法:一种是以营业成本为基础,一种是以营业收入为基础。各有意义:以营业成本为基础的存货周转率运用较为广泛,因为与存货相关的是营业成本,它们之间的对比更符合实际,能够较好地表现存货的周转状况,反

映企业管理业绩,适合流动性分析;以营业收入为基础的存货周转率则维护了资产运用效率比率各指标计算上的一致性,并且由此计算的存货周转天数与应收账款周转天数建立在同一基础上,从而可以直接相加并得出营业周期,适用盈利性分析。

【做中学6-3】 开元公司2020年和2021年营业成本分别为6 000万元和6 624万元,2021年存货年初和年末余额分别为823.2万元和362.4万元,2020年存货年初余额为423.1万元。请计算开元公司的存货周转率和存货周转天数。

$$2020年存货周转率 = \frac{营业成本}{平均存货余额} = \frac{6\,000}{\frac{823.2+423.1}{2}} = 9.63$$

$$存货周转天数 = \frac{365}{存货周转率} = \frac{365}{9.63} = 37.9 \text{ 天}$$

$$2021年存货周转率 = \frac{营业成本}{平均存货余额} = \frac{6\,624}{\frac{823.2+362.4}{2}} = \frac{6\,624}{592.8} = 11.17$$

$$存货周转天数 = \frac{365}{存货周转率} = \frac{365}{11.17} = 32.68 \text{ 天}$$

计算结果表明,2021年存货周转率比2020年存货周转率有所改善,表明企业营运能力有所提高,主要是因为营业成本提高,存货平均余额降低引起的。

通常情况下,存货周转率越高,表明企业存货管理效率越高,在销售净利率相同情况下,企业获取的利润就越多。存货周转率低,表明产销配合不好,存货积压过多,存货占用资金过多,盈利能力降低。

存货周转率分析中应注意以下几点:

(1) 通过对存货周转率分析,有利于找出存货管理中出现的问题,尽可能降低资金占用水平。此指标用于衡量一个企业存货的周转速度,同时也是对流动比率和速动比率的补充。

(2) 为了消除季节性生产的影响,客观反映企业的营运状况,平均存货可以先求出月份或季度的平均存货,再计算全年的平均存货。

(3) 分析影响存货周转速度的具体原因时,应进一步考察企业存货的构成,通过比较、分析存货的内部结构及影响存货周转速度的重要项目,查找出影响存货利用效果的具体原因。如分别计算原材料周转率、在产品周转率、产成品周转率等。

$$原材料周转率 = 耗用材料成本 \div 平均库存材料额$$

$$在产品周转率 = 当期完工产品成本 \div 平均在产品成本$$

$$产成品周转率 = 主营业务成本 \div 平均产成品成本$$

(4) 存货周转并非越快越好。为保证生产和销售的需要,企业必须保持相当数量的存货。存货不足,将影响到生产量,进而影响销售任务的完成,使企业获利降低,甚至因此失去企业产品市场份额;反之,企业的存货过多,将使得企业资金闲置,储存费用增加,资金成本增加。

【引例解析】

存货周转率趋势或存货周转天数有很强的行业特性。对于不同行业,存货周转率趋势或存货周转天数之间不可比,因此,对不同行业的存货周转率趋势或存货周转天数要区别分析,在做横向比较时,仅与同业之间有可比性。

白酒行业相对比较特殊,我们都知道好的白酒需要多年的窖藏,所以我们不能单纯依据"存货周转率越高越好"这样的评判标准去分析。白酒企业的生产,通常都要通过一个粮食采购、酿造、窖藏、再蒸馏勾兑这样一个工艺环节,而酿造窖藏的时间长短,跟酒的品质有非常大的关系,因此,一般白酒企业的库存较高,存货的周转时间较长。例如贵州茅台平均周转天数约5.8年。

与白酒业不同,快消品行业由于产品不能久藏,有一定的保持期,因此,对这些企业而言,他们的存货周转率就要高很多,且越高,企业的效率就越高。例如伊利平均库存天数为40天左右。

【拓展阅读】

透视海尔存货周转率

在市场全球化的激烈竞争中,家电产品生命周期的过渡,世界家电制造中心的转移,使得中国的家电产业高速发展、充分市场化,成就了中国成为全球家电制造基地的不可替代的地位,以及像海尔这样优秀的国际化企业集团。作为最成功地走向国际化的海尔,全球范围的存货周转已是其控制经营成本的重大课题。存货周转率,是反映一个企业存货周转速度的指标,也是衡量企业在采购、生产、销售各环节管理状况的综合性指标。海尔的库存管理理念与方法出类拔萃,值得关注。海尔集团总部在中国青岛,海尔集团是世界第四大白色家电制造商、中国最具价值品牌。旗下拥有240多家法人单位,在全球30多个国家建立了本土化的设计中心、制造基地和贸易公司,全球员工总数超过五万人,重点发展科技、工业、贸易、金融四大支柱产业,已发展成全球营业额超过1 000亿元规模的跨国企业集团。海尔集团取得今天的业绩,和它对库存管理的重视是分不开的。

1. 同业库存周转率比较

从图6-2中各企业的库存周转率来看,海尔表现出了较高的库存管理水平,其他企业的库存管理成本居高不下,则需要通过不断加强内部库存管理,降低财务费用。海尔库存管理上的优势使得它在竞争激烈的市场上拥有较佳的筹码。

2. 海尔存货成本分析

海尔集团总部设在青岛,但它在全国各大城市以及美国、欧洲等都设有分部。分部不但要为客户及时提供技术支持,而且一些产品需要从总部运送到分部。该公司的存货的储备是典型的多阶段仓储模式,即在青岛有主仓库,各地区有分仓库,在一些重要客户处有寄售点。现在产品更新速度越来越快,客户对时效性要求高,国际货

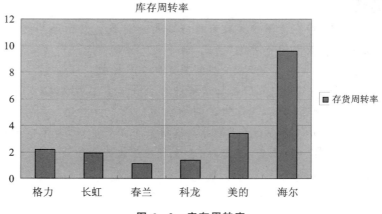

图 6-2 库存周转率

运都采取空运。

假定海尔的库存周转率为10,这意味着公司保持约36天的库存(365除以10)。货物迟发一天,分部就得多备一天的货,总库存即增加2.8%(1除以36)。假定各分部总库存为3 000万美金,库存增量为84万美金(3 000万乘以2.8%)。假定库存成本为25%(包括仓库成本、人工费、保险费、折旧费等),那么,迟发一天的代价就是21万美金一年。这还不算因信誉带来的损失。

假设由于管理的不善,导致货物迟发了一天,这虽然看起来不是一件很大的事,但导致的后果却是不容小觑的。海尔之所以能走到今天,就是因为领导人重视这些表面上的"小问题",不断排除阻碍公司前进的隐患,使得海尔之路越走越远。

海尔的库存管理理念及方法:

1. 目标——零库存

借助先进的信息技术,海尔发动了一场管理革命:以市场链为纽带,以订单信息流为中心,带动物流和资金流的运转。通过整合全球供应链资源和用户资源,逐步向"零库存、零营运资本和(与用户)零距离"的终极目标迈进。

2. 现代化的高效库存管理系统——ERP、CRM

海尔认为,企业之间的竞争已经从过去直接的市场竞争转向客户的竞争。海尔CRM联网系统就是要实现端对端的零距离销售。海尔已经实施的ERP系统和正在实施的CRM系统,都是要拆除影响信息同步沟通和准确传递的阻隔。ERP是拆除企业内部各部门的"墙",CRM是拆除企业与客户之间的"墙",从而实现快速获取客户订单,快速满足用户需求。

3. 追求极限的采购方式——JIT 采购

传统管理模式下的企业根据生产计划进行采购,由于不知道市场在哪里,所以是为库存采购,企业里有许许多多"水库"。海尔现在实施信息化管理,通过三个JIT打通这些水库,把它变成一条流动的河,不断地流动。JIT采购就是按照计算机系统的采购计划,需要多少,采购多少。JIT送料指各种零部件暂时存放在海尔立体库,然后由计算机进行配套,把配置好的零部件直接送到生产线。海尔在全国建有物流中心系统,无论在全国什么地方,海尔都可以快速送货,实现JIT配送。

库存不仅仅是资金占用的问题,最主要的是会形成很多的呆坏账。现在电子产品更新很快,一旦产品换代,原材料和产成品价格跌幅均较大,产成品积压的最后出路就只有降价,所以会形成现在市场上的价格战。不管企业说得多么好听,降价的压力就来自于库存。海尔利用及时配送的时间来满足用户的要求,最终消灭库存的空间。

由此,我们可以得出以下启示:

1. 存货周转率指标的好坏反映企业存货管理水平的高低,它影响到企业的短期偿债能力,是整个企业管理的一项重要内容。一般来讲,存货周转速度越快,存货的占用水平越低,流动性越强,存货转换为现金或应收账款的速度就越快。因此,提高存货周转率可以提高企业的变现能力。

2. 存货周转率一定程度上反映了公司的经营成本,较高的存货周转率预示着公司仓库成本、人工费、保险费、折旧费等成本相对较低,物流管理水平较高,经营环节效率较高。

3. 因为存货会占用企业大量的流动资金,如果能够将这部分资金解放出来投入到其他领域,如扩充生产线、对外投资,无疑会创造出更多的价值。

4. 通过对同行业存货周转率的纵向比较也能在一定程度上显示出公司主要产品在市场上的销售情况,如果这个指标变高,则说明生产、销售形势看好,生产出的东西能够立刻卖出去,在同行业间具有竞争优势。

5. 在管理理念及方法高速发展的今天,企业必须更加重视管理理念的更新及管理方法、手段的高效。在本案例中,海尔运用较先进的ERP、CRM、JIT采购十分有效地优化了存货、物流管理,这也是海尔存货周转率保持较高水平的主要原因之一。

任务三　固定资产营运能力分析

【任务引例】

假设你拥有一部价值2 000元的手机,原本打算只使用1年,那么每年的使用成本就是2 000元;由于平时你使用和保养时都很注意,结果使用了2年,请问将会对你的收益产生什么影响?

【知识储备与业务操作】

固定资产周转率是指企业一定时期的营业收入与固定资产平均净值的比值,包括固定资产周转率和固定资产周转天数两种形式。其计算公式为

$$固定资产周转率 = \frac{营业收入净额}{固定资产平均余额}$$

$$固定资产平均余额 = \frac{期初固定资产净值 + 期末固定资产净值}{2}$$

$$固定资产净值 = 固定资产原值 - 累计折旧$$

$$固定资产周转天数 = \frac{365}{固定资产周转率}$$

固定资产周转率反映固定资产周转状况,表示企业每1元固定资产可引发的营业收入。固定资产周转率越高,表明固定资产周转速度越快,则企业营运能力越强,说明企业固定资产投资得当,结构分布合理,固定资产利用效率就越高;反之,表明固定资产利用效率不高,固定资产投资过大,设备闲置没有充分利用,企业营运能力较差。

【做中学6-4】 开元公司2020年和2021年的营业收入净额分别为6 840万元和7 200万元,2020年初固定资产净值为5 000万元,2021年初和年末固定资产净值分别为5 880万元和6 571.2万元。要求:计算开元公司固定资产周转率和周转天数。

$$2020年开元公司固定资产周转率 = \frac{6\,840}{\frac{5\,000 + 5\,880}{2}} = 1.26$$

$$2020年固定资产周转天数 = \frac{365}{1.26} = 289.68(天)$$

$$2021年固定资产周转率 = \frac{7\,200}{\frac{5\,880 + 6\,571.2}{2}} = \frac{7\,200}{6\,225.6} = 1.16$$

$$2021年固定资产周转天数 = \frac{365}{1.16} = 314.66(天)$$

计算结果表明,2021年固定资产周转率比2020年固定资产周转率有所降低,主要是由于新购入了固定资产,该公司固定资产周转率下降但并不是固定资产管理效率降低所致。

固定资产周转率计算及分析时应注意以下事项:

(1)企业固定资产所采用的折旧方法和折旧年限不同,会导致固定资产账面净额不同,也会对固定资产周转率的计算产生重要影响,人为造成指标差异。公式中分母的固定资产平均余额可按固定资产原值或净值计算。目前有两种观点:一种观点主张采用固定资产原值计算,理由是,固定资产生产能力并非随着其价值的逐步转移而相应降低,比如,一种设备在其全新时期和半新时期往往具有同样的生产能力;再者,用原值便于企业不同时间或与不同企业进行比较,如果采用净值计算,则失去可比性。另一种观点主张采用固定资产净值计算,理由是固定资产原值并非一直全部都被企业所占有。其价值中的磨损部分已逐步通过折旧收回,只有采用净值计算,才能真正反映一定时期内企业实际占用的固定资金。而按固定资产原值计算的平均余额,则会因所采用的折旧方法或折旧年限不同而产生人为的差异,导致该指标缺乏可比性,但一般在资产负债表上填列的是固定资产扣除累计折旧和固定资产减值准备后的净额,只能按净值分析。采用固定资产净值计算一般适用于自身纵向比较;如果与其他单位横向比较,则要注意两个企业的折旧方法是否一致。

（2）企业固定资产一般采用历史成本法记账,因此在企业的固定资产、销售情况并未发生变化的条件下,也可能由于通货膨胀导致物价上涨等因素而使营业收入虚增,导致固定资产周转率提高,而实际上企业的固定资产效能并未增加。

（3）一般情况下固定资产的增加不是渐进的,而是突然上升,这将导致固定资产周转率的变化。

（4）在进行固定资产周转率比较时,固定资产的来源不同将对该比率的大小产生重要影响。如果一家公司的厂房或生产设备是通过经营性租赁得来的,而另一家公司的固定资产全部是自有的,那么对这两家企业的固定资产周转率进行比较就会产生误导。在公司之间进行固定资产周转率比较时,资产结构类似的公司间数据进行比较才有意义。

因此,在对固定资产周转率进行分析前,我们必须充分结合固定资产的投资规模、固定资产投资时间、固定资产来源等多方面的情况加以考虑,这样分析所得结果才更有价值。

【引例解析】

因为使用时间延长了1倍,所以1年的使用成本降到了1 000元,利润便增加了1 000元。这就是通过"延长"固定资产使用周期提升固定资产营运效率。如果条件允许,企业对固定资产的投入越少越好,并通过延长固定资产使用周期,尽可能降低固定资产的净值,从而提高固定资产的营运效率。

【拓展阅读】

轻资产运营的耐克模式

轻资产运营是指智力资本以知识及其管理为核心,构成了企业的轻资产。轻资产运营是网络时代与知识经济时代企业战略的新结构,是一种以价值为驱动的资本战略。这种运营方式以人力资源管理为纽带,通过建立良好的管理系统平台,促进企业的生存和发展。以轻资产模式扩张,与以自有资本经营相比,可以获得更强的盈利能力、更快的速度与更持续的增长力。世界驰名的耐克公司便是典型的靠轻资产运营模式快速成功的。

所谓"轻资产运营"模式,就是将产品制造和零售分销业务外包,自身则集中于设计开发和市场推广等业务;市场推广主要采用明星代言和广告的方式。"轻资产运营"模式可以降低公司资本投入,特别是生产领域内大量固定资产投入,以此提高资本回报率。

耐克公司在20世纪80年代初开始实施"轻资产运营"模式,当时正值全球制造业向发展中国家转移的高峰时期。在美国市场,体育产品开始从专业运动员转向大众市场。耐克公司跟上了市场变革节奏,依靠"轻资产运营"模式改变了美国运动鞋市场传统商业模式。从产业链的角度看,耐克公司依靠"轻资产运营"模式,较好地整合了产业链两端,其核心内容包括:

1. 产品研发

耐克公司在1980年成立了研发实验室,从1995年开始,耐克公司每年拿出5 000万美元作为技术研发与产品开发费用,从生物力学、工程技术、工业设计、化学、生理学等多个角度对产品进行研究。公司还设置了研究委员会和顾客委员会,聘请教练员、运动员、设备经营人、足病医生和整形医生等,共同审核各种设计方案、材料,以求根据人体工程学改进运动鞋的设计。

在耐克公司"轻资产运营"模式中,高技能的研发与市场跟踪体系往往被"明星广告"策略所屏蔽。事实上,由于"轻资产运营"策略本身就是放弃了产业链附加值较低的制造环节,而基于下游市场的竞争又容易被竞争对手模仿与超越。因此,耐克公司的研发体系就不仅仅是一个纯粹的技术工作。或者说,是可以拿来标榜的商业噱头。耐克公司的研发始终保持一个原则——"我们在技术研发方面花了许多心力,因为不好的产品绝对无法引起人们投入感情"。

2. 商业策略与营销

耐克公司的营销策略堪称行业典范,它总是在市场推广过程中表现出自己是一家充满活力的公司,每一款耐克鞋都充满诱惑力。1993年,耐克公司与可口可乐、极品伏特加两家公司共同入选美国营销协会名牌殿堂第一批会员。以"名牌殿堂"的观点来看,所谓的名牌必须"持续成功、创造力高和开拓性强,对大众的生活形态造成重大的影响,同时可以成为全美企业学习的对象。"可见,菲尔·奈特为耐克公司创造了一股不可被轻易复制的文化。他的观点迎合了20世纪50年代发展起来的市场营销文化。就市场营销对商业的形态所产生的教化性影响而言,一个以市场营销为主的公司,就是一个会制造客户的公司。

在这种转变下,利润本身变得较为次要,客户满意才是公司最大的挑战。

3. 全球化经营

在20世纪90年代初期,耐克公司内部经常会讨论这样一个问题:耐克究竟要怎样定位自己?是要扮演跨国性公司的角色,在全球同质化市场提供一个统一的形象与产品,还是要成为全球性的消费形态公司,依照世界各地不同喜好与情况,谨慎地设计出适合各地不同的形象与产品?

耐克公司管理者思考的问题基于全球消费者具有"同质化"消费欲望的理论,这个争议性颇高的理论由哈佛大学西奥多·莱维特在20世纪80年代早期提出。莱维特认为,一个有共同的消费者认知的正常市场,一定会走向商品标准化的形态。而科技为所有的销售活动建立了一定的标准与相同的游戏规则。

任务四 总资产营运能力分析

【任务引例】

A公司近三年的主要财务数据和财务比率如表6-1所列,假设该公司没有营业外收支和投资收益,所得税率不变。请进行以下分析:

(1) 分析说明该公司运用资产获利能力的变化及其原因;

(2) 分析说明该公司资产、负债和所有者权益的变化及其原因;

(3) 假如你是该公司的财务经理,在2020年应从哪些方面改善公司的财务状况和经营业绩。

表6-1 A公司相关财务数据

年份 项目	2019年	2020年	2021年
销售额(万元)	4 000	4 300	3 800
总资产(万元)	1 430	1 560	1 695
普通股(万元)	100	100	100
保留盈余(万元)	500	550	550
所有者权益合计(万元)	600	650	650
负债总额(万元)	830	910	1 045
流动比率(1)	1.19	1.25	1.20
平均收现期(天)(2)	18	22	27
存货周转率(次)(3)	8.0	7.5	5.5
债务/所有者权益(4)	1.38	1.40	1.61
长期债务/所有者权益(5)	0.5	0.46	0.46
销售毛利率(%)	20.0	16.3	13.2
销售净利率(%)	7.5	4.7	2.6
总资产周转率	2.80	2.76	2.24
总资产净利率(%)	21	13	6

【知识储备与业务操作】

总资产周转率是指企业一定时期的营业收入与总资产平均余额的比值。包括总资产周转次数和总资产周转天数两种表现形式,其计算公式为

$$总资产周转率(次数) = \frac{营业收入净额}{总资产平均余额}$$

$$总资产周转天数 = \frac{365}{总资产周转率}$$

【做中学 6-5】 开元公司 2020 年初资产总额为 7 500 万元,2021 年初和年末资产总额分别为 7 572 万元和 8 400 万元,2020 年和 2021 年营业收入净额分别为 6 840 万元和 7 200 万元。请计算开元公司 2020 年和 2021 年的总资产周转率和周转天数。

$$2020\text{ 年总资产周转率} = \frac{6\ 840}{\frac{7\ 572+7\ 500}{2}} = 0.91$$

$$2020\text{ 年总资产周转天数} = \frac{365}{0.91} = 401.10(\text{天})$$

$$2021\text{ 年总资产周转率} = \frac{7\ 200}{\frac{7\ 572+8\ 400}{2}} = \frac{7\ 200}{7\ 986} = 0.9$$

$$2021\text{ 年总资产周转天数} = \frac{365}{0.9} = 405.56(\text{天})$$

计算结果表明,2021 年总资产周转率比 2020 年总资产周转率仅下降 0.01,营运能力相似。

总资产周转率的直接经济含义是企业 1 元资产获取收入的能力。总资产周转率越高,说明企业运用资产产出收入的能力越强,企业对资产的管理效率越高,经营风险相对越低。如果总资产周转率较低,则企业资产运用方面存在问题,经营风险相对较高。

总资产周转率分析时需要注意以下几点:

(1) 对于外部分析者可以直接运用资产负债表的资产年初数来代替上年平均数计算上年总资产周转率,并与本年总资产周转率进行比较。

(2) 运用总资产周转率存在片面性。可能企业的销售收入无多大变化,而企业本期报废固定资产较多,此时总资产周转率会突然上升,但这并不是企业资产利用效率提高的结果。

(3) 进行总资产周转率分析时,应结合企业以前年度的实际水平、同行业平均水平对比分析。

【引例解析】

(1) ① 该公司总资产净利率在平稳下降,说明其运用资产获利的能力在降低,其原因是资产周转率和销售净利率都在下降。

② 总资产周转率下降的原因是平均收现期延长和存货周转率下降。

③ 销售净利率下降的原因是销售毛利率在下降;尽管在 2021 年大力压缩了期间费用,仍未能改变这种趋势。

(2) ① 该公司总资产在增加,主要原因是存货和应收账款占用增加。

② 负债是筹资的主要来源,其中主要是流动负债。所有者权益增加很少,大部分盈余都用于发放股利。表 6-1 中债务/所有者权益(4)一长期债务/所有者权益

(5),三年分别为 0.88,0.94,1.15。该指标均大于(5),说明流动负债大于长期负债。

(3) 请展开小组讨论,答案不唯一。

【拓展阅读】

通过大数据分析实现运营效率的提升

随着多层次级联网络在全球范围内的发展,大数据日益繁荣。大数据分析,不仅促进了业务效率和生产力的提升,而且还可以保证利润处于上升通道。

如果制造商采用大数据分析,这就意味着企业比以往任何时候都更依赖于网络的健康状态和正常运营。业务决策均基于这些分析,如果数据不可用,那就会浪费大量的时间。

如果业务转向更依赖于某项技术,那网络监控工具对确保系统功能正常、可用来说就至关重要。这是因为网络规模变得越来越大、越来越复杂,发生多点故障的可能性也就更大。一个对任何故障时刻保持警觉的监控工具,可以帮助企业减少故障问题的发生。

以英特尔公司的芯片生产为例。这个行业巨头,在产品下生产线之前,需要对每个芯片进行测试。这就意味着对每个芯片进行 19 000 次测试。使用大数据进行预测分析后,英特尔能够减少为保证质量所需的测试数量。从晶圆级开始,英特尔分析了制造过程中的数据,并专注于具体测试。结果,单是英特尔酷睿处理器的一条流水线,其制造成本就可以降低约 300 万美元。将大数据扩展到整个芯片制造生产线,预计可以为公司节约 3 000 万美元。

【课后练习】

(一) 单项选择题

1. 从资产流动性方面反映总资产效率的指标是(　　)。
   A. 总资产产值率　B. 总资产收入率　C. 总资产周转率　D. 产品销售率
2. 影响总资产收入率的因素除总资产产值率外,还有(　　)。
   A. 总资产报酬率　B. 总资产周转率　C. 固定资产产值率　D. 产品销售率
3. 流动资产占总资产的比重是影响(　　)指标变动的重要因素。
   A. 总资产周转率　　　　　　　B. 总资产产值率
   C. 总资产收入率　　　　　　　D. 总资产报酬率
4. 反映资产占用与收入之间关系的指标是(　　)。
   A. 流动资产产值率　　　　　　B. 流动资产周转率
   C. 固定资产产值率　　　　　　D. 总资产产值率
5. 影响流动资产周转率的因素是(　　)。
   A. 产出率　　B. 销售率　　C. 成本收入率　D. 收入成本率
6. 当流动资产占用量不变时,由于流动资产周转加快会形成流动资金的

( )。

　　A. 绝对浪费额　　　B. 相对浪费额　　　C. 绝对节约额　　　D. 相对节约额

7. 当流动资产占用量不变时,由于营业收入减少会形成流动资金的( )。

　　A. 绝对浪费额　　　B. 相对浪费额　　　C. 绝对节约额　　　D. 相对节约额

8. 提高固定资产产值率的关键在于( )。

　　A. 提高销售率　　　　　　　　　　B. 增加生产设备

　　C. 增加生产用固定资产　　　　　　D. 提高生产设备产值率

(二)多项选择题

1. 反映企业营运能力的指标有( )。

　　A. 总资产收入率　　　　　　　　　B. 固定资产收入率

　　C. 流动资产周转率　　　　　　　　D. 存货周转率

　　E. 应收账款周转率

2. 反映资产占用与总产值之间关系的指标有( )。

　　A. 固定资产产值率　　　　　　　　B. 固定资产收入率

　　C. 流动资产产值率　　　　　　　　D. 总资产收入率

　　E. 总资产产值率

3. 影响存货周转率的因素有( )。

　　A. 材料周转率　　　　　　　　　　B. 在产品周转率

　　C. 总产值生产费　　　　　　　　　D. 产品生产成本

　　E. 产成品周转率

4. 应收账款周转率越高越好,因为它表明( )。

　　A. 收款迅速　　　　　　　　　　　B. 减少坏账损失

　　C. 资产流动性高　　　　　　　　　D. 营业收入增加

　　E. 利润增加

5. 存货周转率偏低的原因可能是( )。

　　A. 应收账款增加　　　　　　　　　B. 降价销售

　　C. 产品滞销　　　　　　　　　　　D. 销售政策发生变化

　　E. 大量赊销

6. 以下属于流动资金相对节约额的情况是( )。

　　A. 流动资产存量不变,营业收入增加

　　B. 流动资产存量不变,流动资产周转加速

　　C. 营业收入增长速度超过流动资产增长速度

　　D. 营业收入不变,流动资产存量减少

　　E. 流动资产减少速度大于营业收入减少速度

7. 影响固定资产产值率的因素有( )。

　　A. 生产设备产值率

B. 增加生产用固定资产的数量
C. 生产设备占生产用固定资产的比重
D. 增加生产设备的数量
E. 生产用固定资产占全部固定资产的比重

8. 反映流动资产周转速度的指标有（   ）。
A. 流动资产周转率　　　　　　　B. 流动资产垫支周转率
C. 存货周转率　　　　　　　　　D. 存货构成率
E. 应付账款周转率

（三）判断题

1. 只要增加总产值，就能提高总资产产值率。（   ）
2. 总资产收入率与总资产周转率的经济实质是一样的。（   ）
3. 当其他条件不变时，流动资产比重越高，总资产周转速度越快。（   ）
4. 资产周转次数越多，周转天数越多，表明资产周转速度越快。（   ）
5. 使用营业收入作为周转额是用来说明垫支的流动资产周转速度。（   ）
6. 成本收入率越高，流动资产周转速度越快。（   ）
7. 在营业收入增加的同时，流动资产存量减少所形成的节约额是绝对节约额。（   ）
8. 固定资产产值率越高，固定资产收入率就越高。（   ）
9. 只要流动资产实际存量大于基期，就会形成绝对浪费额。（   ）

项目七　盈利能力分析

☞ 职业能力目标

（1）掌握盈利能力的概念；
（2）能够正确计算与盈利能力有关的财务指标；
（3）能从销售角度对企业盈利能力进行分析；
（4）能从投资角度对企业盈利能力进行分析；
（5）能从股本角度对企业盈利能力进行分析。

☞ 典型工作任务

（1）与企业销售有关的盈利能力计算及分析；
（2）与企业投资有关的盈利能力计算及分析；
（3）与企业股本有关的盈利能力计算及分析。

任务一　企业盈利能力分析概述

【任务引例】

资本经营是指企业以资本为基础，通过优化配置来提高资本经营效益的经营活动。资产经营是指合理配置与使用资产，以一定的资产投入，取得尽可能多的收益。请深入探讨两者的区别。

【知识储备与业务操作】

一、企业盈利能力

（一）企业盈利能力的含义

盈利能力又称为获利能力，是指企业赚取利润的能力，它是企业持续经营和发展的保证，是决定企业最终盈利状况的根本因素，受到企业管理者的高度关注。对于企业的投资人和潜在投资人、债权人以及政府来说，企业盈利能力的高低也是他们关注的焦点。

（二）盈利能力分析的目的

（1）从企业管理者角度：盈利能力影响企业管理人员的升迁、收入，也是管理者发现问题,改进管理方法的突破口,可帮助其了解企业运营状况,进而更好地经营企业。

(2) 从投资人和潜在投资人的角度:他们的收益是来自企业的股息、红利和转让股票产生的资本利得。股利来自利润,利润越高,投资人所获得的股息越高;而能否获得资本利得取决于企业股票市场走势,只有企业盈利状况看好才能够使股票价格上升,进而投资人获得转让差价。

(3) 从企业债权人角度:定期的利息支付以及到期的还本都必须以企业经营获得利润来保障。企业盈利能力决定了其偿债能力,债权人关注盈利状况就是为了保证自己能按时收到本金和利息。

(4) 从政府的角度:企业赚取利润是其缴纳税款的基础,利润多则缴纳的税款多,利润少则缴纳的税款少。而企业纳税是政府财政收入的重要来源,因此,政府十分关注企业的盈利能力。

盈利能力是一个相对概念,不能仅仅凭企业获得利润的多少来判断其盈利能力的强弱,因为企业利润水平还受到企业规模、行业水平等要素的影响。所以应该用利润率指标而非利润的绝对数量来衡量盈利能力,这样可摒除企业规模因素影响。并且计算出来的利润率应与行业平均水平相比较,总的来说,利润率越高,企业盈利能力越强;利润率越低,企业盈利能力越弱。

二、盈利能力分析的方法

在进行盈利能力分析时主要有三种方法:

(1) 盈利能力的比率分析:与销售有关的盈利能力、与投资有关的盈利能力、与股本有关的盈利能力;

(2) 盈利能力的趋势分析:绝对数额分析、环比分析、定比分析;

(3) 盈利能力的结构分析:各个项目与收入相比,在进行结构分析时要尽力摒除非经营性项目以及非正常的经营活动,因为这些项目不具有持久的。

【引例解析】

资产经营与资本经营的区别:

(1) 经营内容不同。资产经营强调资产的配置、重组及有效使用;资本经营强调资本流动、收购、重组、参股和控股等。

(2) 经营出发点不同。资产经营从整个企业出发,强调全部资源的运营,而不考虑资源的产权问题;资本经营则在产权清晰的基础上从企业所有者出发,强调资本的运营,把资产经营看作资本经营的环节或组成部分。

任务二　与销售有关的盈利能力分析

【任务引例】

同仁堂(600085)和九芝堂(000989)2007—2017 年公布的各年度的销售收入、净利润和销售净利率对比数据如表 7-1 所列,请分析两家公司的盈利能力。

表 7-1　同仁堂和九芝堂财务数据

年　份	同仁堂			九芝堂		
	净利润	销售收入(亿元)	销售净利率(%)	净利润	销售收入(亿元)	销售净利率(%)
2007	2.35	27.04	8.69	1.28	10.24	12.5
2008	2.59	29.39	8.81	2	11.01	18.17
2009	2.88	32.88	8.76	1.48	11.09	13.35
2010	3.4	49.43	6.88	1.63	11.22	14.53
2011	4.38	61.08	7.17	2.02	11.5	17.57
2012	5.7	75.17	7.58	1.12	10.42	10.75
2013	6.56	87.15	7.53	2.25	12.12	18.56
2014	7.64	96.86	7.89	4.03	7.98	50.5
2015	8.75	108.97	8.03	4.71	8.72	54.01
2016	9.33	120.91	7.72	6.52	26.74	24.38
2017	10.17	133.76	7.6	7.21	38.87	18.79

【知识储备与业务操作】

与销售有关的盈利能力分析是指通过计算企业生产及销售过程中的产出(收入)、耗费(费用)和利润之间的比例关系,来研究和评价企业的获利能力。在该过程中,不考虑企业的筹资和投资等问题,只研究利润与成本或收入之间的比率关系。它能够反映企业在销售过程中产生利润的能力。

一、营业利润率

营业利润率是指企业在一定时期内营业利润与营业收入的比率。该指标可用来衡量包括管理和销售活动在内的整个经营活动所形成的获利能力的强弱。其计算公式为

$$营业利润率 = \frac{营业利润}{营业收入} \times 100\%$$

【做中学 7-1】

根据鸿昌股份有限公司资产负债表、利润表(表 5-2 和表 5-3)提供的资料,营

业利润率计算如下：

2021 年营业利润率＝4 700/21 200×100％＝22.17％

2020 年营业利润率＝4 500/18 800×100％＝23.94％

计算结果表明，2021 年营业利润率比 2020 年营业利润率有所降低，说明 1 元收入中营业利润所占比重有所下降，盈利能力降低。

从计算营业利润率的公式可知，影响利润率变动的直接因素是营业利润和营业收入。我们可以采用两因素分析法分析营业利润的变动和营业收入的变动对营业利润率变动的影响情况。营业收入虽然与营业利润率成反比的关系，但是营业收入是取得营业利润的基础，而营业收入是销售量和销售单价两个因素的乘积，因此销售量和销售单价的变动会影响到营业利润的变动。

营业利润率的比较分析主要是指营业利润率的结构比较和同业比较分析。进行营业利润率结构比较分析，目的是了解企业营业利润率的变动情况，并通过对营业利润的构成要素占销售收入比重变动的分析，说明影响营业利润率变动的原因。进行营业利润的同业比较分析，目的是明确企业获利能力在同行业中所处的相对地位或与先进水平的差距，并通过营业利润的构成要素占销售收入比重的对比分析，找到影响本企业营业利润率与先进水平存在差距的原因。

二、销售毛利率

毛利是指企业营业收入扣除营业成本之后的差额；毛利率是指一定时期的毛利额与营业收入之间的比率，其计算公式为

$$销售毛利率 = \frac{销售毛利}{营业收入} \times 100\% = \frac{营业收入 - 营业成本}{营业收入} \times 100\%$$

销售毛利率反映每 1 元营业收入在扣除营业成本后，可以用于各项期间费用和形成盈利的余额，它是营业净利率的最初基础，企业没有足够大的销售毛利率便不能形成盈利。企业可以按期分析销售毛利率，据以对企业营业收入、营业成本的发生及配比情况做出判断。

【做中学 7－2】

根据鸿昌股份有限公司资产负债表、利润表提供的资料，毛利率计算如下：

2021 年销售毛利率＝(21 200－12 400)/21 200×100％＝41.50％

2020 年销售毛利率＝(18 800－10 900)/18 800×100％＝42.02％

计算结果表明，2021 年销售毛利率比 2020 年销售毛利率虽有所降低，但下降比率仅为 0.52％，说明从毛利角度，两年度盈利能力相似。

对于毛利率的分析应注意如下两个问题：首先，毛利率是企业产品定价政策的指标；其次，毛利率指标有明显的行业特点。该指标被广泛用来匡算企业盈利能力的强弱，例如，甲企业的销售毛利率为 50％，乙企业的销售毛利率为 20％。这意味着甲企业每卖出 100 元钱产品，产品的成本只有 50 元，毛利为 50 元，只要每 100 元销

售收入需要抵补的各项费用低于 50 元,企业就能盈利。而乙企业每卖出 100 元产品,产品的成本高达 80 元,毛利只有 20 元,只有每 100 元销售收入需要抵补的各项费用低于 20 元时企业才能盈利。毛利率越高预示着企业抵补各项期间费用的能力越强,最终利润空间越大。

在分析方法上,毛利率可进行横向和纵向的比较。横向比较可以洞悉企业主营业务的利润空间在整个行业中的地位以及与竞争对手相比的优劣势。如果通过横向比较,发现企业的销售毛利率过低,则应进一步查找原因,并采取措施及时调整。纵向比较可以看出企业主营业务盈利空间的变动趋势。如果在某一期间内销售毛利率突然恶化,应进一步查找原因,检查是由于降价引起的,还是由于成本上升所致,并及时找出改善的对策。

三、销售净利率

销售净利率可以从总体上考察企业能够从其销售业务上获得的主营业务盈利。该比率表示每 1 元销售净收入可实现的净利润是多少,其计算公式为

$$销售净利率 = \frac{销售净利润}{营业收入} \times 100\%$$

销售净利率越高,说明企业通过扩大销售获取收益的能力越强。通过分析销售净利率的变化,不仅可以促使企业扩大销售,而且可以让企业注意改善经营管理,控制期间费用,提高盈利水平。

【做中学 7-3】

根据鸿昌股份有限公司资产负债表、利润表提供的资料,营业利润率计算如下:

$$2021 年销售净利率 = 2\ 520/21\ 200 \times 100\% = 11.89\%$$
$$2020 年销售净利率 = 2\ 400/18\ 800 \times 100\% = 12.77\%$$

计算结果表明,2021 年销售净利率比 2020 年销售净利率有所降低,说明 1 元收入中净利润所占比重有所下降,盈利能力降低。

销售净利率的分子是企业的净利润,即企业的收入在扣除了成本和费用以及税收之后的净值,是企业最终为自身创造的收益,反映了企业能够自行分配的利润额。提取公积金、发放股利等行为,都是建立在净利润的基础上。因此,用它与销售收入相比,能够从企业生产经营最终目的的角度看待销售收入的贡献。

对销售净利率可以进行横向和纵向的比较。横向比较,即将企业的销售净利率与同行业平均水平或竞争对手的比较,可以了解企业销售业务的盈利空间在整个行业中的地位以及与竞争对手相比的优劣势。并通过进一步的分析,如企业规模、产品结构、营销方式等具体方面的比较,找出差距,发现不足,提高企业利用销售业务盈利的能力。纵向比较可以发现企业销售净利率的变动情况。如果企业的销售净利率有所降低,则应进一步查找原因,分析究竟是收入水平降低还是成本提高造成的,在此基础上及时找出改善的对策。

销售净利率分析时应注意以下问题：一是净利润中包含了营业外收支净额和投资净收益,而营业外收支净额和投资净收益在年度之间变化较大且无规律。二是从销售净利润率公式可以看出,企业的销售净利润率与净利润成正比关系,与销售收入额成反比关系。

四、成本费用利润率

成本费用利润率是指企业的利润总额与成本费用总额的比率。其计算公式如下：

$$成本费用利润率 = \frac{利润总额}{成本费用总额} \times 100\%$$

式中的利润总额和成本费用总额来自企业的损益表。成本费用一般指主营业务成本、税金及附加和三项期间费用(销售费用、管理费用、财务费用)。

【做中学 7-4】

根据鸿昌股份有限公司资产负债表、利润表提供的资料,营业利润率计算如下：
2021 年成本费用利润率 = 4 200/(12 400 + 1 200 + 1 900 + 1 000 + 300) × 100% = 25%
2020 年成本费用利润率 = 4 000/(10 900 + 1 080 + 1 620 + 800 + 200) × 100% = 27.4%

计算结果表明,2021 年成本费用利润率比 2020 年成本费用利润率有所降低,说明企业在经营管理上存在问题,需要多方面分析检查,找出原因。

另外,利润中还包括其他业务利润,而其他业务利润与成本费用也没有内在联系,分析时,还可将其他业务利润扣除。

$$成本费用净利率 = \frac{净利润}{成本费用总额} \times 100\%$$

成本费用净利率是全面考核企业成本费用与净利润之间关系的指标。成本费用净利率越高,说明每百元耗费赚取的盈利越多,企业的盈利能力越强,企业效益越好。

【任务引例】

从表 7-1 可以看出,从 2007 年至 2017 年,同仁堂的净利润和销售收入均实现了逐年上涨,但是销售净利率并没有显著增长,这说明其成本也增长较快。九芝堂的净利润和销售收入增长较快,销售净利率与同仁堂比,也保持在了较高水平。

同仁堂的销售收入增长较快,而九芝堂的销售收入增幅不及同仁堂。同仁堂的销售收入绝对数也大于九芝堂的销售收入。

从净利润曲线图(图 7-1)中可以看出,同仁堂的净利润增长较快,而且是持续稳定地增长。九芝堂创造的净利润不如同仁堂创造的净利润多,而且 2012 年出现过负增长。

从销售净利率曲线图(图 7-2)中可以看出,虽然九芝堂的销售净利率波动较大,但是九芝堂的销售净利率一直大于同仁堂的销售净利率,这说明九芝堂的规模虽然不如同仁堂的规模大,但是其利润率却非常高。由于净利润等于销售收入减去营业成本和期间费用,这说明其成本控制得非常好。

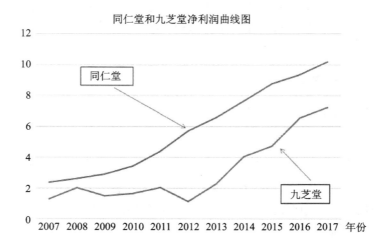

图 7-1　净利润曲线图

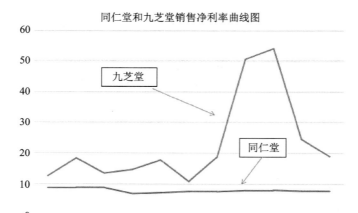

图 7-2　净利率曲线图

【拓展阅读】

巴菲特如何分析销售净利率

不同行业的企业销售利润率差异较大。巴菲特 1965 年收购伯克希尔纺织厂后发现纺织业务销售净利率非常低。但他收购报纸后,发现报纸行业的销售利润率明显高得多:"虽然规模相当的报纸的高新闻成本与低新闻成本占营业收入的比率差异约为三个百分点,但这些报纸的税前销售利润率往往是这种差异的十倍以上。"

巴菲特衡量企业销售净利率好坏的标准,主要是和行业水平相比,并适当考虑所在地区的环境因素:"1983年布法罗新闻日报赢利略微超过原来设定的10%目标销售净利率。这主要受益于两个因素:(1)因前期巨额亏损冲抵使得州所得税费用低于正常水平;(2)每吨新闻印刷成本大幅降低(1984年情况可能同样出乎意料但完全相反)。虽然布法罗日报的销售净利率只不过相当于报纸行业的平均水平,但如果考虑到布法罗日报所在地的经济与销售环境,这种业绩表现却是相当不错的。"

提高销售利润率,按照其驱动因素,有以下四个方法:提高销量、提高价格、降低营业成本、降低营业费用。

巴菲特1986年分析喜诗巧克力,发现其高销售净利率主要靠稳定销量和控制成本:"喜诗巧克力1986年的销售磅数增加约2%。和前几年相比,销量趋势有所好转。过去6年单店销量磅数持续下滑,只能靠增开新店面使销量提高或维持不变。但是1986年圣诞节期间的销量出奇地强劲,导致当年销量没有继续下滑。尽管价格只是略微提高,但依靠稳定单店销量和努力控制成本费用,喜诗仍然能够维持非常优异的销售利润率。"

巴菲特1990年分析喜诗的销售净利率提高主要靠提价和控制费用:"喜诗巧克力1990年的实物销售数量又创出历史新高,不过增长率较低,而且只是因为1990年早期销售实在太好。在伊拉克入侵科威特之后,美国西部地区消费者到商场购物的人数大幅减少。喜诗巧克力圣诞节期间销量磅数稍微下滑,但因为价格调高了5%,使得营业收入仍然实现增长。销售收入的增长,加上对费用的良好控制,使销售利润率得到提高。"

巴菲特指出,主要营业成本项目大幅变化对销售利润率影响非常大:"1983年布法罗新闻日报盈利略微超过原来设定的10%目标销售净利率。这主要受益于两个因素:因前期巨额亏损冲抵使得州所得税费用低于正常水平;每吨新闻印刷成本大幅降低。"相反,巴菲特1987年预测:"1988年布法罗日报不管是销售利润率还是利润都会下滑。新闻纸成本飞涨将是主要原因。"

巴菲特1996年指出,当销售收入增长不佳时,提高销售利润率的关键是控制费用:"1996年唯一让我们感到失望的是珠宝业务,波仙珠宝做得相当不错,不过Helzberg珠宝盈利大幅下滑。最近几年在单店销售收入大幅增长的同时,费用支出也相应增长,与此同时最近几年盈利也持续增长。但当销售收入不再增长时,销售利润率自然下滑。Helzberg珠宝总裁Jeff Comment已经采取果断措施应对费用支出上升问题,我想1997年盈利将会有所改善。"

提高销售净利率的措施能否成功,与管理层有很大关系。巴菲特1989年说:"StanLipsey,布法罗日报的发行人,创造的利润已经完全达到我们报纸产品能力的最大限度。和同样的经营环境下一个普通的经理人相比,我相信StanLipsey的管理能力至少使我们报纸的销售利润率,额外增加五个百分点以上。这是非常令人吃惊的业绩表现,只有一个非常熟悉也非常关心企业大大小小每个方面的天才经理人才能创造出来。"

巴菲特1987年指出，绝对不会只是为了提高销售利润率而降低公司产品和服务的品质。"我和芒格根本不相信所谓的灵活营业预算。难道我们只是因为盈利下降，就真的减少布法罗日报的新闻版面，或者降低喜诗巧克力的产品和服务的质量吗？或者相反，只是因为盈利持续增长滚滚而来，我们就应该增聘一位经济学家、一个公司战略专家，打一场机构广告战，诸如此类对公司一点好处都没有的事。这些做法对我们来说没有任何意义。"

任务三　与投资有关的盈利能力分析

【任务引例】

张某投资一家饭店，前期的装修、餐具、灶具、计算机、收银设备、办公桌椅、冰箱、空调、储物柜等投入300万元，1年下来营业收入100万元，综合毛利率60%，1年的办公房租、店员工资等经营费用合计40万元。请从不同角度评估企业的盈利能力。

【知识储备与业务操作】

一、投资资金界定

一个企业投入资金通常包括：流动负债、长期负债、优先股权益和普通股权益。常见的投入资金范畴包括：

（1）全部资金，范围最大的投入资金，是指企业资产负债表上的各种形式存在的资产总额，包括债权人和股东投资的全部资金，以此为基数，可以衡量企业整体业绩。

（2）权益资金，指所有者权益、资本、权益资金，即企业股东所提供的资金。以净资产为基数衡量盈利能力比较符合股东的利益。

（3）长期资金，包括所有者权益和长期负债，可以摒除流动负债因数量剧烈变动对指标结果的影响，各期数据之间的可比性更强。

计算投资收益率时，要确定该期间可利用的投入资金，如果投入资金在该期间内发生了改变，应该用该期间可利用的平均资金来计算。由于投入资本的不同，相应的与投资有关的盈利能力指标包括总资产收益率、净资产收益率、长期资金收益率等。

二、总资产收益率

总资产收益率，也称为资产利润率、资产收益率，是企业净利润与总资产平均余额的比率，该指标反映了全部资产的收益率。其计算公式如下：

$$总资产收益率 = \frac{销售净利润}{总资产平均余额} \times 100\%$$

$$总资产平均余额 = \frac{(期初总资产 + 期末总资产)}{2} \times 100\%$$

一般情况下，企业的经营者可将资产收益率与借入资金成本率进行比较，决定企

业是否需要负债经营,具体如下:

(1)若资产收益率大于借入资金成本率,则净资产收益率大于资产收益率,说明企业充分利用了财务杠杆的正效应,不但投资人从中受益,而且债权人的债权也是比较安全的。

(2)若资产收益率小于借入资金成本率,则净资产收益率小于资产收益率,说明企业遭受杠杆负效应所带来的损失,不但投资人遭受损失,而且债权人的债权也不安全。

不论投资人还是债权人都希望总资产收益率高于借入资金成本率。

总资产收益率的表现形式包括:

(1)以净利润作为收益。由于企业归投资人所有,企业的收益应该是归投资人所拥有的净利润,因此企业收益的计算就应该将所得税和筹资方式的影响都考虑在内,即所得税和筹资方式对利润都有影响,从息税前利润中扣除。

(2)以税前息后利润作为收益。由于企业收益应该是收入与费用相抵后的差额,即利润总额。无论是归投资人所有的净利润,还是上交国家的所得税,都是企业收益的组成部分,所以收益的计算应该排除所得税率影响而不排除筹资方式的影响,即筹资方式对利润有影响,所得税对利润没有影响,把利息从息税前利润中扣除。

$$总资产收益率 = \frac{净利润 + 所得税}{总资产平均余额} \times 100\%$$

(3)以税后息前利润作为收益。由于企业的资产是归投资人和债权人共同所有的,企业的收益就应该由归投资人所有的净利润和归债权人所有的利息费用所组成,企业收益的计算排除筹资方式而包含所得税税率影响。即所得税对利润有影响,筹资方式对利润没有影响,把所得税从息税前利润中扣除。

$$总资产收益率 = \frac{净利润 + 利息}{总资产平均余额} \times 100\%$$

(4)以企业的息税前利润作为收益。无论企业是归投资人所有的净利润,还是向国家缴纳的所得税和支付给债权人的利息,都是企业运用资产所获得收益的一部分,因此收益的计算应排除所得税率和筹资方式的影响。即筹资方式和所得税对利润都没有影响,两种都不扣除。

$$总资产收益率 = \frac{净利润 + 利息 + 所得税}{总资产平均余额} \times 100\%$$

【做中学 7-5】

根据鸿昌股份有限公司资产负债表、利润表提供的资料,总资产收益率计算如下:

2021年总资产收益率=(2 520+300+1 680)/21 200×100%=21.23%

2020年总资产收益率=(2 400+200+1 600)/18 800×100%=22.34%

以财务费用代替利息费用,计算结果表明,2021年总资产收益率比2020年总资产收益率有所降低,说明企业通过资产获得收益的能力有所降低。

总资产收益率的分析包括横向分析和纵向分析:

(1)横向分析:与行业平均水平或行业内最高水平相比,衡量该企业在行业中的地位;

(2)纵向分析:将本期总资产收益率与前期水平相比,衡量企业总资产收益率的变动趋势。

影响总资产收益率的因素主要是销售净利率和总资产周转率,销售净利率反映了企业控制成本费用的能力,总资产周转率反映企业运用资产获取销售收入的能力。从以上两个因素对总资产收益率的作用过程看,总资产周转率是基础。因为一般情况下,企业应在现有资产规模下创造尽可能多的收入,在所创造收入基础上尽可能控制成本费用来提高总资产收益率。

另外,在分析总资产收益率时应注意企业处于不同时期和属于不同行业,提高总资产收益率的突破口有所不同。

(1)若企业产品处于市场竞争非常激烈的时期,可选择通过提高总资产周转率来提高总资产收益率。

(2)若企业处于扩大规模时期,可选择通过降低成本费用提高销售净利率来达到提高总资产收益率的目的。

(3)固定资产比例较高的重工业,主要通过提高销售净利率来提高总资产收益率。

(4)固定资产比例较低的零售企业,主要通过加强总资产周转率来提高总资产收益率。

三、净资产收益率

净资产收益率又称为股东权益收益率、净值收益率或所有者权益收益率,是企业净利润与其平均净资产之间的比值,反映股东投入的资金所获得的收益率。

该指标的计算有两种方法:

(1)全面摊薄净资产收益率

$$全面摊薄净资产收益率 = \frac{净利润}{期末净资产} \times 100\%$$

该指标强调年末状况,是一个静态指标,说明期末单位净资产对经营净利润的分享。

【做中学7-6】

根据鸿昌股份有限公司资产负债表、利润表提供的资料,净资产收益率计算如下:

2021年净资产收益率 = 2 520/1 460 000×100% = 0.17%

2020年净资产收益率＝2 400/1 760 000×100％＝0.14％

计算结果表明,2021年净资产收益率比2020年净资产收益率有所提高,说明企业的净资产获利能力保持较好水平。

(2)加权平均净资产收益率

$$加权平均净资产收益率 = \frac{净利润}{净资产平均余额} \times 100\%$$

$$净资产平均余额 = \frac{期初净资产 + 期末净资产}{2} \times 100\%$$

该指标强调经营期间净资产赚取利润的结果,是一个动态的指标,说明经营者在经营期间利用企业净资产为企业新创造利润的多少,是一个说明企业利用单位净资产创造利润能力强弱的一个平均指标,有助于企业相关利益人对公司未来的盈利能力做出正确的判断。

净资产收益率越高,说明股东投入的资金获得报酬的能力越强,反之则越弱。

净资产收益率分析时,应注意以下问题:

(1)净资产收益率不便于进行横向比较。不同企业负债率有所差别,导致某些微利企业净收益偏高,而某些效益不错的企业净资产收益率却很低。净资产收益率不一定能全面反映企业资金的利用效果。

(2)企业可通过诸如负债回购股权的方式来提高每股收益和净资产收益率,而实际上,该企业经济效益和资金利用效果并未提高。

四、长期资金收益率

长期资金收益率是指一段时间内公司运用长期资本创造利润的能力,长期资金收益率越高,说明企业的长期资金获取报酬的能力越强,计算公式如下:

$$长期资金收益率 = \frac{息税前利润}{平均长期资金} \times 100\%$$

$$平均长期资金 = \frac{[(期初长期负债 + 期初股东权益) + (期末长期负债 + 期末股东权益)]}{2}$$

息税前利润＝净利润＋企业所得税＋利息费用

【做中学7-7】

根据鸿昌股份有限公司资产负债表、利润表提供的资料,长期资金收益率计算如下:

2021年平均长期资金＝(1 650 000＋1 760 000＋200 000＋1 460 000)/2＝2 535 000

2021年长期资金收益率＝(2 400＋200＋1 600)/2 535 000×100％＝0.17％

资本收益率分析是投资者检查判定投资效益好坏的基本指标,是进行投资决策的基本依据,是企业管理者经营管理工作好坏、效率高低的集中反映,通过资本收益率分析,投资者可以检查、评价企业管理者经营管理工作的效率。同时,资本收益率还是投资者考核、检查其资本保值增值的主要指标。

五、资本保值增值率

资本保值增值率反映了企业资本的运营效益与安全状况,是评价企业经济效益状况的辅助指标。其计算公式为

$$资本保值增值率 = \frac{年末所有者权益}{年初所有者权益} \times 100\%$$

这一指标是根据资本保全原则设计的,反映企业资本的保全和增值情况。它充分体现了对所有者权益的保护,能够及时、有效地发现所有者权益减少的现象。该指标越高,说明企业资本保全状况越好,所有者权益增长越快,债权人的权益越有保障,企业发展后劲越强。

【做中学 7－8】

根据鸿昌股份有限公司资产负债表提供的资料,资本保值增值率计算如下:

2021 年资本保值增值率 ＝ 1 760 000/1 460 000×100％＝121％

该企业 2021 年资本运营效率和安全状况良好,较 2020 年资本增长 21％。

资本保值增值结果的分析指标为资本积累率、净资产收益率、总资产报酬率和不良资产比率。分析指标主要对企业资本运营水平和质量,以及资本保值增值实际完成情况进行分析和验证。其中:

资本积累率 ＝（本年所有者权益增长额÷年初所有者权益）×100％

不良资产比率 ＝（年末不良资产总额÷年末资产总额）×100％

【引例解析】

由此可计算出第一年的税前利润总额为 20 万元,假设企业所得税税率为 10％,那么净利润为 18 万元,销售净利率 ＝ 18÷100×100％＝18％。当销售净利率达到 18％时,这个水平的盈利能力已经很强了,但是如果把所有的资产投入考虑进去,那么张某的饭店的总资产报酬率 ＝ 18÷300×100％＝6％,从饭店成立以来的总投入这个角度看,每年 6％ 的总资产报酬率明显不能让人满意,按照目前的盈利能力,每年盈利 18 万元,那要收回前期投资成本大约要 17 年,时间太久。

从这个案例中我们很清楚地看到,投资报酬率和销售净利率反映盈利能力的角度是不一样的。如果销售净利率高,只能说明在这一段时期内企业的盈利能力强,但是不能反映公司全部资产的投资回报率;而投资报酬率反映的是全部资产投入的回报率,二者明显不同。

所以,在分析企业的盈利能力时,至少要从经营业务盈利指标和资产(资本)盈利指标两个角度分析。这样分析之后,能够更客观、更准确地了解企业的真实盈利能力,避免出现以偏概全的问题。

【拓展阅读】

三个案例解读净资产收益率

案例一：苏宁云商的 ROE 连续降低

2011 年，苏宁云商的 ROE（净资产收益率）为 23.71%，这一数据是相当高的，而到了 2012 年的时候，公司的 ROE 下降大半，只有 10.54%，到了 2013 年的时候只有 1.31%。根据杜邦分析法的指标公式：净资产收益率＝销售净利率（NPM）×资产周转率（AU，资产利用率）×权益乘数（EM）。

可以从这几个指标来分析净资产收益率的构成情况。从具体的财务指标来看，苏宁云商近年来的财务杠杆不断提高，这体现在公司的资产负债比率是逐渐提高的。而公司的产品利润情况出现了不断的下降，毛利情况从 2011 年的 18.94% 降低到了 2013 年的 15.21%。

存货周转率也在不断下降，从 2011 年的 6.65 下降到了 2012 年的 5.03，可见周转得越来越乏力。这些因素的叠加，让苏宁近年来业绩不佳。

案例二：通威股份回归主业 ROE 连续增长

通威股份（600438.SH），近三年的 ROE 情况是逐年上升的。通威股份在 2011—2013 年的净资产收益率情况分别为 6.01%、6.61% 和 16.34%。

分析公司近年来的财务情况，就可以发现它最近三年无论在毛利还是存货周转上都是不断提高的。其产品毛利率并不高，但是从 2011 年的 7.33%，提高到了 2013 年的 9.79%，而存货周转率也从 2011 年的 11.99，提高到了 2013 年的 13.8。

通威股份近几年业绩的增长是因为将精力放回到了主业——饲料业上。公司之前将精力、资源放到新能源业务上，饲料业务增速缓慢。从 2010 年开始，公司将精力重新放回到饲料上来。公司方面称，今后的第一发展要务是继续突出水产板块，未来两年的主营业务或将继续保持快速增长。

案例三：盛达矿业净资产收益率逾 50% 一定就好吗？

我们在提到净资产收益率的时候，一向会强调要寻找该项指标高的公司。但是，这项指标就一定是越高越好吗？比如盛达矿业（000603.SZ），其去年的净资产收益率为 50.7%，这一指标是相当高的。那么这一定是好事情吗？

我们发现，公司的 ROE 水准之所以较高，是因为其毛利率很高，在 80% 以上。而这也是矿业公司的通常情况。与同行相比，盛达矿业的 ROE 水准还不是最高的，比如建新矿业的 ROE 就在 60% 以上。可见，分析 ROE 还要根据行业属性分析。

事实上，盛达矿业这几年的 ROE 出现了下降的趋势，在 2012 年为 54.5%。而公司净利润在这一年中也出现了减少，可见不能简单从 ROE 的高低确定公司的基本面。

任务四　与股本有关的盈利能力分析

【任务引例】

某公司 2019 年年度报告中注明：2019 年末公司普通股股份总数为 3 000 万股；公司在 2019 年 5 月 1 日发行可转换债券 30 万份，每份面值 100 元，共筹资 3 000 万元，从 2020 年 5 月 1 日起至 2021 年 4 月 30 日止，一年的时间内可以按 1∶10 的比例将每份债券转换为普通股股份。目前公司股票市价高于转换价。另预计 2020 年公司可实现税后净利润 1 200 万元。

要求：根据以上资料计算该公司 2020 年基本每股收益和充分稀释后的每股收益。

【知识储备与业务操作】

上市公司是一类特殊的企业，是指经过批准可以在证券交易所向社会公开发行股票而筹资成立的股份有限公司，其权益资本被分成等额的股份，也被称为股本。此外，上市公司与一般公司的不同之处在于有股票二级市场形成的交易价格，并通过发放股利的形式进行利润分配，因此对上市公司盈利能力的分析还可以通过对每股收益、市盈率、股利支付率和股利收益率等财务指标进行。

一、每股收益

每股收益是反映上市公司盈利能力的一项重要指标，也是作为股东对上市公司最为关注的指标，是指企业净利润与发行在外普通股股数之间的比率。其主要作用是帮助投资者评价企业的获利能力。当净利润总额为负数时，每股收益亦为负数，则代表股东承担了其风险。

根据《企业会计准则——每股收益》的规定，每股收益由于对分母部分的发行在外流通股数的计算口径不同，可以分为基本每股收益和稀释每股收益。

（一）基本每股收益

基本每股收益是指企业按照归属于普通股股东的当期净利润，除以发行在外普通股的加权平均数计算的每股收益。其计算公式为

$$每股收益 = \frac{净利润}{发行在外普通股加权平均数} \times 100\%$$

发行在外普通股的加权平均数＝期初发行在外普通股股数＋
当期新发行的普通股股数×已发行时间÷报告期时间－
当期回购普通股股数×已回购时间÷报告期时间

式中已发行时间、报告期时间和已回购时间一般按照天数计算，在不影响计算结果合理性的前提下，可以采用简化的计算方法，即按月计算。

【做中学 7-9】

2019年期初发行在外的普通股10 000股,3月1日新发行4 500股,12月1日回购1 500股,以备将来奖励职工。请计算普通股加权平均数。

普通股加权平均数=10 000+4 500×10/12-1 500×1/12=13 625(股)

新发行普通股股数,应当根据发行合同的具体条款,从应收对价之日(一般为股票的发行日)起计算确定。通常包括下列情况:

① 为收取现金而发行的普通股股数,从应收现金之日起计算。

② 因债务转资本而发行的普通股股数,从停计债务利息之日或结算日起计算。

③ 非同一控制下的企业合并,作为对价发行的普通股股数,从购买日起计算;同一控制下的企业合并,作为对价发行的普通股股数,应当是计入各列报期间普通股的加权平均数。

④ 为收购非现金资产而发行的普通股股数,从确认收购之日起计算。

企业发放股票股利、公积金转增资本、拆股或并股等,会增加或减少其发行在外普通股或潜在普通股的数量,但不影响所有者权益的总额,也不改变企业的盈利能力。

企业应当在相关报批手续全部完成后,按调整后的股数重新计算各列报期间的每股收益。上述变化发生于资产负债表日至财务报告批准报出日之间的,应当以调整后的股数重新计算每股收益。

【做中学 7-10】

A上市公司2020年初在外发行普通股总数为1亿股,2020年10月1日增发新股2000万股;B上市公司2020年初在外发行的普通股总数为1亿股,2020年7月1日按照10:3的比例派发股票股利,两家上市公司2020年的净利润均为1亿元,计算两家上市公司的基本每股收益。

(1) A公司发行在外普通股的加权平均数=1亿股+0.2亿股×(3/12)=1.05亿股

A公司基本每股收益=1亿元÷1.05亿股=0.95元

(2) B公司派发股票股利使发行在外的普通股增加数=1÷10×3=0.3亿股

B公司发行在外普通股的加权平均数=1亿股+0.3亿股×(6/12)=1.15亿股

B公司基本每股收益=1亿元÷1.15亿股=0.87元

配股是上市公司根据公司发展的需要,依据有关规定和相应程序,旨在向原股东进一步发行新股、筹集资金的行为,需要投资者按照一定比例以一定的价格购买股票,配股后发行在外的股数增加,也可以选择不买。在企业当期发生配股的情况下,计算基本每股收益时,应当考虑配股中包含的送股因素,据以调整各期发行在外普通股的加权平均数。

送股是上市公司在已有这种股票的基础上,按一定比例免费送的股票。计算公式如下:

每股理论除权价格(行使配股权后的理论价格)=(行权前发行在外普通股的公允价值+配股收到的款项)÷行权后发行在外的普通股股数

调整系数=行权前每股公允价值÷每股理论除权价格(行权后)

因配股重新计算的上年度基本每股收益=上年度基本每股收益÷调整系数

本年度基本每股收益=归属于普通股股东的当期净利润÷(行权前发行在外普通股股数×调整系数×行权前普通股发行在外的时间权数+行权后发行在外普通股加权平均数)

【做中学 7-11】

某企业 2020 年度归属于普通股股东的净利润为 9 600 万元,2020 年 1 月 1 日发行在外普通股股数为 4 000 万股。2020 年 6 月 10 日,该企业发布增资配股公告,向截止到 2020 年 6 月 30 日(股权登记日)所有登记在册的老股东配股,配股比例为每 5 股配 1 股,配股价格为每股 5 元,除权交易基准日为 2020 年 7 月 1 日。假设行权前一日的市价为每股 11 元,2005 年度基本每股收益为 2.2 元。

要求确定重新计算的 2019 年度基本每股收益和 2020 年度的基本每股收益。

每股理论除权价格=(11×4 000+5×800)÷(4 000+800)=10(元)

调整系数=11÷10=1.1

因配股重新计算的 2019 年度基本每股收益=2.2÷1.1=2(元)

2020 年度基本每股收益=9 600÷(4 000×6/12+4 800×6/12)=2.18(元/股)

(二)稀释每股收益

企业存在具有稀释性的潜在普通股的情况下,应当根据具有稀释性的潜在普通股的影响,分别调整归属于普通股股东的当期净利润以及当期发行在外普通股的加权平均数,并据以计算稀释的每股收益。计算稀释每股收益时,应当根据下列事项对归属于普通股股东的当期净利润进行调整:

(1)当期已确认为费用的稀释性潜在普通股的利息;

(2)稀释性潜在普通股转换时将产生的收益或费用。

当期发行在外普通股的加权平均数=基本每股收益时普通股的加权平均数+假定稀释性潜在普通股转换为已发行普通股而增加的普通股股数

计算稀释性潜在普通股转换为已发行普通股而增加的普通股股数的加权平均数时,以前期间发行的稀释性潜在普通股,应当假设在当期期初转换;当期发行的稀释性潜在普通股,应当假设在发行日转换。

稀释性潜在普通股是指假设当期转换为普通股会减少每股收益的潜在普通股。具体包括:

(1)可转换公司债券

对于可转换公司债券,计算稀释每股收益时,分子的调整项目为可转换公司债券当期已确认为费用的利息等的税后影响额;分母调整项目为假定可转换公司债券当期期初或发行日转换为普通股的加权平均数。

【做中学 7-12】

乙公司 2020 年 1 月 1 日发行利息率为 8％,每张面值 100 元的可转换债券 10 万张,规定每张债券可转换为 1 元面值普通股 80 股。2007 年净利润 8 000 万元,2020 年发行在外普通股 4000 万股,公司适用的所得税率为 25％,请计算 2020 年的稀释每股收益。

税后利息费用＝100×10×8％×(1－25％)＝60(万元)

增加的普通股股数＝10×80＝800(万股)

稀释的每股收益＝(8000＋60)/(4000＋800)＝1.68(元/股)

由于净利润里面扣掉的是利息抵税后的余额,所以,加回的利息也是抵税后的利息。

(2) 认股权证和股份期权

认股权证、股份期权等的行权价格低于当期普通股平均市场价格时,应当考虑其稀释性。

【做中学 7-13】

企业计算稀释每股收益时,应当考虑的稀释性潜在的普通股包括(　　　)。

A. 股份期权　　　　　　B. 认股权证　　　C. 可转换公司债券
D. 不可转换公司债券　　E. 股票股利

解析:稀释性潜在普通股,是指假设当前转换为普通股会减少每股收益的潜在普通股,主要包括可转换债券、认股权证、股份期权。

每股收益是反映股份公司盈利能力强弱的一个非常重要的指标。每股收益越高,一般可以说明盈利能力越强。这一指标的高低,往往会对股票价格产生较大的影响。

对每股收益也可以进行横向和纵向的比较。在进行每股收益的横向比较时,需要注意不同企业的每股股本金额是否相等,否则每股收益不便直接进行横向比较。通过与企业以往各期的每股收益进行比较,可以看出企业每股收益的变动趋势。

二、每股现金流量

每股现金流量,是经营活动产生的现金流量净额扣除优先股股利之后,与普通股发行在外的平均股数对比的结果。计算公式为

每股现金流量 ＝(营业业务所带来的净现金流量＋

优先股股利)/ 流通在外的普通股股数

注重股利分配的投资者应当注意这个指标,每股收益的高低虽然与股利分配有密切关系,一般情况,每股收益越高,股利分配的也就会越多,但它不是决定股利分配的唯一因素。如果每股收益很高,但是缺乏现金,那么也无法分配现金股利。因此,还有必要分析企业的每股现金流量。

每股现金流量越高,说明每股股份可支配的现金流量越大,普通股股东获得现金

股利回报的可能性越大。对每股现金流量同样可以进行横向和纵向的比较。与每股收益类似,在进行每股现金流量的横向比较时,需要注意不同企业的每股股本金额是否相等,否则每股现金流量不便直接进行横向比较。通过与企业以往各期的每股现金流量进行比较,可以看出企业每股现金流量的变动趋势。

三、每股股利

普通股每股股利简称每股股利,它反映每股普通股获得现金股利的情况。
其计算公式为

$$每股股利 = 股利总额 / 普通股股数$$
$$= (现金股利总额 - 优先股股利) / 发行在外的普通股股数$$

由于股利通常只派发给年末的股东,因此计算每股股利时分母采用年末发行在外的普通股股数,而不是全年发行在外的平均股数。

每股股利反映了普通股股东获得现金股利的情况。每股股利越高,说明普通股获取的现金报酬越多。但是每股股利并不能完全反映企业的盈利情况和现金流量状况。即盈利情况和现金流状况也并不能完全体现出每股股利,因为股利分配状况不仅取决于企业的盈利水平和现金流量状况,而且与企业的股利分配政策相关。在中国目前的资本市场中,股东对现金股利的期望往往并不高,更多的投资者是希望通过股票的低买高卖来获取报酬。

四、市盈率

市盈率又称价格盈余比率,是普通股每股市价与普通股每股收益的比值。
其计算公式为

$$市盈率 = 每股市价 / 每股收益$$
$$= 总市价 / 净利润$$
$$1/市盈率 = 每股收益 / 每股市价 = 投资回报率$$

可以理解成投资人愿意为获取公司每一元的收益付出多高的价格。

市盈率分析时应该注意以下问题:

(1) 一般来说,市盈率高,说明投资者愿意出更高的价格购买该公司股票,对该公司的发展前景看好。因此,一些成长性较好的公司股票的市盈率通常要高一些。例如,假设甲、乙两个公司的每股收益相等,说明两个公司当期每股的盈利能力相同。如果甲公司的市盈率高于乙公司,说明甲公司的每股市价高于乙公司的每股市价。对当期盈利能力相同的两支股票,投资者愿意出更高的价格购买甲公司的股票,这说明投资者对甲公司的未来发展更加看好。

(2) 如果某一种股票的市盈率过高,则也意味着这种股票具有较高的投资风险。例如,还是上述甲、乙两个公司,假设它们的每股收益都为 0.5 元。甲公司的市盈率为 80,乙公司的市盈率为 20,也就是说甲公司的每股市价为 40 元,而乙公司的每股市价只有 10 元。那么,此时购买甲公司的股票所花费的代价是乙公司股票的四倍,但甲公司股票报酬能达到或超过乙公司股票报酬的四倍的可能性并不大。因此,这种情况下购买乙公司的股票可能更加有利,而购买甲公司的股票则投资风险较大。

(3) 虽然高市盈率的股票风险大,但是并不意味着低市盈率的股票风险就小,因为过低市盈率的股票不是很被看好的股票,风险也很高。

(4) 该指标不宜用于不同行业的公司之间比较。

(5) 市盈率也受利率水平变动的影响。利率与市盈率之间的关系通常用如下公式表示:

$$市盈率 = 1 \div 1 年期银行存款利率$$

【做中学 7-14】

甲公司上年净利润为 250 万元,流通在外的普通股的加权平均股数为 100 万股,优先股为 50 万股,优先股股息为每股 1 元。如果上年末普通股的每股市价为 30 元,请计算甲公司的市盈率。

$$每股收益 = (净利润 - 优先股股利) \div 流通在外的普通股加权平均股数$$
$$= (250 - 50 \times 1) \div 100 = 2(元/股)$$
$$市盈率 = 每股市价 \div 每股收益 = 30 \div 2 = 15$$

五、股利支付率

股利支付率又称股利发放率,是指普通股每股股利与普通股每股收益的比率。其计算公式为

$$股利支付率 = 每股股利 \div 每股净收益 \times 100\%$$
$$= 市盈率 \times 股票获利率$$

一般来说,公司发放股利越多,股利的分配率越高,因而对股东和潜在的投资者的吸引力越大,也就越有利于建立良好的公司信誉。一方面,由于投资者对公司的信任,会使公司股票供不应求,从而使公司股票市价上升。公司股票的市价越高,对公司吸引投资、再融资越有利。另一方面,过高的股利分配政策,会使公司的留存收益减少,如果公司要维持高股利分配政策而对外大量举债,会增加资金成本,最终必定会影响公司的未来收益和股东权益。

股利支付率是股利政策的核心。确定股利支付率,首先要弄清公司未来发展所需的资本支出需求和营运资本需求,有多少现金可用于发放股利,然后考察公司所能获得的投资项目的效益如何。如果现金充裕,投资项目的效益又很好,则应少发或不发股利;如果现金充裕但投资项目效益较差,则应多发股利。

六、股利保障倍数

股利保障倍数为股利支付率的倒数,倍数越大,支付股利的能力越强。其公式为:

$$股利保障倍数 = 1 \div 股利发放率$$

股利保障倍数是一种安全性指标，可以看出净利润减少到什么程度公司仍能按目前水平支付股利。

七、留存盈利比率

留存盈利比率是留存盈利与净利润的比率，留存盈利是指净利润减去全部股利的余额。

$$留存盈利比率 = 当期留存盈利 \div 当期净利润$$

若企业认为有必要从内部积累资金，以便扩大经营规模，可采用较高的留存盈利比率，这样股利支付率与股利保障倍数就降低了。反之，企业不需要资金或可用其他方式筹资，为满足股东取得现金股利的要求可降低留存盈利比率，同时股利支付率与股利保障倍数提高。

八、股利收益率

股利收益率又称股息率，指投资股票获得股利的回报率。其计算公式为

$$股利收益率 = 每股股利 \div 每股股价 \times 100\%$$

股利发放率与股利收益率的关系：

$$\begin{aligned} 股利发放率 &= 每股股利 / 每股收益 \times 100\% \\ &= (每股市价 / 每股收益) \times (每股股利 / 每股市价) \times 100\% \\ &= 市盈率 \times 股利收益率 \end{aligned}$$

股利收益率是挑选收益型股票的重要参考标准，如果连续多年年度股利收益率超过1年期银行存款利率，则这只股票基本可以视为收益型股票，股利收益率越高越吸引人。决定股利收益率高低的不仅是股利和股利发放率的高低，还要视股价来定。例如两支股票，A股价为10元，B股价为20元，两家公司同样发放每股0.5元股利，则A公司5%的股利发放率显然要比B公司2.5%诱人。

九、市净率

市净率反映每股市价和每股净资产关系的比率。计算公式如下：

$$市净率(倍数) = 每股市价 / 每股净资产$$

该指标可以用于投资分析，说明市场对公司资产质量的评价，反映公司资产的现在价值，是证券市场上交易的结果。指标大于1，说明公司资产市价高于账面价值，资产的质量好，有发展前景；反之，则说明资产质量差，没有发展前景。一般来说，市净率达到3，可以树立较好的公司形象。

市净率指标与市盈率指标作用基本相同，都代表着投资者对某股票或某企业未来发展潜力的判断，运用时都不能笼统地说高好还是低好。但两个指标分析的角度不同，市盈率指标主要从股票盈利性角度进行考察，市净率指标主要从股票账面价值

角度考虑。

十、每股净资产

$$每股净资产 = 股东权益总额 \div 普通股股数$$

该指标反映了发行在外的每股普通股所代表的净资产的成本即账面权益。在理论上提供了股票的最低价值。

采用此指标进行分析时须注意：计算每股净资产的股东权益总额采用的是企业账面价值，而不是当前市场价值。账面价值按当初投入资产的实际成本登记，是一种历史成本，历史成本与当期市场价值往往会有差异，因此，每股净资产指标并不能真正地反映每股净资产的价值。由此计算的市净率指标也必须与其他指标结合运用，才能对企业的投资报酬做出评价。

【引例解析】

首先将可转换债券调整为2020年可流通的普通股约当量，然后连同原有普通股进行加权平均，最后确定2020年预计每股收益指标。

由于公司股票目前市价高于转换价，估计所有可转换债券都将按约定转换为普通股。假设可转换债券将在年内均匀地转换，则2020年内转为普通股的数量：

$$30 \times 10 \times 8/12 = 200(万股)$$

2020年加权平均普通股股数为

$$3\,000 + 200 \times 8/12 = 3\,133(万股)$$

2020年充分稀释的普通股股数为

$$3\,000 + 30 \times 10 = 3\,300(万股)$$

每股收益：

$$基本每股收益 = 1\,200/3\,133 = 0.383(元)$$

$$充分稀释每股收益 = 1\,200/3\,300 = 0.364(元)$$

【拓展阅读】

蓝田股份造假案例分析

蓝田股份作为一家以农业为主的综合性经营企业，自1996年6月上市以来一直保持了业绩优良高速成长的特性，但2002年1月21日、22日，生态农业（原蓝田股份600709）的股票突然被停牌，市场目光再次聚焦到这只曾经备受关注的"绩优神话股"。公司高管受公安机关调查、资金链断裂以及受到中国证监会深入进行的稽查，似乎预示着这只绩优股的神话正走向终结。

一、蓝田的绩优神话

蓝田股份作为一家以农业为主的综合性经营企业，自1996年6月上市以来一直保持了业绩优良高速成长的特性，其1996年以来的每股收益分别达到了0.61元，

0.64元、0.82元、1.15元以及2000年的0.97元。从2000年的年报看，已步入稳定发展轨道的蓝田，含金量很高，其4.31亿元的净利润绝大部分均来自主营，在主营业务收入基本持平的情况下，虽由于成本略有增加，使每股盈利下降了0.18元，但摊薄后19.81%的净资产收益率以及每股经营活动产生的1.76元的现金流量额都表现了蓝田通过大力开发高科技农业而产生了实实在在的稳定回报。从财务角度看，其流动比率为0.77，速动比率为0.27，资金运用较充分，短期偿债能力虽由于存货较大而略有不足，但提了4 296万元的存货跌价准备还是比较稳健的，另外只有23.18%的资产负债率也说明了其稳定的财务结构。

从经营上说，该公司目前已形成了以饮品、食品、蛋类以及冷饮类为主的完整名优农产品结构，其生态农业旅游的综合开发已走上正轨，新年度里将大力建设洪湖绿色食品基地项目以及新建10万亩银杏采中圃基地项目和年产200吨银杏黄酮甙项目，预计，建成后可增加净利润2亿元。年报股东数为160 559户，比上期又增加了42%，因此二级市场表现并不太好，市盈率按最新数据统计也只有18倍左右。特别是该公司董事会提议，2001年度利润分配一次，分配比例不低于当期可供股东分配利润的50%，2000年度未分配利润用于分配的比例不低于50%，将采取送红股与派现相结合的形式，派现比例不少于20%，其2000年未分配利润在本次派2元后仍将达9.16亿元，加上4亿元以上的净利润，应该说分红潜力十分惊人。

二、案情简介

（一）绩优神话的终结

2002年1月21日、22日，生态农业（原蓝田股份600709）的股票突然被停牌，市场目光再次聚焦到这只曾经备受关注的"绩优神话股"。

停牌也许仅仅是个开端，高管受到公安机关调查，资金链断裂以及受到中国证监会深入进行的稽查，似乎预示着这只绩优股的神话正走向终结。

生态农业（原蓝田股份）董事会发布公告说，早在2002年1月12日，该公司董事长保田，董事兼财务负责人黎洪福，董秘王意玲等三名高管，以及包括公司财务部长在内的七名中层管理人员共十人被公安部门拘传，接受调查。据知情人士介绍，公司的会计资料也被查封用于办案。

其实，早在2001年10月8日，蓝田股份董事会公告称："2001年9月21日本公司已接受中国证监会对本公司有关事项进行的调查，提请投资者注意投资风险"。

"蓝田的资金链断了"源于一篇文章。2001年10月26日，北京某财经大学一位刘姓研究员在一份内部刊物上发表文章，呼吁"应立即停止对蓝田股份发放贷款"，引起银行高层的关注。不久，相关银行即停止对蓝田发放新的贷款。

事实上，大家心里都很清楚，停止贷款对任何一家企业来说意味着什么。

（二）主要疑点

蓝田股份这只"绩优高成长股"，给投资者的确留下太多的疑团。蓝田股份的造假手法可能涉及多计存货价值、多计固定资产、虚增销售收入和虚减销售成本等多方面。

1. 应收账款之谜解释离奇

蓝田股份去年主营业务收入 18.4 亿元，而应收账款仅 857 万元。公司方面称，由于公司基地地处洪湖市瞿家湾镇，占公司产品 70% 的水产品在养殖基地现场成交，上门提货的客户中个体比重大，当地银行没有开通全国联行业务，客户办理银行电汇或银行汇票结算货款业务，必须绕道 70 公里去洪湖市区办理，故采用"钱货两清"方式结算成为惯例，造成应收账款数额极小。蓝田股份的这一解释引出新的疑问，该公司似乎在上市公司中又创一项奇迹，即近 18 亿多主营业务收入主要靠现金交易完成。稍懂财会知识的人士，势必对蓝田股份"钱货两清"方式结算下的销售收入确认产生怀疑。另外，蓝田股份去年野藕汁、野莲汁等饮料销售收入达 5.29 亿元，难道饮料销售是因市场供不应求而未出现应收账款吗？

2. 鱼塘里的业绩神话

蓝田股份上市后的业绩增长令人惊叹，该公司 1995 年净利润 2 743.72 万元，1996 年上市当年翻番实现 5 927 万元，1997 年至 1999 年三年分别为 14 261.87 万元、36 472.34 万元和 54 302.77 万元。蓝田股份的业绩几乎年年实现翻番增长，直到 2000 年后才出现萎缩，降至 43 162.86 万元。蓝田股份的业绩主要来自"神奇"的鱼塘效益。原总经理瞿兆玉曾称，几年来产品始终处于不愁销的状态。瞿兆玉继而介绍，洪湖有 100 万亩水面可以开发，蓝田股份现在只开发了 30 万亩，而高产值的特种养殖鱼塘面积只有 1 万亩，这种精养鱼塘每亩产值可达 3 万元，是粗放经营的 10 倍。据有关报道称，蓝田股份在精养鱼塘推行高密度鱼鸭配套养殖技术，每亩平均产成鱼由 350 公斤提高到 1 000 公斤，加上养鸭收入，每亩平均收入由 1 400 元提高到近万元，养殖成本降低 20%。而同样是在湖北养鱼，去年上市的武昌鱼在招股说明书中称，公司 6.5 万亩鱼塘的武昌鱼，养殖收入每年五六千万元，单亩产值不足 1 000 元。蓝田股份创造了武昌鱼 30 倍的鱼塘养殖业绩，其奇迹有多少可信度已越来越令人怀疑。

3. 饮料毛利不可思议

按照蓝田股份披露的和蓝田总公司的结算价格为 46.8 元/箱（24 罐）（其中野莲汁为 46.8 元每箱，野藕汁为 44.2 元每箱）。按照市场上常见的蓝田野莲汁、野藕汁包装估算，假设每 3 罐野莲汁、野藕汁为 1 公斤（每罐蓝田饮料为 350 mL），大概每公斤饮料蓝田股份获得 5.85 元的销售额。按上述的计算，每公斤饮料实现利润 2.42 元。如果按照 33% 的所得税，蓝田股份每公斤饮料实现的 2.42 元净利润（税后）至少需要 2.42/0.67＝3.61 元的所得，也就是说蓝田股份靠每公斤 5.85 元的销售额至少实现了 3.61 元的利润，利润率为 61.71%，在竞争激烈的饮料行业能够实现这种利润吗？

（三）可能的会计作假

表 7-2 为蓝田股份几个可疑的会计科目。

表 7-2 蓝田股份几个可疑的会计科目

万元

日期 项目	1999.12.31	2000.12.31	2001.6.30
应收账款	1 242	857	3 434
存货	26 614	27 934	44 715
其中：在产品	21 230	22 974	36 483
固定资产	131 438	214 254	215 335
在建工程	43 510	22 514	31 954
应交税金-增值税	22	28	48

应收账款的疑问前已述及，存货的疑问在于其主要构成是在产品，由于在鱼塘里，我们根本不清楚其实际的品种，数量和重量；固定资产及在建工程的疑问与存货的疑问是一样的，蓝田股份主要固定资产和在建工程都在水里面，谁也搞不清楚水里面有多少宝贝。实在不明白，签字会计师秦凤英有什么办法核实水里有多少鱼，又有多少的在建工程和固定资产呢？

蓝田股份 2000 年主营收入是 18 亿元，2001 年上半年是 8 亿元，也就是说每个月收入是 1.5 亿元，蓝田股份增值税率是 13%～17%，营业税率是 5%，可是它一个月只要提 4 万元的营业税和 28 万元的增值税，这样的纳税额比一家年收入 5 000 万元的企业还少，而蓝田是 18 亿元，这税是不是交得太少了，还是根本就没有那么多的收入？

银广夏靠全资子公司天津广夏创下萃取神话，而蓝田股份是否也靠全资子公司蓝田水产创下鱼塘神话？银广夏的造假金额是 7.45 亿元，而蓝田股份 18 亿元的年收入有多少是真实的？截至 2001 年 6 月 30 日，蓝田股份占资产总额（31.8 亿元）77.3% 的存货、固定资产净值、在建工程（合计 24.6 亿元）有多少是真实的？蓝田股份净资产名义上有 22 亿元，但蓝田水产历年来实现了 18 亿元的利润，这 18 亿元有多少水分？

（四）违规事实

1. 伪造政府主管部门文件及相关法律文书

蓝田公司在股票发行申报材料中，伪造了沈阳市土地管理局（以下简称"沈阳土地局"）《关于沈阳蓝田股份有限公司国有土地使用权处置方式的批复》（沈土发[995]61号），对沈阳土地局未批准处置的两块公司土地作了违规处置，同时盗用沈阳土地局名义谎称同意蓝田股份公司将其国有土地使用权按评估结果计入公司总资产，由此虚增公司无形资产 1 100 万元。

2. 伪造银行对账单，虚增巨额银行存款

为达到虚增资产的目的，蓝田公司伪造了该公司及下属企业三个银行账户1995

年12月份银行对账单,共虚增银行存款2 770万元,占公司1995年财务会计报告(合并资产负债表)中银行存款额(4 420万元)的62%。

3. 隐瞒缩减公司股本的重大事项

在股票发行申报材料中,蓝田公司将公司股票公开发行前的总股本由8 370万股改为6 696万股,同时对公司国家股、法人股和内中职工股数额也作了相应缩减。对上述缩减公司股本的重大事项,蓝田公司在申请股票公开发行及股票上市之后予以隐瞒,未作公司披露。

4. 隐瞒内部职工股托管后上柜交易的重大事实

1993年4月至10月,蓝田公司将全部内部职工股在沈阳证券登记有限公司集中托管。1995年11月6日至1996年5月2日蓝田公司已托管的内部股在沈阳产权交易报价系统挂牌交易。对此,蓝田公司未在招股说明书中披露。

(五)案件结果

1. 行政处罚:对公司处以警告并罚款100万元;

2. 对招股说明书含有虚假内容负有直接责任的公司董事赵琰璋、吴惠昌、王焕成分别处以警告,并各罚款5万元。

3. 民事处罚

法院判决被告生态农业公司赔偿原告540多万元。包括华伦会计师事务所在内的其他8名被告,被法院判决对原告的经济损失承担连带赔偿责任。蓝田集团总裁瞿兆玉犯提供虚假财务报告和提供虚假注册资本罪,判处有期徒刑2年;蓝田股份董事长瞿保田被判合计刑期4年。

(六)原因分析

1. 经营管理不善,法制观念淡薄,导致其业绩不佳

我们知道,光靠造假过日子是不行的。企业要发展,求生存,其根本出路在于谨慎投资和合法经营。而蓝田的失败,究其原因,主要是公司管理高层的法制观念极其淡薄,经营管理存在诸多问题,他们在公司业绩不佳的困难时期,不是从强化公司管理来着手想办法,求对策,而是视国家法律法规为儿戏,公然造假,知法犯法,炮制了所谓"金鸭子"、"野莲汁野藕汁"和"无氧鱼"的动人故事企望靠骗取贷款来过日子。本来,蓝田上市时曾经募集了两个多亿的资金,公司高层应该适时实施正确的投资战略,以引导企业步入健康发展的轨道,但是,事与愿违,蓝田的管理高层并未真正从这方面去考虑问题。事后发现,蓝田的经营管理环节存在诸多漏洞,诸如资金大量流失和财务报告虚假等等,致使公司的真实业绩状况不断恶化。

2. 政企严重不分,治理机制失灵,导致公司发展误入歧途

按照常规,蓝田的问题早就存在,应该不会再有人出面给予蓝田贷款支持,但是,令人费解,丑闻败露前一直有不少专业银行盲目对其进行贷款,致使国家资财遭受巨额损失。事后发现,蓝田高层与地方政府存在密切关系。正是由于地方政府过分袒护公司,政企严重不分,蓝田的管理高层才敢于知法犯法,有恃无恐。另外,公司治理

机制失灵,这也是蓝田失败的主要原因之一。一方面,公司的董事长一言九鼎,擅自将蓝田交给了一个不懂业务和素质不高的人掌管;另一方面,公司在缺乏明确的投资战略的情形下盲目扩张。由于蓝田的公司治理机制失灵,盲目投资,管理不善,致使其主业萎缩,误入歧途。最后,蓝田的真实业绩水平不断下滑,只能靠造假来维持生计。

3. 注册会计师的审计失当,执业水平偏低,导致其造假行为得逞

如前所述,蓝田的造假丑闻的曝光,不是来自于对蓝田进行常年年报审计的注册会计师,而是来自于业外人士,这着实让人吃惊。其实,蓝田主要是通过虚假交易或事项来"创造利润",其造假手法非常简单。注册会计师只要认真执行分析性复核程序,便可以轻易发现蓝田的造假问题,但是,注册会计师却没有查出任何问题。事后发现,蓝田的会计账目非常混乱,按理说注册会计师是不能表示意见的,但是,对蓝田进行年报审计的注册会计师却发表了相应的审计意见,其执业水平之低,责任意识之弱,令人叹息!由于未能及时发现蓝田的造假行为,致使许多对其进行贷款的银行受牵连,国家资财遭受重大损失。

任务五　盈利结构分析

【任务引例】

AB公司共同利润表如表7-3所列,请从盈利结构角度分析AB公司盈利状况。

表7-3　AB公司共同利润表

项　目	利润(百万元)		结构百分比(%)		
	2019年	2020年	2019年	2020年	差　异
1. 营业收入	16 623.43	15 449.48	100	100	0
减:营业成本	14 677.8	13 407.09	88.24	86.78	1.46
税金及附加	27.99	16	0.17	0.1	0.07
销售费用	915.91	828.46	5.51	5.36	0.15
管理费用	574.44	562.98	3.46	3.65	−0.19
财务费用	−2.03	7.29	−0.01	0.05	−0.06
资产减值损失	0				
加:公允价值变动收益	0				
投资收益	−113.21	−121.54	−0.68	−0.79	−0.11
2. 营业利润	326.12	506.12	1.96	3.28	−1.31
加:营业外收入	5.76	4.33	0.03	0.02	0.01
减:营业外支出	6.11	0.65	0.04	0.01	0.03

续表 7-3

项　　目	利润(百万元)		结构百分比(%)		
	2019 年	2020 年	2019 年	2020 年	差　异
3. 利润总额	325.77	509.81	1.96	3.3	-1.34
减：所得税费用	86.65	140.37	0.52	0.91	-0.39
4. 净利润	239.12	369.43	1.44	2.39	-0.95
5. 每股收益					
(1) 基本每股收益(12亿股)	0.2	0.31			
(2) 稀释每股收益(12亿股)	0.2	0.31			

【知识储备与业务操作】

企业的盈利结构是指构成企业利润的各种不同性质的盈利的有机搭配比例。通过对企业盈利结构的分析，不仅要认识不同的盈利项目对企业盈利能力影响的性质，而且要掌握它们各自的影响程度。

一、收支结构分析

利润表第一层分析就是了解企业在一定时期内的总收入是多少，总支出是多少。通过分析可以判明企业盈利形成的收支成因，能够揭示出企业的支出占收入的比重，从整体上说明企业的收支水平。

收支结构的第二层分析实质是揭示各个具体的收入项目或支出项目占总收入或总支出的比重。企业的收入按取得收入的业务不同分为主营业务收入、其他业务收入、投资收益、营业外收入和补贴收入。由于不同的业务在企业经营中的作用不同，对企业生存和发展的影响程度也不一样，所以不同的业务取得的收入对企业盈利能力的影响不仅有量的差别，而且有质的不同。分析收入结构可以把握这种差别。

企业的支出也可以按支出的性质分为主营业务成本、税金及附加、其他业务支出、各种期间费用(包括销售费用、管理费用和财务费用)、存货跌价损失、营业外支出和所得税。通过对支出的分类能揭示不同的支出与收入之间的联系，从而判明支出结构的合理性和支出的有效性。同时，不同的业务在企业经营中有不同的作用，不同性质的支出对企业盈利能力的影响也有差别。分析支出结构，把握这种差别，更能进一步判断支出的有效性。

二、反映企业盈利结构的关键指标

根据利润形成的过程，可以将公司盈利结构通过对毛利、核心利润、营业利润、利润总额的分析反映出来，原因在于这四个指标不仅是反映公司盈利能力的核心指标，而且它们之间存在逐次递进的关系：首先，毛利作为营业收入与营业成本配比的结果，反映了企业的基本盈利能力，如果毛利为负或不足，致使企业无法弥补日常的期间费用开支,企业将缺乏创造利润的基本能力;其次,核心利润是毛利扣除税金及附加、三项期间费用后的盈余,它反映了企业所从事的日常活动的业绩,通常被用来衡量企业自营性活动的盈利能力;再次,营业利润是在核心利润的基础上考虑了资产减值损失、公允价值变动损益以及投资活动业绩后形成的,不仅考虑了自营性活动的成效,而且也考虑了投资性活动的业绩,是企业一定时期获得利润中最主要、最稳定的来源;最后,利润总额是在企业正常经营活动所产生和实现的营业利润基础上,包括了与企业生产经营活动无关的偶然性事项所引起的盈亏,即非正常利润。换言之,利润总额反映了企业正常盈亏与非正常盈亏的最终结果。四个指标之间的递进关系如图7-3所示。

毛 利	盈利							亏损			
核心利润	盈利				亏损			盈利		亏损	
营业利润	盈利		亏损		盈利		亏损		盈利		亏损
利润总额	盈利	亏损	盈利	亏损	盈利	亏损	盈利	亏损	盈利	亏损	盈利	亏损
类 型	A	B	C	D	E	F	G	H	I	J	K	L

图7-3 四项指标递进关系图

三、盈利结构分析

(一)盈利结构对盈利的内在影响

盈利结构分析一方面是分析企业总利润中各种利润所占的比重。分析盈利结构是为了对企业的盈利水平、盈利的稳定性和盈利的持续性等做出评价。一般来说,企业的利润总额可以揭示企业当期盈利的总规模,但是它不能表明这一总盈利是怎样形成的,或者说它不能揭示企业盈利的内在品质。企业盈利的内在品质就是指盈利的趋高性、可靠性、稳定性和持久性。只有通过盈利结构分析,才能得出这方面的信息。

1. 盈利结构对盈利水平的影响

盈利水平可用利润总额来反映,有时也可用利润率来反映,它与盈利结构存在着内在联系。企业不同的业务有不同的盈利水平,一般情况下主营业务是形成企业利润的主要因素,它对企业盈利水平的高低起决定性的作用。企业一定时期主营业务越扩展,主营业务利润占总利润比重越高,企业盈利水平也会越高。

企业收入水平高而相应成本费用水平较低的业务,在总收入中所占的比重越大,企业的盈利水平也会越高。

通过对盈利结构的分析,不仅要认识其对盈利水平的现实影响,更要预计其对未来盈利水平变动趋势的影响。

2. 盈利结构对盈利稳定性的影响

盈利稳定性指企业盈利水平变动的基本态势。盈利水平可以说是企业的收益率,盈利稳定性则表明企业盈利的风险。如果企业盈利水平很高,但缺乏稳定性,这也是一种不好的经营状况。盈利的稳定性可以有两种理解:一种理解是企业盈利水平的上下波动的波幅较小,企业盈利稳定;另一种理解是企业盈利水平向下波动的波幅小,向上波动的波幅很大,也说明企业的盈利稳定。在现实中一般是按第二种理解来解释盈利的稳定性。一个企业在一定盈利水平的基础上,盈利水平不断上扬,应是企业盈利稳定性的现实表现。

盈利的稳定性首先取决于收支结构的稳定性。当收入和支出同方向变动时,只有收入增长不低于支出增长,或者收入下降不超过支出下降,盈利具备稳定性;当收入和支出反方向变动时,收入增长而支出下降,盈利稳定;反之,不稳定。除此之外,收入和支出各项目所占比重不同,也会对盈利稳定性产生影响。一般来说,如果主营业务的收支较为稳定,包括两者的关系和增长的势头较为稳定,则企业的盈利的稳定性就有了根本保障。

盈利结构也会影响盈利的稳定性。由于企业一般会力求保持主营业务利润稳定,企业主营业务利润的变动性相对非主营业务来说较小。企业主营业务利润所占的比重,可以反映出企业盈利的稳定性的强弱。

3. 盈利结构对盈利持续性的影响

盈利的持续性是指从长期来看,盈利水平保持变动的趋势。盈利的稳定性与持续性的区别是,盈利的持续性是指盈利水平能较长时间地保持下去,而盈利的稳定性是指盈利在持续时不发生较大的向下波动。可见,盈利的持续性是指总发展趋势,而盈利的稳定性是总发展趋势中的波动性。

企业盈利结构对盈利的持续性有很大的影响。企业的业务一般可分为长久性业务和临时性业务。长久性的业务是企业设立、存在和发展的基础,企业正是靠它们才能保持盈利水平持久。临时性的业务是由于市场或企业经营的突然变动或突发事件所引起的,由此产生的利润也不会持久。长久性的业务主要包括企业的主营业务,所以企业主营业务利润比重越大,企业盈利水平持续下去的可能性越大。

4. 盈利结构对盈利趋高性的影响

盈利的趋高性指企业的盈利水平保持不断增长的趋势。盈利的持续性和趋高性都是指企业盈利的长期趋势,不同的是盈利的持续性指盈利水平能否长久地保持,而盈利的趋高性指在保持现有盈利水平的同时体现出一种上升的趋势。可以说,盈利的趋高性是盈利的持续性的一种特殊表现。

盈利是否具趋高性与企业产品所处的产品市场生命周期有关。一个产品一般都要经历启动期、成长期、成熟期和衰退期这四个阶段。处于启动期和成长期的产品,尤其是处于成长期的产品,会带来不断增加的收益;处于成熟期的产品,给企业带来的收益较稳定;而处于衰退期的产品,给企业带来的收益有下降的趋势。

盈利结构对盈利的趋高性有不可忽视的影响。企业的利润如果主要来自于启动期或成长期的产品,盈利一般具有趋高性;如果主要来自于处于成熟期甚至衰退期的产品,企业盈利非但不具趋高性,甚至难以持续下去。

保持盈利趋高性的关键在于企业经营上要密切关注企业产品所处的生命周期,在产品进入衰退期之前就要努力开发新产品,做好经营上的调整准备。

(二)盈利结构状态分析

企业盈利结构状态分析如表 7-4 所示。

表 7-4 盈利结构

类型项目	A	B	C	D	E	F	G	H
主营业务利润	盈	盈	亏	亏	盈	盈	亏	亏
营业利润	盈	盈	盈	盈	亏	亏	亏	亏
利润总额	盈	亏	盈	亏	盈	亏	盈	亏
说明	正常	待定	及时调整还有希望		继续下去将会破产		接近破产	

【引例解析】

1. 利润表整体分析

从引例所示表格(表 7-3)可看出,企业各项财务成果的构成情况,2020 年度营业成本占营业收入的比重为 86.78%,比 2019 年度的 88.24% 降低了 1.46 个百分点,税金及附加占营业收入的比重为 0.10%,比 2019 年度的 0.17% 降低了 0.07 个百分点,销售费用占营业收入的比重也降低了 0.15 个百分点。

但管理费用、财务费用占营业收入的比重都有所提高,两方面相抵的结果是营业利润占营业收入的比重提高了 1.32 个百分点,进而导致净利润占营业收入的比重 2019 年比 2020 年降低了 0.95 个百分点。从表 7-3 中我们可以看出,公司在原材料价格持续上涨的市场环境中还需不断努力,通过降低管理费用和财务费用的方式提高公司盈利水平。

2. 利润成分析

AB 公司利润构成分析表见表 7-5。

表 7-5 AB 公司利润构成分析表

项目	利润(百万元)		结构百分比/(%)		
	2020 年	2019 年	2020 年	2019 年	差异
营业利润	326.12	506.12	100.11	99.28	0.83
加:营业外收入	5.76	4.33	1.77	0.85	0.92
减:营业外支出	6.11	0.65	1.87	0.13	1.74
利润总额	325.77	509.81	100	100	0

从表 7-5 中可看出,AB 公司的利润以经常性的营业利润为主,说明公司盈利水

平较强,并具有持续增长的稳定性。

(1) 收入产品构成分析

AB公司营业收入产品构成分析表见表7-6。

表7-6 AB公司营业收入产品构成分析表

产品类别	营业收入(百万元)		比重(%)	
	2020年	2019年	2020年	2019年
空调	7 667.47	7 662.75	46.12	49.6
冰箱	5 540.72	4 533.42	33.33	29.34
冰柜	1 280.2	1 093.7	7.7	7.08
小家电	741.6	674.41	4.46	4.37
其他	1 393.44	1 485.2	8.38	9.61
合计	16 623.43	15 449.48	100	100

表7-6中的数据说明,AB公司销售的产品以空调和冰箱为主,这两个产品的销售额占总销售额的80%左右。这一信息可帮助我们确定公司的真正行业归属,因为,同样是家电行业,生产的具体产品不一样,一些财务分析指标就会有不同的表现,找生产同类产品的企业进行比较才有意义;另外,影响公司的市场因素也会有不同的影响程度,如影响彩电生产的因素对AB公司就不会产生多大的影响,虽然都同属于家电行业。

(2) 收入地区构成分析

AB公司营业收入按地区构成分析,如表7-7所列。

表7-7 AB公司营业收入按地区构成分析表

地 区	营业收入(百万元)		比重(%)	
	2020年	2019年	2020年	2019年
境内	12 707.58	12 857.37	76.44	83.22
境外	3 915.85	2 592.11	23.56	16.78
合计	16 623.43	15 449.48	100	100

表7-7中数据说明,AB公司2020年在国际市场上的销售情况有所突破,正如公司所称,公司针对不同区域,贴近市场开发产品,赢得了较多的国际市场订单。公司开拓海外市场的战略得以进一步实施。境外营业收入的比重比2019年增长了近7个百分点。

营业收入的地区构成分析,还可以根据取得资料的具体情况深入分析,如国内市场可进一步细化,研究公司产品在国内不同地区的分布情况,有助于对公司未来前景的把握。

任务六 影响盈利能力的其他项目

一、税收政策对盈利能力的影响

符合国家税收政策的企业能够享受税收优惠，增强企业的盈利能力。国家的税收政策与企业的盈利能力之间存在一定的关系，评价分析企业的盈利能力，离不开对其面临的税收政策环境的评价。

二、利润结构对企业盈利能力的影响

企业的利润主要由主营业务利润、投资收益和非经常项目收入共同构成。一般来说，主营业务利润和投资收益占公司利润很大比重，尤其主营业务利润是形成企业利润的基础。非经常项目对企业的盈利能力也有一定的贡献，但在企业总体利润中不应该占太大比重。如果企业的利润主要来源于一些非经常性项目，或者不是由企业主营业务活动创造的，那么这样的利润结构往往存在较大的风险，也不能反映出企业的真实盈利能力。

三、资本结构对企业盈利能力的影响

资本结构是影响企业盈利能力的重要因素之一，企业负债经营程度的高低对企业的盈利能力有直接的影响。当企业的资产报酬率高于企业借款利息率时，企业负债经营可以提高企业的获利能力，否则企业负债经营会降低企业的获利能力。

四、资产运转效率对企业盈利能力的影响

通常情况下，资产的运转效率越高，企业的营运能力就越好，而企业的盈利能力也越强，所以说企业盈利能力与资产运转效率是相辅相成的。

五、企业盈利模式因素对企业盈利能力的影响

企业的盈利模式就是企业赚取利润的途径和方式，是指企业将内外部资源要素通过巧妙而有机的整合，为企业创造价值的经营模式。独特的盈利模式往往是企业获得超额利润的法宝，也会称为企业的核心竞争力。但是企业的盈利模式并不是指从表面上看到的企业的行业选择或经营范围的选择。因此，要想发现企业盈利的源泉，找到企业盈利的根本动力，财务人员就必须关注企业的盈利模式，要分析这家企业获得盈利的深层机制是什么，而不是简单地从其经营领域或企业行业特征上进行判断和分析。

【拓展阅读】

万福生科财务舞弊案例

一、万福生科财务舞弊案例简介

2012年9月14日,证监会对万福生科农业开发股份公司涉嫌财务造假等违法违规行为立案稽查。该案为首例创业板公司涉嫌欺诈发行股票的案件。万福生科发行上市过程中,保荐机构平安证券、审计机构中磊会计师事务所及湖南博鳌律师事务所等三家中介机构及相关责任人员涉嫌未勤勉尽责,出具的相关材料存在虚假记载,后续分别被立案调查。经调查,万福生科涉嫌欺诈发行股票和信息披露违法。

1. 万福生科《首次公开发行股票并在创业板上市招股说明书》披露的2008年至2010年财务数据存在虚假记载。经查,万福生科为了达到公开发行股票并上市的条件,根据董事长兼总经理龚永福决策并经财务总监覃学军安排人员执行,万福生科2008年至2010年分别虚增销售收入约12 000万元、15 000万元、19 000万元,虚增营业利润约2 851万元、3 857万元、4 590万元。

2. 万福生科2011年年度报告、2012年半年度报告存在虚假记载。经查,在上述财务数据中,其披露的2011年年报和2012年半年报分别虚增销售收入28 000万元和16 500万元,虚增营业利润6 635万元和3 435万元。

3. 万福生科未就2012年上半年停产事项履行及时报告、公告义务,也未在2012年半年度报告中予以披露。万福生科的公告显示,其收入前五大客户存在重大变动,存在着虚拟合同以及随意造假的行为。同时,万福生科公告称,募投项目循环经济型稻米精深加工生产线项目上半年因技改停产,其中普米生产线于2012年1月12日至6月30日累计停产123天;精米生产线于2012年1月1日至6月30日累计停产81天;淀粉糖生产线于2012年3月17日至5月23日累计停产68天。

二、万福生科财务舞弊的手段简析

1. 虚增收入。以2012年半年报为例,该公司在2012年的半年报中公告其营业收入约为2.7亿,而其更正后的实际收入为8 231万元,虚增营业收入1.88亿元、虚增营业成本1.46亿元。且其实际亏损为1 368万元,与虚报盈利2 655万元利润相比虚增了4 023万元。

2. 虚构客户。万福生科从2008年到2012年上半年在其财务报表中披露的10家主要客户中,有6家存在或涉嫌虚假交易、虚增销售收入等行为。

3. 虚增资产。经过对万福生科半年报资产项目更正情况等分析,万福生科选择了虚增"在建工程"和"预付账款"来虚增资产,它的募集资金建设项目正在建设中,这样做不至于引人注意。

对比一下万福生科2011年年度报告和2012年上半年报告中对在建工程以下三个项目的陈述,我们会发现颇多前后矛盾之处。尤其是淀粉糖扩改工程,在投入金额增长了12.5倍后,工程进度反而降低了。

万福生科的预付账款余额一直不多,上市前的2011年半年报只有2 000多万元;上市后该科目余额才迅速上升,2011年末就达到1.2亿元,会计师在2011年年报中没有发现该公司预付账款异常,重要原因是这里面有近亿元是预付设备款,而该公司当时刚上市,预付设备款较多也属正常,预付采购款直至2011年末仍很少。到监管部门2012年8月进场检查时,万福生科的预付采购款已经高达2亿多元,出现了明显异常,一下子就引起了监管人员的高度关注。

三、中磊会计师事务所审计责任分析

中介机构的权限仅在于对万福生科本身的银行流水进行核查,这里面就可能存在陷阱。有知情人士透露,中介机构在核查中基本通过万福生科的银行对账单进行,而相当部分银行对账单没有显示"对方户名",亦即从银行对账单入手核查银行流水时,不清楚交易方名字,这就给了公司浑水摸鱼的机会,将上游经纪人账户打进的钱包装成下游大客户的回款。

调查中发现,万福生科伪造了部分银行回单和银行对账单,且伪造银行单据的水平堪称一流。而中介机构一般不会怀疑银行单据造假,加之识别银行票据真伪的手段有限,给了公司可乘之机。

万福生科的财务造假分为上市前和上市后两个阶段,其造假性质发生了质的变化,即上市前利润表是假的,而资产负债表是真的;而上市后则虚构了巨额的预付账款,而其银行存款仍是真实的。

"万福生科是典型的'一条龙'造假",有接近调查组的知情人士表示,此种造假方式即企业根据真实的"投入产出比例"虚拟采购、生产和销售流程,炮制假购销合同、假入库单、假检验单、假生产通知单等,甚至公司从供应链数据造假入手,在ERP系统上自动生成虚假的财务数据。多年前的东方电子案即真金白银式财务造假的典型,其欺诈特点是资产并没有虚构,银行存款余额是真实的,这种财务造假不管是从利润表入手,还是从资产负债表入手都很难发现,从物流、现金流、商流、税收或供应链角度也都很难发现。

但是,万福生科再神通广大,如果没有注册会计师的默许、视而不见,甚至同流合污,这家公司也不会如此顺利上市。以下按照质量控制准则的相关规定对其责任进行分析。

1. 中磊会计师事务所应对其业务质量承担领导责任。一般来说,会计师事务所对整个事务所的工作成果及项目的审计结论负有直接领导责任。《中国注册会计师准则》中明确表示,注册会计师执行审计业务应持有一种基本态度——职业怀疑,要求注册会计师应以质疑的思维方式对可能表明错误和舞弊的迹象保持警觉。在本案中,万福生科在不具备首次公开发行股票并上市的条件的情况下,为达到上市目的,采用伪造合同、发票等手段虚构交易业务,虚增资产、收入,其2008年至2011年财务数据均存在虚假记载,其间累计虚增收入7.4亿元左右,虚增营业利润1.8亿元左右,虚增净利润1.6亿元左右。中磊会计师事务所在其上市前就负责其审计,甚至负责其 IPO，在这期间居然也丝毫未察觉？注册会计师仍在 2011 年同意其上市，这无疑是严重不负责任的行为。

2. 中磊会计师事务所未尽到对其业务人员负有的监督和对审计质量负有的监控责任。对业务人员而言，会计师事务所负有相应的监督责任，事务所一旦获知违反独立性政策和程序的情况，应当立即将相关信息告知有关项目负责人，以便他们采取适当的行动。另外，事务所也应对其质量控制制度进行持续考虑和评价，定期选取已完成的业务进行检查，以使事务所能够合理保证其质量控制制度正在有效运行，以达到监控的目的。但很多事务所为争取客户不但没有做到质量监控，往往还不惜降低审计质量出具虚假报告。然而在本案中，黄国华和王越在接受审计业务后并没有进行认真审计，使得客户关系和审计业务的接受与保持的质量控制程序并没有得到遵守。

四、给注册会计师行业带来的反思

由万福生科此次的造假案，我们又联想到了绿大地造假案，同样是从事农业，同样是虚假的财务报告、虚增的巨额利润和给投资者带来的惨痛损失，似乎在以"概念"为噱头的农业公司发生巨额财务造假案的情况下，注册会计师敏锐的判断力和洞察力消失了。

2000 至 2001 年，股市里发生了数起欺诈案件，最著名的要数"银广夏"、"康达尔"和"蓝田股份"了，巧合的是，这三个公司都属于农业类上市公司，万福生科同样是农业类上市公司。我们认为这其中有必然性。农业公司受其生产资源和其产品升值空间有限性的制约使其不可能像工业企业那样迅速扩张，而在资本市场里，如果一个公司不能实现高速扩张，那它就必定不受欢迎，为了迎合投资者的要求，造假似乎就成了一条捷径。为达到此目的，银广夏采用了人们不熟知的生物技术产品伪造销售数据，虚增收入。万福生科想到用虚增资产、虚增客户和伪造合同的方法粉饰财务报表。

鉴于农业上市公司的特点，会计师事务所应该在接受此类客户时多加小心，在接受客户委托时，对审计客户的信用情况进行更加严格的考察以降低审计风险。应该抱着对投资者负责的态度，调拨更具专业胜任能力和经验的人员，始终保持应有的职业怀疑态度，保障审计工作的质量，维护资本市场的秩序和审计行业的信用。

而且农业类公司造假有独到的条件，农产品的交易很多是零散的现金交易，这给做假账创造了良好的条件。因此，在万福生科和绿大地以及很多其他的农业类造假公司我们都能看到大量的虚假财务数据。在审计农业类的公司时，注册会计师应该更加小心，采取更加谨慎的态度进行审查。在审计方式上，针对此类公司的特点，应在多年的审计过程中，逐渐形成一套更加有效和更具有针对性的审计方法，让农业公司，这一假账的天然温床在注册会计师面前无计可施。

【课后练习】

（一）单项选择题

1. 总资产报酬率是指（　　）与平均总资产之间的比率。

   A. 利润总额　　　B. 息税前利润　　　C. 净利润　　　D. 息前利润

2. （　　）是反映盈利能力的核心指标。

   A. 总资产报酬率　　　　　　　　B. 股利发放率

   C. 总资产周转率　　　　　　　　D. 净资产收益率

3. （　　）指标越高，说明企业的资产盈利能力越强。

   A. 总资产周转率　　　　　　　　B. 存货周转率

   C. 总资产报酬率　　　　　　　　D. 应收账款周转率

4. 股利发放率的计算公式是（　　）。

   A. 每股股利/每股市价　　　　　　B. 每股股利/每股收益

   C. 每股股利/每股账面价值　　　　D. 每股股利/每股金额

5. 在企业各收入利润率中，（　　）通常是其他利润率的基础。

   A. 产品销售利润率　　　　　　　B. 营业收入利润率

   C. 总收入利润率　　　　　　　　D. 销售净利润率

6. 商品经营盈利能力分析是利用（　　）进行分析。

   A. 资产负债表　　B. 现金流量表　　C. 利润表　　D. 利润分配表

7. 反映商品经营盈利能力的指标可分为两类：一类统称收入利润率；另一类统称（　　）。

   A. 成本利润率　　　　　　　　　B. 销售成本利润率

   C. 营业费用利润率　　　　　　　D. 全部成本费用利润率

8. （　　）是指股东权益总额减去优先股权益后的余额与发行在外的普通股平均股数的比值。

   A. 每股收益　　　　　　　　　　B. 每股股利

   C. 每股金额　　　　　　　　　　D. 每股账面价值

9. 每股收益主要取决于每股账面价值和（　　）两个因素。

   A. 净利润　　　　　　　　　　　B. 普通股权益报酬率

   C. 优先股股息　　　　　　　　　D. 普通股股数

10. （　　）是普通股股利与每股收益的比值，反映普通股股东从每股的全部获利中分到多少。

    A. 每股收益　　　　　　　　　　B. 普通股权益报酬率

    C. 市盈率　　　　　　　　　　　D. 股利发放率

11. 分析净资产现金回收率指标，可以为（　　）的分析提供更好的补充。

A. 总资产报酬率 B. 每股股利
C. 净资产收益率 D. 盈余现金保障倍数

(二) 多项选择题

1. 影响净资产收益率的因素主要有(　　)。
A. 总资产报酬率 B. 负债利息率
C. 企业资本结构 D. 总资产周转率
E. 所得税税率

2. 反映企业商品经营盈利能力的指标有(　　)。
A. 营业利润 B. 利息保障倍数
C. 收入利润率 D. 成本利润率
E. 净利润

3. 影响总资产报酬率的因素有(　　)。
A. 资本结构 B. 销售利润率
C. 产品成本 D. 息税前利润率
E. 总资产周转率

4. 反映上市公司盈利能力的指标有(　　)。
A. 每股收益 B. 普通股权益报酬率
C. 股利发放率 D. 总资产报酬率
E. 价格与收益比率

5. 资产经营盈利能力受(　　)的影响。
A. 资本经营盈利能力 B. 商品经营盈利能力
C. 资产运营效率 D. 产品经营盈利能力
E. 资本运营效率

6. 反映收入利润率的指标主要有(　　)等。
A. 营业收入毛利率 B. 营业收入利润率
C. 总收入利润率 D. 销售净利润率
E. 销售息税前利润率

7. 反映成本利润率的指标主要有(　　)等。
A. 营业成本利润率 B. 营业费用利润率
C. 全部成本费用总利润率 D. 全部成本费用净利润率
E. 营业成本费用利润率

8. 影响全部成本费用总利润率的因素有(　　)。
A. 营业成本 B. 营业费用
C. 资产减值损失 D. 税率

E. 营业外支出

9. 普通股权益报酬率的变化受（　　）因素的影响。

A. 普通股股息　　　　　　　　　B. 净利润

C. 优先股股息　　　　　　　　　D. 普通股权益平均额

E. 普通股股数

10. （　　）是企业每股股利与股票市场价格之比。

A. 股利发放率　　　　　　　　　B. 股利报偿率

C. 价格与收益比率　　　　　　　D. 股利与市价比率

E. 市盈率

11. （　　）指标需要利用现金流量表才能得出。

A. 净资产现金回收率　　　　　　B. 盈利现金比率

C. 销售收现比率　　　　　　　　D. 现金分配率

E. 托宾Q值

（三）判断题

1. 资本经营盈利能力分析主要对全部资产报酬率指标进行分析和评价。（　　）
2. 对企业盈利能力的分析主要指对利润额的分析。（　　）
3. 总资产报酬率越高，净资产收益率就越高。（　　）
4. 当总资产报酬率高于负债利息率时，提高负债与所有者权益之比，将使净资产收益率提高。（　　）
5. 资产经营、商品经营和产品经营都服从于资本经营目标。（　　）
6. 资本经营的基本内涵是合理配置与使用资产，以一定的资产投入，取得尽可能多的收益。（　　）
7. 净资产收益率是反映盈利能力的核心指标。（　　）
8. 收入利润率是综合反映企业成本效益的重要指标。（　　）
9. 企业盈利能力的强弱与利润的高低成正比。（　　）
10. 影响营业成本利润率的因素与影响营业收入利润率的因素是相同的。（　　）
11. 所得税税率变动对营业收入利润率没有影响。（　　）
12. 股票价格的变动对每股收益不产生影响。（　　）
13. 普通股权益报酬率与净资产收益率是相同的。（　　）
14. 价格与收益比越高，说明企业盈利能力越强。（　　）

（四）综合题

1. 某公司2019年度、2020年度有关资料如下表所示：

要求：

（1）根据所给资料计算该公司2020年度每股收益、普通股权益报酬率、股利发放率和价格与收益比率等指标。

（2）用差额分析法对普通股权益报酬率进行分析。

项　　目	2019年	2020年
净利润/万元	200 000	250 000
优先股股息/万元	25 000	25 000
普通股股利/万元	150 000	200 000
普通股股利实发数/万元	120 000	180 000
普通股权益平均额/万元	1 600 000	1 800 000
发行在外的普通股平均数/万元	800 000	1 000 000
每股市价/万元	4	4.5

2. 某企业2019年和2020年的主要产品销售利润明细表如下表所列：

产品名称	销售数量		销售价格/万元		单位销售成本/万元		单位销售利润/万元	
	2019年	2020年	2019年	2020年	2019年	2020年	2019年	2020年
A	200	190	120	120	93	90		
B	195	205	150	145	130	120		
C	50	50	300	300	240	250		
合计								

要求：
(1) 根据所给资料填表；
(2) 确定品种结构、价格、单位成本变动对销售成本利润率的影响；
(3) 对企业商品经营盈利能力进行评价。

3. 某工业企业2020年度有关资料如下表所列：

项　目	金额/元	项　目	金额/元
1. 主营业务利润	3 450 000	9. 负债总额	1 785 000
2. 主营业务收入总额(净额)	12 500 000	10. 流动资产	1 845 000
3. 税后利润	3 680 000	11. 流动负债	1 345 000
4. 利润总额	5 480 000	12. 应收账款平均余额	360 000
5. 营业费用	200 000	13. 存货平均余额	700 000
6. 所有者权益总额	1 970 000	14. 财务费用(利息支出)	1 000 000
7. 管理费用	1 050 000	15. 主营业务成本	8 500 000
8. 资产平均总额	3 815 000	16. 主营业务成本税金及附加	55 000

要求：根据所给资料计算销售利润率、总资产报酬率、负债与所有者权益比率、销售利税率、成本费用利润率、流动比率、应收账款周转次数、应收账款周转天数、存货周转率等指标，并简要评价该企业的财务状况和盈利能力。(假设其他业务成本为0)

项目八　发展能力分析

☞ **职业能力目标**

(1) 掌握企业发展能力的概念;
(2) 了解企业发展能力分析思路;
(3) 能够正确计算与发展能力有关的财务指标;
(4) 能运用相关指标对企业发展能力进行分析;
(5) 能利用多个发展指标对企业发展能力进行综合分析。

☞ **典型工作任务**

(1) 资本增长能力计算及分析;
(2) 盈利增长能力计算及分析;
(3) 销售增长能力计算及分析;
(4) 资产增长能力计算及分析。

任务一　企业发展能力分析概述

【任务引例】

某企业 2018 年到 2021 年的股东权益分别为 1 108 万元、1 346 万元、1 643 万元和 1 899 万元,净利润分别为 106 万元、120 万元、155 万元和 169 万元,请根据以上财务数据分别计算该企业 2018 年到 2021 年的资本积累率。

【知识储备与业务操作】

一、企业发展能力的含义

企业的发展能力,也称企业的成长性,它是企业通过自身的生产经营活动,不断扩大积累而形成的发展潜能。企业能否健康发展取决于多种因素,包括外部经营环境、企业内在素质及资源条件等。

二、企业发展能力分析的思路

以价值衡量企业发展能力的分析思路,企业发展能力衡量的核心是企业价值增长率。通常用净收益增长率来近似地描述企业价值的增长,并将其作为企业发展能力分析的重要指标。

净收益增长率 = 当年留存收益增长额 ÷ 年初净资产
　　　　　　 = 当年净利润 ×（1 − 股利支付比率）÷ 年初净资产
　　　　　　 = 年初净资产收益率 ×（1 − 股利支付比率）
　　　　　　 = 年初净资产收益率 × 留存比率

该公式表示企业在不发行新的权益资本并维持一个目标资本结构和固定股利政策条件下，企业未来净收益增长率是年初净资产收益率和股利支付率的函数表达式。企业未来净收益增长率不可能大于期初净资产收益率。

从上式可以看出，企业净资产收益率和留存比率是影响企业净收益增长的两个主要因素。净资产收益率越高，净收益增长率也越高。企业留存比率越高，净收益增长率也越高。

由于净资产收益率的重要作用，在实际运用中经常把净收益增长率扩展成包括多个变量的表达式，其扩展式为

净收益增长率 = 年初净资产收益率 × 留存比率
　　　　　　 = 年初总资产净利率 ×（总资产 ÷ 净资产）× 留存比率
　　　　　　 = 年初总资产周转率 × 销售净利率 × 年初权益乘数 × 留存比率

综上，企业在各方面保持不变的情况下，只能以净收益增长率的速度每年增长，该增长率是可持续增长率。当企业增长速度超过净收益增长率时，上述四个比率必须改变，也就是企业要超速发展，就必须要么提高企业的经营效率（总资产周转率），要么增强企业的获利能力（销售净利率），或者改变企业的财务政策（股利政策和财务杠杆），也就是说企业可以调整经营效率、获利能力及财务政策来改变或适应自己的增长水平。

在实际情况下，实际的净收益增长率与测算的净收益增长率常常不一致，这是上述四项比率的实际值与测算值不同所导致的。当实际增长率大于测算增长率时，企业将面临资金短缺的问题；当实际增长率小于测算增长率时，企业存在多余资金。

以净收益增长率为核心来分析企业的发展能力，其优点在于各分析因素与净收益存在直接联系，有较强的理论依据；缺点在于以净收益增长率来表示企业的发展能力存在一定的局限性。企业的发展必然会体现到净收益的增长上来，但并不一定是同步增长的关系，企业净收益的增长可能会滞后于企业的发展，这使得我们分析的净收益无法反映企业真正的发展能力，而只能是近似表示。

三、影响企业价值增长的因素

1. 销售收入

企业发展能力的形成要依托企业不断增长的销售收入。销售收入是企业收入来源之本，也是导致企业价值变化的根本动力。只有销售收入稳定地增长，才能体现企业的不断发展，才能为企业的不断发展提供充足的资金来源。

2. 资产规模

企业的资产是取得收入的保障,在总资产收益固定的情况下,资产规模与收入规模之间存在着正比例关系。同时,总资产的现有价值反映着企业清算时可获得的现金流入额。

3. 净资产规模

在企业净资产收益率不变的情况下,净资产规模与收入规模之间也存在着正比例关系。只有净资产规模不断增长,才能反映新的资本投入,表明所有者对企业的信心,同时对企业负债筹资提供了保障,有利于满足企业的进一步发展对资金的需求。

4. 资产使用效率

资产使用效率,是指资产利用的有效性和充分性。有效性是指使用的后果,是一种产出的概念;充分性是指使用的进行,是一种投入概念。资产使用效率与企业价值提升呈现正相关性。

5. 净收益

公司账面价值越大,其市场价值也应越大;公司创造净收益的能力越强,公司创造的净收益越多,公司越能得到市场的认可和青睐,公司的市场价值越大。

6. 股利分配

股利政策影响公司价值,存在不同的流派与观念,还没有一种被大多数人所接受的权威观点和结论。但主要有以下两种较流行的观点:股利无关论、股利相关理论。

(1) 股利无关论

股利无关论认为,在一定的假设条件限制下,股利政策不会对公司的价值或股票的价格产生任何影响,投资者不关心公司股利的分配。公司市场价值的高低,是由公司所选择的投资决策的获利可以力和风险组合所决定的,而与公司的盈利分配政策无关。

(2) 股利相关理论

与股利无关理论相反,股利相关理论认为,企业的股利政策会影响股票价格和公司价值。主要观点有以下几种:

"手中鸟"理论。"手中鸟"理论认为,用留存收入再投资给投资者带来的收入具有较大的不确认性,并且投资的风险随着日期的推移会进一步加大,因此,厌恶风险的投资者会偏好确认的股利收入,而不愿将收入留存在公司内部,去承担未来的投资风险。该理论认为公司的股利政策与公司的股票价格是密切相关的,即当公司支付较高的股利时,公司的股票价格会随之上升,公司价值将得到提高。

信号传递理论。信号传递理论认为,在信息不对称的情形下,公司能通过股利政策向市场传递有关公司未来获利能力的信息,从而会影响公司的股价。一般来讲,预期未来获利强的公司,往往愿意通过相对较高的股利支付水平吸引更多的投资者。如果公司连续保持较为稳定的股利支付水平,那么投资者会对公司未来的利润与现金流量抱有乐观的预期。如果公司的股利支付水平突然发生变动,那么股票市价也会对这种变动做出反应。

所得税差异理论。所得税差异理论认为,由于普遍存在的税率和纳税日期的差异,资本利得收益比股利收益更有助于实现收入最大化目标,公司应当采用低股利政策。一般来说,对资本利得收益征收的税率低于对股利收益征收的税率;再者,即使两者没有税率上的差异,由于投资者对资本利得收益的纳税日期选择更具有弹性,投资者仍能享受延迟纳税带来的收入差异。

代理理论。代理理论认为,股利政策有助于减缓管理者与股东之间的代理冲突,即股利政策是协调股东与管理者之间代理关系的一种约束机制。该理论认为,股利的支付可以有效地降低代理成本。首先,股利的支付减少了管理者对自由现金流量的支配权,这在一定程度上能抑制公司管理者的过度投资或在职消费行为,从而保护外部投资者的利益;其次,较多的现金股利发放,减少了内部融资,导致公司进入资本市场寻求外部融资,从而公司将接受资本市场上更多的、更严格的监督,这样便通过资本市场的监督减少了代理成本。因此,高水平的股利政策降低了企业的代理成本,增加了企业价值。

【引例解析】

表 8-1 为股东权益变动分析表。

表 8-1 股东权益变动分析表

年份 项目	2018	2019	2020	2021
股东权益/万元	1 108	1 346	1 643	1 899
股东权益增加额/万元	—	238	297	256
资本积累率(%)	—	21.48	22.07	15.58

A 企业 2019—2021 年资本积累保持 15%～22% 的增长,说明企业处于成长期,增长势头较好。

【拓展阅读】

新能源驱动比亚迪业务快速增长

比亚迪发布 2020 年上半年财报显示,比亚迪实现收入 908.85 亿元,同比增长 50.22%,实现净利润 11.74 亿元,三大业务均实现同比较快增长,整体营收快速增长。财报显示,公司研发投入达到 44 亿元,较上年同期增长 36.51%。根据中国汽车工业协会公布的数据,比亚迪新能源汽车市场占有率超过 16%,较年初增长接近 5%,销量继续领跑国内新能源汽车市场,并稳居全球前列。比亚迪已经形成了"产品向上、技术向上、品牌向上"的市场正向循环,成为备受行业瞩目且无法被低估的中国品牌。

一、汽车业务表现优异，销量连创新高

2021年上半年比亚迪汽车业务动作频频，实现汽车、汽车相关产品及其他产品业务的收入391.57亿元。随着集团新技术的应用和DM-i超级混动系列新产品的上市，新能源汽车销量屡创新高。在5月份，比亚迪成为了首个跨入新能源汽车"百万辆俱乐部"的中国品牌。高端车型比亚迪汉自2020年7月份上市以来，持续领跑中国品牌中大型轿车市场，上市一年多时间，比亚迪汉累计销售已经突破了10万辆，雄踞中国品牌中高端新能源车Top1及中国品牌中大型轿车市场Top1。同时，比亚迪乘用车的客单价也在持续提升，如今已达15万元，位居中国品牌前列。

根据工信部公告，比亚迪未来还将有多款重磅车型上市，有望带来极为显著的销量增量。公司e平台3.0平台即将发布，其具有"智能、高效、安全、美学"四大核心特征，有望成为下一代电动车的摇篮，基于e平台3.0系列的首款车型海豚已在成都车展上市发布。

二、电池加速开放，刀片电池引领行业格局

此前，比亚迪高管针对电池外供表示"大家能想到的电动车品牌都在找我们洽谈"，目前已有多家配套的车型陆续上市，打开了外供空间。比亚迪方面称，将进一步扩大电池产能，新建并改扩建现有工厂。

根据中国汽车动力电池产业创新联盟数据统计，磷酸铁锂电池单月装车量在近三年来首次超越3元。行业开始纠偏，从过去一味地追求高能量密度，转而更加重视电池安全性，以刀片电池为代表的磷酸铁锂产品重回行业主流。

刀片电池是比亚迪集团旗下弗迪电池2020年3月推出的磷酸铁锂产品。采用无模组化设计，电芯直接组成电池包，体积利用率提升了50%以上，在相同体积下"刀片"电池包可以携带更多的电量，提升续航极限值，使汉EV轻松实现NEDC综合工况续航超600 km。电池既是能量体又是结构件，重新定义了新能源汽车动力电池的安全标准，同时也拥有超级强度、超级续航、超级寿命和超级功率。

三、半导体分拆上市有序推进，提升公司整体价值

在全球车规级半导体供给紧缺的背景下，加速推进车规级半导体的国产化具有重要的战略意义和经济效益。自成立以来，比亚迪半导体以车规级半导体为核心，同步推动工业、家电、新能源、消费电子等领域的半导体业务发展，目前已经服务于其他主要整车零部件厂商、工业及家电领域的知名品牌企业。其车规级与工业级MCU芯片，至今累计出货已突破20亿颗，IGBT6.0芯片也将会重磅发布。

作为先驱者，比亚迪半导体在功率半导体领域拥有行业领先的市场地位，在中国新能源乘用车电机驱动控制器用IGBT模块厂商中排名第二。未来，比亚迪半导体还将通过扩产及工艺升级等措施确保核心产品的供应链安全，在上游产能供应紧缺时保障产品的稳定交付，同时实现在自有产线上的特色工艺研发和技术闭环。

此前，比亚迪半导体引入红杉资本、中金资本等知名战略投资者，估值达到百亿元，今年6月拟登陆创业板获受理。本次分拆上市，有利于提升融资渠道，加强资源

整合能力和产品研发能力,形成可持续竞争优势。随着半导体发展提速,有望提升公司整体价值。

任务二　企业发展能力指标分析

【任务引例】

A公司是国内一家知名家电企业,该公司从一个负债累累的小厂,到营业额上亿的知名企业,仅用了十几年的时间,其增长速度可谓是一个"神话"。然而需对A公司的高速增长能力做更进一步的分析,现将A公司2017年到2021年的主要财务指标汇总,见表8-1。

另外,投资分析师根据财政部统计评价司颁布的企业效绩评价标准值手册和A公司的资产规模及主营业务,明确了该公司所从事业务为大型家用电器制造业。这样,投资分析师通过查阅2021年企业效绩评价标准值,了解了大型家用电器制造业的收入增长率的平均标准值为12.8%,而资本积累率的平均标准值为3.2%。

要求:

假如你就是该投资咨询有限公司的财务分析师,请应用企业整体发展能力分析框架分析A公司的增长能力。

表8-1　A公司2017—2021年的主要财务指标

年份 项目	2017	2018	2019	2020	2021
资产总额/万元	250 248	281 016	493 218	508 995	538 897
股东权益/万元	31 064	42 409	61 784	39 706	36 895
营业收入/万元	81 903	86 993	190 372	148 851	169 858
营业利润/万元	397 427	482 838	1 144 182	1 155 352	1 168 837
净利润/万元	367 902	393 356	694 241	739 414	737 271

【知识储备与业务操作】

一、销售增长能力分析

(一)销售增长率分析

1. 销售增长率

销售增长率是指企业本年销售增长额与上年销售额之间的比率,反映销售的增减变动情况,是评价企业成长状况和发展能力的重要指标。其计算公式为:

销售增长率＝本年销售增长额÷上年销售额×100%
　　　　＝(本年销售额－上年销售额)÷上年销售额×100%

【做中学 8－1】

根据鸿昌股份有限公司提供的相关资料,该公司连续三年的营业收入数据如表 8－2 所列,请计算销售增长率。

表 8－2　营业收入相关数据

年份 项目	2019	2020	2021
营业收入/万元	17 000	18 800	21 200

2021 年销售增长率＝(21 200－18 800)÷18 800×100%＝12.77%
2020 年销售增长率＝(18 800－17 000)÷17 000×100%＝10.59%

计算结果表明,该企业 2021 年与 2020 年相比,营业收入增长了 12.77%,2020 年与 2019 年相比,营业收入增长了 10.59%。原因在于,公司通过大力拓展市场销售渠道,优化门店品牌形象,加强营销队伍建设,丰富营销手段,取得了较好的销售业绩,说明企业成长性较好。

销售增长率是衡量企业经营状况和市场占有能力、预测企业经营业务拓展趋势的重要指标,也是企业扩张增量资本和存量资本的重要前提。该指标越大,表明其增长速度越快,企业市场前景越好。

2. 销售增长率与资金需求关系

由于企业要以发展求生存,销售增长是任何企业都要追求的目标。企业增长的财务意义是资金增长。在销售增长时企业往往需要补充资金,这主要是因为销售增加通常会引起存货和应收账款等资产的增加。销售增长得越多,需要的资金越多。从资金来源上看,企业增长的实现方式有三种:

① 完全依靠内部资金增长。有些小企业无法取得借款,有些大企业不愿意借款,他们主要是靠内部积累实现增长。内部有限的财务资源往往会限制企业的发展,使其无法充分利用扩大企业财富的机会。

② 主要依靠外部资金增长。从外部筹资,包括增加债务和股东投资,也可以实现增长。但主要依靠外部资金实现增长是不能持久的。增加负债会使企业的财务风险增加,筹资能力下降,最终会使借款能力完全丧失;通过增发股票等方式增加股东投资,不仅会分散控制权,而且会稀释每股收益,除非追加投资有更高的报酬率,否则不能增加股东财富。

③ 平衡增长。平衡增长,即保持目前的财务结构和与此有关的财务风险,按照股东权益的增长比例增加借款,以此支持销售增长。这种增长,一般不会消耗企业的财务资源,是一种可持续的增长。

3. 销售增长率与外部融资的关系

(1) 外部融资销售增长比

既然销售增长会带来资金需求的增加，那么销售增长和筹资需求之间就存在某种函数关系，根据这种关系，就可以直接计算特定销售增长下的筹资需求。假设它们之间成正比例关系，换言之，两者之间有稳定的百分比（代表每增加1元销售收入需要追加的外部融资额），该百分比也称为"外部融资占销售增长的百分比"，简称"外部融资销售增长比"。

假设可动用的金融资产为0，经营资产销售百分比、经营负债销售百分比保持不变，则计算公式如下：

外部融资额＝经营资产销售百分比×销售收入增加－经营负债销售百分比×销售收入增加－预计销售收入×预计销售净利率×(1－预计股利支付率)

式中的经营资产销售百分比和经营负债销售百分比，可以按通用财务报表的数据计算确定，也可以按管理用财务报表的数据计算确定，后者应该更准确。两边同除以"销售收入增加"，则有

外部融资销售增长比＝经营资产销售百分比－经营负债销售百分比－[(1＋增长率)/增长率]×预计销售净利率×(1－预计股利支付率)

外部融资额＝外部融资销售增长比×销售增长额

外部融资销售增长比不仅可以预计外部融资额，而且可用于调整股利政策和预计通货膨胀对筹资的影响。例如外部融资销售增长比是负数，说明企业不仅没有外部融资需求，还有剩余资金可用于增加股利或进行短期投资。

如果有通货膨胀率，则

销售额含有通胀的增长率＝(1＋通货膨胀率)×(1＋销售增长率)

即使销售增长为零，也需要补充资金，以弥补通货膨胀造成的货币贬值损失，即因通货膨胀带来的名义销售增长率计算的外部融资额。

(2) 外部融资需求的敏感分析

外部融资需求的多少，不仅取决于销售增长，而且要看销售净利率和股利支付率。在股利支付率小于1的情况下，销售净利率越大，外部融资需求越少；在销售净利率大于0的情况下，股利支付率越高，外部融资需求越大。

(3) 内含增长率

销售增长引起的资金需求增长，有三种途径满足：一是动用金融资产；二是增加内部留存收益；三是外部融资，包括借款和股权融资，但不包括经营负债的自然增长。如果企业没有可动用的金融资产，且不能或不打算从外部融资，则只能靠内部积累，这将限制销售的增长。此时的销售增长率为"内涵增长率"。假设外部融资为零：

0＝经营资产销售百分比－经营负债销售百分比－[(1＋增长率)/增长率]×预计销售净利率×(1－预计股利支付率)

(4) 可持续增长率

可持续增长率是指不发行新股,不改变经营效率和财务政策时,其销售所能达到的最大增长率。

可持续增长的假设条件如下:

① 公司销售净利率将维持当前水平,并且可以涵盖增加债务的利息;
② 公司资产周转率将维持当前水平;
③ 公司目前的资本结构是目标结构,并且打算继续维持下去;
④ 公司目前的利润留存率是目标留存率,并且打算继续维持下去;
⑤ 不愿意或者不打算增发新股。

在上述假设条件成立的情况下,销售的增长率与可持续增长率相等。公司的这种增长状态,称为可持续增长或平衡增长。在这种状态下,其资产、负债和股东权益同比例增长。

(二)营业收入增长结构分析

营业收入增长结构分析对于评价企业主要经营业务的增长情况及其增长原因具有重要作用。

【做中学 8-2】

B 股份有限公司 2021 年营业收入及其构成情况如表 8-3 所列。请从营业收入结构视角分析该企业销售增长能力。

表 8-3 B 公司 2021 年营业收入增长及其构成分析表

项 目	2021年收入/元	2020年收入/元	增长额/元	增长率(%)	增长构成(%)
营业	7 915 203	7 228 341	686 862	9.5	100
空调	1 476 870	1 210 136	266 734	22.04	38.83
冰箱	2 517 046	2 504 835	12 211	0.49	1.78
小家电	168 603	174 039	−5 436	−3.12	−0.79
洗衣机	1 327 269	1 221 487	105 782	8.66	15.4
热水器	448 623	382 830	65 793	17.19	9.58
装备产品	717 176	830 724	−113 548	−13.67	−16.53
渠道综合服务及其他	1 259 616	904 290	355 326	39.29	51.73

从表 8-3 可以看出,B 公司 2021 年主营业务收入增长及其增长构成情况为:营业收入较 2020 年增长 9.5%,其中增长较快的是渠道综合服务收入和空调销售收入,分别增长了 39.29% 和 22.04%;从增长结构来看,渠道综合服务收入和空调销售收入分别占总增长额的 51.73% 和 38.83%。说明该企业 2021 年实现利润的主要产品是渠道综合服务和空调收入,热水器和洗衣机销售增长趋势也值得重视。

二、盈利增长能力分析

(一)净利润增长率

净利润增长率代表企业当期净利润比上期净利润的增长幅度,计算公式为

净利润增长率=(当期净利润+上期净利润)÷上期净利润×100%

【做中学8-3】

根据鸿昌股份有限公司提供的相关资料,该公司连续三年的净利润数据如表8-4所列,请计算净利润增长率。

表8-4 净利润相关数据

年份 项目	2019	2020	2021
净利润/万元	2 310	2 400	2 520

2021年净利润增长率=(2 520-2 400)÷2 400=5%
2020年净利润增长率=(2 400-2 310)÷2 310=3.9%

计算结果表明,该企业2021年与2020年均处于增长状态,说明企业处于成长期,盈利能力较好。

净利润增长率反映了企业实现价值最大化的扩张速度,是综合衡量企业资产运营与管理业绩的指标。净利润增长主要来源于效率不断提高和企业规模扩大,所以它可以反映企业的管理能力和科技创新能力。

净利润增长率越高,说明企业收益增长得越多,表明企业经营业绩突出,市场竞争能力越强;该指标越低,说明企业收益增长得越少,表明企业经营业绩不佳,市场竞争能力越弱。

分析企业净利润的增长率,还需结合企业的销售增长率来分析。全面分析企业的净利润增长率,仅仅计算和分析企业某一年度的净利润增长率是不够的,它无法反映出企业净利润增长的真实趋势。正确分析企业净利润增长趋势的方法是将企业连续多年的净利润增长率指标进行对比分析。

作为投资者,如果要研究一个企业的投资价值空间如何,至少要对上市公司财务报告中近5年的净利润增长率进行比较,看企业近5年的盈利状况是否在持续增长。如果企业的净利润增长率连续5年增长,说明企业的净利润增长能力比较稳定,具有良好的增长趋势;如果企业的净利润增长率连续5年大幅度下降,或者2年无增长,则说明企业的盈利能力不稳定,不具备良好的增长势头。

利润增长率的意义就是,利润增长率高代表企业的经营业绩好,经营状况都处于正常上升的轨道;如果利润增长率低,那就有可能企业的经营状况不好,经营状况有可能出现了问题,或者企业跟不上时代的发展,不能够创新,没有出现新的利润增长

空间。

净利润增长率指标从不同的侧面反映了企业的增长能力。一般来说,如果一个企业的销售增长率、主营业务利润增长率、营业利润增长率、净利润增长率能够持续保持同步增长,且不低于行业平均水平,则基本可以认为这个企业具有良好的增长能力。

(二)营业利润增长率

营业利润增长率是企业本年营业利润增长额与上年营业利润总额的比率,它的计算公式为

$$营业利润增长率 = 本年营业利润增长额 \div 上年营业利润总额 \times 100\%$$

$$本年营业利润增长额 = 本年营业利润 - 上年营业利润$$

营业利润率越高,说明企业百元商品销售额提供的营业利润越多,企业的盈利能力越强;反之,此比率越低,说明企业盈利能力越弱。

影响营业利润增长率因素包括:①销售数量;②单位产品平均售价;③单位产品制造成本;④控制管理费用的能力;⑤控制营销费用的能力。

三、资产增长能力分析

(一)总资产增长率

总资产增长率是企业一定时期的销售收入净额与平均资产总额之比,它是衡量资产投资规模与销售水平之间配比情况的指标。其计算公式为

$$总资产增长率 = 本年总资产增长额 \div 年初资产总额 \times 100\%$$

$$本年总资产增长额 = 年末资产总额 + 年初资产总额$$

总资产增长率越高,表明企业一定时期内资产经营规模扩张的速度越快。但在分析时,需要关注资产规模扩张的质和量的关系,以及企业的后续发展能力,避免盲目扩张。

【做中学 8-4】

根据鸿昌股份有限公司提供的相关资料,该公司连续三年的总资产数据如表 8-5 所列,请计算总资产增长率。

表 8-5 总资产相关数据

年份 项目	2019	2020	2021
总资产/万元	1 834 000	2 190 000	4 110 000

2021 年总资产增长率 = (4 110 000 - 2 190 000) ÷ 2 190 000 = 87.67%

2020 年总资产增长率 = (2 190 000 - 1 834 000) ÷ 1 834 000 = 19.41%

总资产增长率 2021 年快速增长 87.67%,主要是由于公司扩大生产规模,增加

了 160 万元的固定资产所致。

(二) 三年资产平均增长率

三年资产平均增长率表示企业资产连续三年的积累情况，在一定程度上反映了企业的持续发展水平和发展趋势。

$$三年资产平均增长率 = \left(\sqrt[3]{\frac{年末资产总额}{三年前年末资产总额}} - 1\right) \times 100\%$$

由于一般增长率指标在分析时具有"滞后"性，仅反映当期情况，而利用该指标，能够反映企业资本积累或资本扩张的历史发展状况，以及企业稳步发展的趋势。该指标越高，表明企业所有者权益得到的保障程度越大，企业可以长期使用的资金越充足，抗风险和持续发展的能力越强。

【做中学 8-5】

根据鸿昌股份有限公司提供的相关资料，该公司三年资产平均增长率为

$$三年资产平均增长率 = \left(\sqrt[3]{\frac{4\,110\,000}{1\,834\,000}} - 1\right) \times 100\% = 30.84\%$$

三年资产平均增长率较大，说明资产增长速度较快，发展的趋势较好。

(三) 固定资产成新率

固定资产成新率，又称"固定资产净值率""有用系数"，是指固定资产平均净值与当期固定资产原值之比，反映企业拥有固定资产的新旧程度、更新速度和企业固定资产的可持续发展能力。

固定资产随着固定资产的新投资而增值，固定资产的成新率随着使用而逐渐消耗和降低其价值。因此，固定资产的成新率可以通过比较固定资产因使用而减少的累计价值与固定资产的购置成本来测试。

$$固定资产成新率 = (固定资产平均净值 \div 固定资产平均原值) \times 100\%$$

【做中学 8-6】

根据鸿昌股份有限公司提供的相关资料，该公司连续三年的固定资产数据如表 8-6 所列，请计算固定资产成新率。

表 8-6 固定资产相关数据

时间 项目	2019 年 12 月 31 日	2020 年 12 月 31 日	2021 年 12 月 31 日
固定资产原值/万元	380 000	400 000	2 000 000
固定资产净值/万元	290 000	300 000	1 800 000

$$2021 年固定资产成新率 = \frac{(300\,000 + 1\,800\,000) \div 2}{(400\,000 + 2\,000\,000) \div 2} \times 100\% = 87.5\%$$

$$2020 年固定资产成新率 = \frac{(300\,000 + 290\,000) \div 2}{(400\,000 + 380\,000) \div 2} \times 100\% = 75.64\%$$

高指标表明企业固定资产相对较新,扩大再生产准备相对充足,发展可能性相对较大。用该指标分析固定资产的新旧程度时,应消除企业没有提及到的折旧对房屋、机器设备等固定资产真实状况的影响。

固定资产成新率分析过程中应注意的问题:

(1) 应消除企业固定资产上没有提到的折旧的真实情况;

(2) 比较企业时,要注意不同折旧方法对指标有何影响;

(3) 这个指标受周期影响很大,评估时应注意企业的周期阶段。

(四) 技术投入比率

技术投入比率是指企业本年科技总支出(包括用于研究开发、技术改造、科技创新等方面的支出)与本年营业收入的比率,反映企业在科技进步方面的投入,在一定程度上可以体现企业的发展潜力。

$$技术投入比率 = 本年科技总支出 \div 本年营业收入 \times 100\%$$

【引例解析】

根据 A 公司 2017—2021 年的主要财务指标计算出各种增长率,包括股东权益增长率、利润增长率、收入增长率和资产增长率等。

表 8-7 A 公司 2017—2021 年增长率计算表

年份 项目	2017	2018	2019	2020	2021
股东权益(万元)	31 064	42 409	61 784	39 706	36 895
股东权益增加额(万元)		11 345	19 375	-22 078	-2 811
股东权益增长率(%)		36.52	45.69	-35.73	-7.08
净利润(万元)	367 902	393 356	694 241	739 414	737 271
净利润增加额(万元)		25 454	300 885	45 173	-2 143
净利润增长率(%)		6.92	76.49	6.51	-0.29
营业利润(万元)	397 427	482 838	1 144 182	1 155 352	1 168 837
营业利润增加额(万元)		85 411	661 344	11 170	13 485
营业利润增长率(%)		21.49	136.97	0.98	1.17
营业收入(万元)	81 903	86 993	190 372	148 851	169 858
营业收入增加额(万元)		5 090	103 379	-41 521	21 007
营业收入增长率(%)		6.21	118.84	-21.81	14.11
资产(万元)	250 248	281 016	493 218	508 995	538 897
资产增加额(万元)		30 768	212 202	15 777	29 902
资产增长率(%)		12.30	75.51	3.20	5.87

首先,根据表 8-7 可发现,2018 年和 2019 年各种增长率指标数值都比较高,对于这两年的变化应该进一步深入分析其实际原因,同时与行业平均水平进行比较。

大型家电制造业的收入增长率平均标准值为12.8%,资本积累率的平均值为3.2%,可见A公司的股东权益增长率在2018年和2019年大大超过平均值,收入增长率在2019年均超过平均水平,说明该企业在这两年增长势头迅猛。但是,2020年收入增长率为-21.81%,低于行业平均水平,而2021年又有所回升,后两年收入不太稳定,股东积累也处于下降趋势,主要是受整体行业影响。

其次,对各种增长率进行对比,以判断增长的效益性。分析营业利润增长率和收入增长率可知,公司除2021年以外,其他年度的营业利润增长率都分别高于当年的收入增长率,说明该公司营业收入和投资收益的增长率高于营业成本、税金及附加、期间费用的增长率,该公司正常业务的盈利能力和经营管理能力较强,因此营业利润具有较好的增长能力。

再次,比较净利润增长率与营业利润增长率。2020年净利润增长率比营业利润增长率高,但其余三年净利润增长率均低于营业利润增长率,说明该公司净利润的增长主要来自营业利润的增长,但受其他非经营因素影响波动较大。

最后,比较股东权益增长率与净利润增长率。可以发现该公司除2018年以外,其他年度的股东权益增长率虽然均低于当年的净利润增长率,但差异较大,说明股东权益的增长不主要来自净利润的增长,股东权益增长质量不高,股权结构可能不稳定。

综上所述,我们可以对A公司的增长能力做出初步判断,即该公司整体发展能力不稳定,近两年较弱。

【拓展阅读】

企业快速增长的"烦恼"

一家产业互联网公司因高速发展,去年才700多人,今年已经3 000多人,预计年底达到4500人,明年上万人。这两年跨境电商行业也有这个特点,往往在短短的2~3年时间,人员就从几十人,增加到了几百人甚至上千人。很显然,为了把握机遇,企业一定是力求人才密度与质量能够跟得上业务高速发展的需求。这种人员规模快速扩大的现象在过去的商业环境是难以想象的,但在如今高渗透率的互联网时代,有不少企业都在经历着这样的组织裂变。

一路高歌猛进,一方面会让企业呈现出一派欣欣向荣的景象,尤其是成功融资的企业,因为有了资本的加持,大家更会感觉到未来前途一片光明。另一方面,在这种"繁荣"的背后,也必然面临着巨大的挑战,如果这些挑战不能引起重视并予以解决,那么组织裂变必然会遭遇到巨大的风险。

一、企业文化难落地

高速裂变的组织,往往面临着新人快速涌入企业,大家的思维方式与行为习惯差异化很大,对组织的归属感、认同感还没有建立起来,可能还带着原来老东家的文化特性,这对于大家"上下同欲"是会带来很大挑战的。有的企业还没有形成统一的企业文化(使命、愿景与核心价值观);有的企业有企业文化,但并没有达成高度共识;有的企业有共识的企业文化,但缺少落地的相关举措。这些在文化方面的缺失会严重地影响到全员的凝聚力与向心力,并且带来面对选择时的不知所措。

二、战略目标不清晰

因为高速发展,企业往往战略目标上的调整与变化会比较大,一方面需要企业有敏捷的战略规划能力,即能够根据环境的变化,快速地进行战略目标调整,且能快速形成一级部门的共识;另一方面需要针对企业的战略目标快速解码,传导到每个部门每个岗位,让每个人都能够围绕着战略目标负起责任来。如何能够让大量的新进管理者与员工,快速地清晰战略目标,并且指导自己的工作开展,是充满挑战性的工作。

三、体系建设不完善

高速发展,意味着组织的变化性加大,一方面考验的是组织的架构是否能够快速匹配战略目标的要求,这时的组织,很有可能不是一年调整一次组织架构,可能2～3个月就要进行一次调整;另外,从公司层面再到各部门的制度、流程与工作标准等也亟待建立与快速迭代,以便于适应高速裂变的组织要求。如果这些事情仅依赖于HR部门来做,估计难堪其重,最后即使建立起来了这些体系,也无法真正帮助到业务部门。

四、人才培养跟不上

高速发展的组织,大量的新人加入,甚至一年内入职的新人的数量远超过老人的数量,再加上HR部门的建设也处于一个需要磨合的阶段,这时要同步开展的工作太多了。光是招聘这一件事情,就已经让HR部门的小伙伴们倍感压力,还有需要匹配公司发展的各项基础的建设工作,以及大量的新员工如何能够快速融入组织,如何能够具备岗位要求的能力,如何进行人员的培养,都成为HR部门的工作重点。一方面老员工手头上的工作非常多,对于新人的培养分身乏术,另一方面新人加入不久,可能就面临着,自己要亲自招聘面试更新的新人的情况,自己对于环境及工作内容都还没有完全熟悉,可想而知,面临的压力与挑战会有多大。

企业能够高速发展,组织快速裂变当然是好事,不过以上列出的四个方面因快速增长而带来的"烦恼",是处于这种发展阶段的企业需要高度重视并努力寻求方法去解决的,唯有如此,才能够真正享受到高速发展带来的可观的收益。

【课后练习】

(一) 单项选择题

1. 可以反映股东权益账面价值增减变化的指标是（   ）。
   A. 权益乘数   B. 股东权益增长率
   C. 产权比率   D. 三年资本平均增长率
2. 下列项目中，不属于企业资产规模增加的原因的是（   ）。
   A. 企业对外举债   B. 企业实现盈利
   C. 企业发放股利   D. 企业发行股票
3. 如果企业某一种产品处于成长期，其收入增长率的特点是（   ）。
   A. 比值比较大   B. 与上期相比变动不大
   C. 比值比较小   D. 与上期相比变动非常小
4. 如果企业某一种产品处于成熟期，其收入增长率的特点是（   ）。
   A. 比值比较大   B. 与上期相比变动不大
   C. 比值比较小   D. 与上期相比变动非常小
5. 下列指标中，不可以用来表示利润增长能力的指标是（   ）。
   A. 净利润增长率   B. 营业利润增长率
   C. 收入增长率   D. 三年利润平均增长率
6. 下列指标中，属于增长率指标的是（   ）。
   A. 产权比率   B. 资本收益率   C. 不良资产比率   D. 资本积累率
7. 如果说生存能力是企业实现盈利的前提，那么企业实现盈利的根本途径是（   ）。
   A. 发展能力   B. 营运能力   C. 偿债能力   D. 资本积累
8. 从根本上看，一个企业的股东权益增长应主要依赖于（   ）。
   A. 净资产收益率   B. 股东净投资率
   C. 净损益占营业收入比率   D. 资本积累率
9. 企业产品销售增长较快，即某种产品收入增长率较高，则企业所处的阶段是（   ）。
   A. 投放期   B. 成长期   C. 成熟期   D. 衰退期
10. 下列计算股东权益增长率的公式中，不正确的是（   ）。
    A. 本期股东权益增加额÷股东权益期初余额
    B. （净利润＋对股东的净支付）÷股东权益期初余额
    C. ［净利润＋（股东新投资－支付股东股利）］÷股东权益期初余额
    D. （净利润－支付股东股利）÷股东权益期初余额

(二) 多项选择题

1. 企业发展能力分析的目的在于（   ）。
   A. 股东通过发展能力分析衡量企业创造价值的程度以做出正确的战略决策

B. 潜在的投资者通过发展能力分析评价企业的成长性以做出正确的投资决策
C. 债权人通过发展能力分析判断企业未来盈利能力以做出正确的经营和财务决策
D. 经营者通过发展能力分析发现影响企业未来发展的关键因素以做出正确的经营和财务决策
E. 政府通过发展能力分析评估企业社会贡献水平以制定正确的宏观经济政策

2. 企业单项发展能力包括( )。
A. 资产发展能力　　　　　　　　　B. 收益发展能力
C. 销售收入发展能力　　　　　　　D. 负债发展能力
E. 股东权益发展能力

3. 股东权益增长率的大小直接取决于下列因素中的( )。
A. 净资产收益率　　　　　　　　　B. 总资产周转率
C. 总资产报酬率　　　　　　　　　D. 股东净投资率
E. 净损益占股东权益比率

4. 可以用于反映企业发展能力的财务指标包括( )。
A. 资产增长率　　　　　　　　　　B. 收入增长率
C. 资本积累率　　　　　　　　　　D. 净利润增长率
E. 营业利润增长率

5. 可以用来反映企业收益增长能力的财务指标有( )。
A. 净利润增长率　　　　　　　　　B. 收入增长率
C. 总资产报酬率　　　　　　　　　D. 资本积累率
E. 营业利润增长率

6. 一个发展能力强的企业,表现为( )。
A. 资产规模不断增加　　　　　　　B. 营运效率不断提高
C. 股东财富持续增长　　　　　　　D. 财务风险不断加大
E. 盈利能力不断增强

7. 下列说法中,正确的是( )。
A. 股东权益增长率越高,表明企业本期股东权益增加得越多
B. 三年资本平均增长率可以均衡计算企业的三年平均资本增长水平
C. 一个持续增长型企业,其股东权益应该是不断增长的
D. 股东权益时增时减,说明企业并不具备良好的发展能力
E. 一个企业的股东权益增长应主要依赖于企业运用股东投入资本所创造的利润

8. 股东权益增长的主要来源有( )。
A. 经营活动产生的净利润　　　　　B. 融资活动产生的股东净支付
C. 直接计入股东权益的利得和损失　D. 投资活动产生的收益
E. 非经营活动产生的收益

9. 下列说法中,正确的是(　　)。
A. 如果一个企业营业收入增长,但利润并未增长,那么从长远看,它并没有增加股东权益
B. 一个企业如果净利润增长但营业收入并未增长,这样的增长对于企业而言是无法持续保持的
C. 净利润增长率可以比营业利润增长率更好地考察企业利润的成长性
D. 如果企业的净利润主要来源于营业利润,则表明企业具有良好的发展能力
E. 应将企业连续多期的净利润增长率和营业利润增长率指标进行对比分析
10. 对收入增长率指标,下列表述正确的有(　　)。
A. 它是评价企业成长状况和发展能力的重要指标
B. 它是衡量企业经营状况和市场占有能力、预测企业业务拓展趋势的标志
C. 它是企业扩张资本的重要前提
D. 该指标小于零,说明收入有增长,指标越低,增长越快
E. 该指标大于零,说明收入有增长,指标越高,增长越快
11. 对资本积累率指标,下列表述正确的有(　　)。
A. 它反映所有者投入资本的保全性和增长性
B. 它是企业当年所有者权益的增长率,反映权益当年变动水平
C. 该指标为负值表明资本未受侵略
D. 它体现企业资本积累能力,是评价企业发展潜力的重要指标
E. 该指标越高表明企业资本积累越多,资本保全性越强,应付风险能力越强

(三) 判断题
1. 从长远看,上市公司的增长能力是决定公司股票价格上升的根本因素。(　　)
2. 企业能否持续增长对投资者、经营者至关重要,但对债权人而言相对不重要,因为他更关心企业的变现能力。(　　)
3. 和盈利能力不一样,增长能力的强弱不是一个相对概念。(　　)
4. 若两个企业的三年资本平均增长率相同,就可以判断这两个企业具有相同的资本增长趋势。(　　)
5. 净资产收益率反映企业运用股东投入资本创造收益的能力,而股东净投资率反映了企业利用股东新投资的程度。(　　)
6. 企业资产增长率越高,则说明企业的资产规模增长势头一定越好。(　　)
7. 要正确分析和判断一个企业销售收入的增长趋势和增长水平,必须将一个企业不同时期的收入增长率加以比较和分析。(　　)
8. 获利能力强的企业,其增长能力也强。(　　)
9. 在产品生命周期的成熟期,产品销售收入增长率一般趋于稳定,与上期相比变化不大。(　　)
10. 仅分析某一项发展能力指标,我们无法得出企业整体发展能力情况的结论。(　　)

(四) 计算题

1. 已知 A 公司所生产的甲产品,从 2018 年开始连续四年的营业收入分别为 540 万元、675 万元、928 万元、1 380 万元,具体如下表所列,请判断甲产品所处生命周期的阶段。

年份 项目	2018	2019	2020	2021
甲产品销售收入(万元)	540	675	928	1 380
甲产品销售收入增加额(万元)		135	253	452
甲产品销售收入增长率(%)		25	37.48	48.71

2. 假设 B 公司 2018 年、2019 年、2020 年、2021 年的资产总额分别为 200 万元、296 万元、452 万元、708 万元;四年的负债总额分别为 78 万元、120 万元、179 万元、270 万元,请分析 B 公司的资产增长能力。具体如下表所列。

年份 项目	2018	2019	2020	2021
资产总额(万元)	200	296	452	708
资产增加额(万元)		96	156	256
资产增长率(%)		48	52.7	56.64
负债总额(万元)	78	120	179	270
股东权益总额(万元)	122	176	273	438
股东权益增加额(万元)		54	97	165
股东权益增加额占资产增加额的比重(%)		56.25	62.18	64.45

3. C 公司 2018 年到 2021 年的营业利润和净利润情况见下表,请完成表格并根据计算出的数据分析该公司的利润增长能力。

年份 项目	2018	2019	2020	2021
营业利润	38 724	43 407	58 506	105 915
营业利润增长额	—			
营业利润增长率	—			
净利润	51 031	40 860	48 202	88 987
净利润增长额	—			
净利润增长率				

4. 下表是 D 公司 2018 年至 2021 年的有关会计资料,单位为万元。

年份 项目	2018	2019	2020	2021
资产总额	1 369	1 649	2 207	3 103
资产增加额	—			
资产增长率	—			
股东权益	797	988	1 343	1 915
股东权益增加额	—			
股东权益增长率	—			
营业收入	4 576	6 194	8 671	12 413
营业收入增加额	—			
营业收入增长率	—			
营业利润	674	913	1 298	1 866
营业利润增加额	—			
营业利润增长率	—			
净利润	398	550	873	1 293
净利润增加额	—			
净利润增长率	—			

要求:(1) 请补充完整上表;
(2) 利用以上数据计算 D 公司的收入增长率,并分析其销售增长能力;
(3) 分析 D 公司的整体发展能力。

项目九　综合绩效分析

☞ 职业能力目标

(1) 理解财务报表综合分析特点和目的；
(2) 掌握财务综合分析的方法；
(3) 能够运用沃尔评分法进行财务综合分析；
(4) 能够运用杜邦分析法进行财务综合分析；
(5) 能够根据财务分析结果撰写财务分析报告。

☞ 典型工作任务

企业财务状况综合分析；沃尔评分法的运用；杜邦分析法的运用；财务分析报告的撰写。

任务一　杜邦分析法

【任务引例】

ABC 公司 2021 年的销售额为 62 500 万元，比上年提高 28%，有关的财务比率如表 9-1 所列。

表 9-1　ABC 公司相关财务数据

财务比率	2020 年同业平均	2020 年本公司	2021 年本公司
应收账款回收期（天）	35	36	36
存货周转率	2.50	2.59	2.11
销售毛利率	38%	40%	40%
销售营业利润率（息税前）	10%	9.6%	10.63%
销售利息率	3.73%	2.4%	3.82%
销售净利率	6.27%	7.20%	6.81%
总资产周转率	1.14	1.11	1.07
固定资产周转率	1.4	2.02	1.82
资产负债率	58%	50%	61.3%
已获利息倍数	2.68	4	2.78

注：该公司正处于免税期。

要求：

（1）运用杜邦财务分析原理，比较 2020 年该公司与同业平均的净资产收益率，分析其差异的原因。

（2）运用杜邦财务分析原理，比较该公司 2021 年与 2020 年的净资产收益率，分析其变化的原因。

【知识储备与业务操作】

一、财务报表的综合分析

财务报表综合分析是将各项财务指标作为一个整体，系统、全面、综合地对企业财务状况和经营情况进行剖析、解释和评价，说明企业整体财务状况和效益的好坏。这是财务分析的最终目的。显然，要达到这样的分析目的，只测算几个简单的、孤立的财务比率，或者将一些孤立的财务分析指标堆砌在一起，彼此毫无联系地进行考察，是不可能得出合理、正确的综合性结论的，甚至会得出错误的结论。因此，只有将企业偿债能力、营运能力、盈利能力及发展趋势等各项分析指标有机地联系起来，相互配合使用，才能对企业的财务状况做出系统的综合评价。

综合分析与前述的单项分析相比，具有以下特点：

（1）分析问题的方法不同。单项分析是把企业财务活动的总体分解为每个具体部分，逐一加以分析考察；而综合分析是通过归纳综合，在分析的基础上从总体上把握企业的财务状况。

（2）单项分析具有实务性和实证性，能够真切地认识每一具体的财务现象；而综合分析具有高度的抽象性和概括性，着重从整体上概括财务状况的本质特征。

（3）单项分析的重点和比较基准是财务计划、财务理论标准；而综合分析的重点和比较基准是企业的整体发展趋势，两者考察的角度是有区别的。

（4）单项分析把每个分析的指标视为同等重要的角色来处理，不太考虑各种指标之间的相互关系；而综合分析的各种指标有主辅之分，要抓住主要指标，在对主要指标分析的基础上，再对其他辅助指标进行分析，才能分析透彻，把握准确、详尽。

通过以上的对比分析不难看出，综合分析更有利于财务报表分析者把握企业财务的全面状况。对会计报表进行综合分析的方法有很多，其中主要有杜邦分析体系、沃尔分析法等。

二、杜邦分析体系的原理和分析步骤

企业的各项财务活动、各项财务指标是相互联系的，并且相互影响，这便要求财务分析人员将企业财务活动看做一个大系统，对系统内相互依存、相互作用的各种因素进行综合分析。杜邦分析体系就是对企业财务状况的综合分析。它通过对几种主要的财务比率之间相互关系的分析，全面、系统、直观地反映出了企业的财务状况，从而大大节省了财务报表使用者的时间。

杜邦分析体系是采用"杜邦分析图",将有关指标按内在联系排列。它主要体现了以下一些关系:

$$净资产收益率 = 资产净利率 \times 权益乘数$$
$$资产净利率 = 销售净利率 \times 资产周转率$$
$$权益乘数 = 1 \div (1+资产负债率)$$

由上述公式的前两式可得:

$$净资产收益率 = 销售净利率 \times 资产周转率 \times 权益乘数$$

即决定净资产收益率的因素有三个。通过这样分解以后,就可以把净资产收益率这一项综合性指标发生升、降变化的原因具体化。

销售净利率和资产周转率可以进行进一步的分解:

一是销售净利率可以分解为

$$税后净利润 = 销售收入 + 全部成本 + 其他利润 + 所得税$$
$$全部成本 = 制造成本 + 管理费用 + 销售费用 + 财务费用$$

二是资产周转率可以分解为

$$总资产 = 流动资产 + 长期资产$$
$$流动资产 = 现金有价证券 + 应收账款 + 存货 + 其他流动资产$$

通过对以上指标的层层分解,就可找出企业财务问题的症结之所在。下面我们以 A 公司的杜邦图(图 9-1)为例,说明其主要内容。

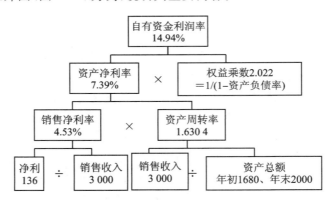

图 9-1 杜邦分析图

图 9-1 中的权益乘数,表示企业的负债程度,是指企业由于举债经营而带来的企业资产相对于所有者权益的扩大倍数。权益乘数越大,企业负债程度越高,资产对所有者权益的扩大倍数越大。通常的财务比率都是除数,除数的倒数即为乘数。权益除以资产是资产权益率,权益乘数是其倒数即资产除以权益。其计算公式为

$$权益乘数 = 1 \div (1+资产负债率)$$

式中的资产负债率是指全年平均资产负债率,是企业全年平均负债总额与全年

平均资产总额的百分比。

例如,A 公司 2020 年度初负债总额为 800 万元(流动负债为 220 万元,长期负债为 580 万元),年末负债总额为 1 060 万元(流动负债为 300 万元,长期负债为 760 万元),2020 年年初年末总资产分别为 1 680 和 2 000 万元。依上式计算权益乘数为

$$权益乘数 = 1 \div \{1 + [(800 + 1\,060) \div 2] / [(1\,680 + 2\,000) \div 2] \times 100\%\}$$
$$= 1 \div (1 + 50.54\%)$$
$$= 2.022$$

净资产收益率是所有比率中综合性最强、最具代表性的一个指标。

$$净资产收益率 = 销售净利率 \times 资产周转率 \times 权益乘数$$

从公式中可以看出,决定净资产收益率高低的因素有三个:销售净利率、资产周转率和权益乘数。这样分解之后,就可以把净资产收益率这样一项综合性指标发生升、降变化的原因具体化,比只用一项综合性指标更能说明问题。

权益乘数主要受资产负债率的影响。负债比例大,权益乘数就高,说明企业有较高的负债程度,能给企业带来较大的财务杠杆利益,同时也给企业带来较大的财务风险。

销售净利率高低的因素分析,需要我们从销售额和销售成本两个方面进行。这方面的分析可以参见有关盈利能力指标的分析。

资产周转率是反映企业运用资产以产生销售收入能力的指标。对资产周转率的分析,则需对影响资产周转的各因素进行分析。除了对资产的各构成部分从占用量上是否合理进行分析外,还可以通过对流动资产周转率、存货周转率、应收账款周转率等有关各资产组成部分使用效率的分析,判明影响资产周转的主要问题出在哪里。

杜邦财务分析体系的作用是:

(1) 解释指标变动的原因和变动趋势,为采取措施指明方向。

假设 A 公司第二年净资产收益率下降了,有关数据如下:

$$净资产收益率 = 资产净利率 \times 权益乘数$$

第一年 14.93% = 7.39% × 2.02
第二年 12.12% = 6% × 2.02

通过分解可以看出,净资产收益率的下降不在于资本结构,而是资产利用或成本控制发生了问题,造成资产净利率下降。

这种分解可以在任何层次上进行,如可以对资产净利率进一步分解:

$$资产净利率 = 销售净利率 \times 资产周转率$$

第一年 7.39% = 4.53% × 1.6304
第二年 6% = 3% × 2

通过分解可以看出,资产的使用效率提高了,但由此带来的收益不足以弥补销售净利率下降造成的损失。至于销售净利率下降的原因是售价太低、成本太高还是费用过大,则需要进一步通过分解指标来揭示。

(2) 通过与本行业平均指标或同类企业相比,杜邦财务分析体系有助于解释变动的趋势。

假设 D 公司是一个同类企业,有关比较数据如下:

$$资产净利率＝销售净利率\times 资产周转率$$

A 公司:

第一年 7.39％＝4.53％×1.630 4

第二年 6％＝3％×2

D 公司:

第一年 7.39％＝4.53％×1.630 4

第二年 6％＝5％×1.2

两个企业的资产净利率变动趋势是一样的,但通过分解可以看出原因各不相同。A 公司是成本费用上升或售价下跌,而 D 公司是资产使用效率下降。

从以上实例的分析中可看出,通过杜邦分析体系自上而下的分析,可以了解企业财务状况的全貌以及各项财务指标间的结构关系,查明各项主要财务指标增减变动的影响因素及存在的问题。杜邦分析体系提供的上述财务信息,较好地解释了指标变动的原因和趋势,这为进一步采取具体措施指明了方向,而且还为决策者优化经营结构和理财结构,提高企业偿债能力和经营效益提供了基本思路,即要提高净资产收益率的根本途径在于扩大销售、改善经营结构、节约成本费用开支、合理资源配置、加速资金周转、优化资本结构等。在具体应用杜邦分析体系时,应注意这一方法不是另外建立新的财务指标,而是一种对财务比率进行分解的方法。它既可通过净资产收益率的分解来说明问题,也可通过分解其他财务指标来说明问题。杜邦分析体系和其他财务分析方法一样,关键不在于指标的计算而在于对指标的理解和运用。

三、杜邦综合分析要点

(1) 净资产收益率是一个综合性较强的财务分析指标,是杜邦分析体系的核心。财务管理的目标之一是使股东财富最大化,净资产收益率反映了企业所有者投入资本的获利能力,说明了企业筹资、投资、资产营运等各项财务及其管理活动的效率,而不断提高净资产收益率是使所有者权益最大化的基本保证。所以,这一财务分析指标是企业所有者、经营者都十分关心的。而净资产收益率高低的决定因素主要有三个,即销售净利率、资产周转率和权益乘数。这样,在进行分解之后,就可以将净资产收益率这一综合性指标发生升降变化的原因具体化,从而比只用一项综合性指标更能说明问题。

(2) 销售净利率反映了企业净利润与销售收入的关系,它的高低取决于销售收入与成本总额的高低。要想提高销售净利率,一是要扩大销售收入,二是要降低成本费用。扩大销售收入既有利于提高销售净利率,又可提高总资产周转率。降低成本费用是提高销售净利率的一个重要因素,从杜邦分析图可以看出成本费用的基本结构是否合理,从而找出降低成本费用的途径和加强成本费用控制的办法。如果企业财务费用支出过高,就要进一步分析其负债比率是否过高;如果管理费用过高,就要进一步分析其资产周转情况等等。从图9-1中还可以看出,提高销售净利率的另一途径是提高其他利润。为了详细地了解企业成本费用的发生情况,在具体列示成本总额时,还可根据重要性原则,将那些影响较大的费用单独列示,以便为寻求降低成本的途径提供依据。

(3) 影响资产周转率的一个重要因素是资产总额。它由流动资产与长期资产组成。它们的结构合理与否将直接影响资产的周转速度。一般来说,流动资产直接体现企业的偿债能力和变现能力,而长期资产则体现了企业的经营规模、发展潜力。两者之间应该有一个合理的比例关系。如果发现某项资产比重过大,影响资金周转,就应深入分析其原因,例如企业持有的货币资金超过业务需要,就会影响企业的盈利能力;如果企业占有过多的存货和应收账款,则既会影响获利能力,又会影响偿债能力。因此,还应进一步分析各项资产的占用数额和周转速度。

(4) 权益乘数主要受资产负债率指标的影响。负债比率越高,权益乘数就越大,说明企业的负债程度比较高,给企业带来了较多的杠杆利益,同时,也带来了较多的风险。

【引例解析】

(1) 2020年与同业平均比较:

该公司净资产收益率=销售净利率×资产周转率×权益乘数
$= 7.2\% \times 1.11 \times [1 \div (1-50\%)] = 15.98\%$

行业平均净资产收益率$= 6.27\% \times 1.14 \times [1 \div (1-58\%)] = 17.02\%$

第一,销售净利率高于同业水平0.93%,其原因是:销售成本率低2%,或毛利率高2%,销售利息率2.4%较同业3.73%低1.33%。

第二,资产周转率略低于同业水平0.03,主要原因是应收账款回收较慢。

第三,权益乘数低于同业水平,因其负债较少。

(2) 2021年与2020年比较:

2020年净资产收益率$= 7.2\% \times 1.11 \times 2 = 15.98\%$

2021年净资产收益率$= 6.81\% \times 1.07 \times [1 \div (1-61.3\%)] = 18.83\%$

第一,销售净利率低于2020年(0.39%),主要原因是销售利息率上升(1.42%)。

第二,资产周转率下降,主要原因是固定资产和存货周转率下降。

第三,权益乘数增加,原因是负债增加。

任务二 沃尔分析法与综合评价方法

【任务引例】

美国《商业周刊》是全球销量第一的商业杂志,提供深入独到的见解和细致详尽的信息,帮助专业人士在商业、财务及事业发展方面做出更明智的决定。"商业周刊50强"的评选对象是标准普尔500指数的相关企业。根据企业最近12个月内和最近3年内的产品销量、纯利增幅、长期利润预期、股票预期及债务比率等10项指标,《商业周刊》给出入选企业的综合表现评价。排名的依据为两个方面,第一是过去三年中该公司资本的平均回报率和销售额增长速度;第二是将该公司与同行业其他公司进行比较,筛选出业绩较佳的公司。

请思考:如何对企业综合表现进行评价?

【知识储备与业务操作】

一、沃尔分析法

财务状况综合评价的先驱者之一是亚历山大·沃尔。他在20世纪初出版的《信用晴雨表研究》和《财务报表比率分析》中提出了信用能力指数的概念,他把若干个财务比率用线性关系结合起来,以此来评价企业的信用水平,被称为沃尔分析法。他选择了七种财务比率,分别给定了其在总评价中所占的比重,总和为100分。然后,确定标准比率,并与实际比率相比较,评出每项指标的得分,求出总评分。我们用沃尔的方法,给四川明星电力股份有限公司2000年的财务状况评分的结果见表9-2。

沃尔的分析法从理论上讲,有一个弱点,就是未能证明为什么要选择这七个指标,而不是更多些或更少些,或者选择别的财务比率,以及未能证明每个指标所占比重的合理性。沃尔的分析法从技术上讲有一个问题,就是当某一个指标严重异常时,会对综合指数产生不合逻辑的重大影响。这个缺陷是由相对比率与比重相"乘"而引起的。财务比率提高一倍,其综合指数增加100%;而财务比率缩小一倍,其综合指数只减少50%。

表9-2 沃尔综合评分表

财务比率	比重1	标准比率2	实际比率3	相对比率 4=3÷2	综合指数 5=1×4
流动比率	25	2.00	1.66	0.83	20.75
净资产/负债	25	1.50	2.39	1.59	39.75
资产/固定资产	15	2.50	1.84	0.736	11.04
销售成本/存货	10	8	9.94	1.243	12.43
销售额/应收账款	10	6	8.61	1.435	14.35
销售额/固定资产	10	4	0.55	0.1375	1.38
销售额/净资产	5	3	0.40	0.133	0.67
合 计	100				100.37

从表9-2可知,四川明星电力股份有限公司的综合指数为100.37,总体财务状

况是不错的,综合评分达到标准的要求,但由于该方法技术上的缺陷,夸大了达到标准的程度。尽管沃尔的方法在理论上还有待证明,在技术上也不完善,但它还是在实践中被广泛地应用。

二、综合评价方法

现代社会与沃尔的时代相比,已有很大变化。一般认为企业财务评价的内容首先是盈利能力,其次是偿债能力,再次是成长能力。它们之间大致可按 5∶3∶2 的比重来分配。盈利能力的主要指标是总资产报酬率、销售净利率和净资产收益率,这三个指标可按 2∶2∶1 的比重来安排。偿债能力有四个常用指标。成长能力有三个常用指标(都是本年增量与上年实际量的比值)。如果仍以 100 分为总评分,以四川明星电力股份有限公司 2000 年的财务状况为例,以中型电力生产企业的标准值为评价基础,则其综合评分标准如表 9-3 所列。

表 9-3 综合评分标准

指 标	评分值	标准比率(%)	行业最高比率(%)	最高评分	最低评分	每分比率的差
盈利能力:						
总资产报酬率	20	5.5	15.8	30	10	1.03
销售净利率	20	26.0	56.2	30	10	3.02
净资产收益率	10	4.4	22.7	15	5	3.66
偿债能力:						
自有资本比率	8	25.9	55.8	12	4	7.475
流动比率	8	95.7	253.6	12	4	39.475
应收账款	8	290	960	12	4	167.5
周转率	8	800	3030	12	4	557.5
存货周转率						
成长能力:						
销售增长率	6	2.5	38.9	9	3	12.13
净利增长率	6	10.1	51.2	9	3	13.7
总资产增长率	6	7.3	42.8	9	3	11.83
合 计	100			150	50	

标准比率以本行业平均数为基础,在给每个指标评分时,应规定其上限和下限,以减少个别指标异常对总分造成的不合理影响。上限可定为正常评分值的 1.5 倍,下限可定为正常评分值的 0.5 倍。此外,给分不是采用"乘"的关系,而采用"加"或"减"的关系来处理,以克服沃尔分析法的缺点。例如,总资产报酬率每分比率的差为 1.03%=(15.8%+5.5%)÷(30 分+20 分)。总资产报酬率每提高 1.03%,多给

1分,但该项得分不得超过30分。

根据这种方法,对四川明星电力股份有限公司的财务状况重新进行综合评价,得124.94分(见表9-4),是一个中等略偏上水平的公司。

综合评价方法的关键技术是"标准评分值"的确定和"标准比率"的建立。在本例中,根据四川明星电力股份有限公司的实际情况,选择同行业的中型企业财务状况的平均值为其标准比率。对于综合评价方法,只有长期连续实践、不断修正,才能取得较好的效果。

表9-4 四川明星电力股份有限公司财务情况评分

指 标	实际比率1	标准比率2	差异3=1+2	每分比率4	调整分5=3÷4	标准评分值6	得分7=5+6
盈利能力:							
总资产报酬率	10	5.5	4.5	1.03	4.37	20	24.37
销售净利率	33.54	26.0	7.54	3.02	2.50	20	22.50
净资产收益率	13.83	4.4	9.43	3.66	2.58	10	12.58
偿债能力:							
自有资本比率	72.71	25.9	46.81	7.475	6.26	8	14.26
流动比率	166	95.7	70.3	39.475	1.78	8	9.78
应收账款周转率	861	290	571	167.5	3.41	8	11.41
存货周转率	994	800	194	557.5	0.35	8	8.35
成长能力:							
销售增长率	17.7	2.5	15.2	12.13	1.25	6	7.25
净利增长率	-1.74	10.1	-11.84	13.7	-0.86	6	5.14
总资产增长率	46.36	7.3	39.06	11.83	3.30	6	9.30
合 计						100	124.94

【引例解析】

对企业偿债能力、盈利能力、成长能力等财务分析指标进行综合评价,以评价企业的财务状况,同时将这些综合计算出来的财务指标值当作一种倾向值,与过去的财务指标数值相比较,才能看清企业过去的情况,才能准确预测企业未来的方向,并进一步与同类企业进行必要的横向比较,做到全面评价。

任务三 财务分析报告撰写

【任务引例】

财务报表分析,是通过对企业财务报表的有关数据进行汇总、计算、对比,综合地分析和评价企业的财务状况和经营成果。

请各小组收集财务报表分析案例,总结财务分析报告撰写应注意的问题。

【知识储备与业务操作】

一、财务分析报告的内容与格式

(一)财务分析报告的分类

财务分析报告从编写的时间来划分,可分为两种:一是定期分析报告,二是非定期分析报告。定期分析报告又可以分为每日、每周、每旬、每月、每季、每年报告,具体根据公司管理要求而定,有的公司还要进行特定时点分析。从编写的内容可划分为三种:一是综合性分析报告,二是专项分析报告,三是项目分析报告。综合性分析报告是对公司整体运营及财务状况的分析;专项分析报告是针对公司运营的一部分,如资金流量、销售收入变量的分析;项目分析报告是对公司的局部或一个独立运作项目的分析。

(二)财务分析报告的格式

严格地讲,财务分析报告没有固定的格式,但要求能够反映要点、分析透彻、有实有据、观点鲜明、符合报送对象的要求。一般来说,财务分析报告均应包含以下几个方面的内容:提要段、说明段、分析段、评价段和建议段,即通常说的五段论式。但在实际编写分析时要根据具体的目的和要求有所取舍,不一定要囊括这五部分内容。此外,财务分析报告在表达方式上可以采取一些创新的手法,如可采用文字处理与图表表达相结合的方法,使其易懂、生动、形象。

(三)财务分析报告的内容

财务分析报告主要包括上述五个方面的内容,现具体说明如下:

第一部分提要段,即概括公司综合情况,让财务报告接受者对财务分析说明有一个总括的认识。

第二部分说明段,是对公司运营及财务现状的介绍。该部分要求文字表述恰当、数据引用准确。对经济指标进行说明时可适当运用绝对数、比较数及复合指标数。特别要关注公司当前运作上的重心,对重要事项要单独反映。公司在不同阶段、不同月份的工作重点有所不同,所需要的财务分析重点也不同。如公司正进行新产品的投产、市场开发,则公司各阶层需要对新产品的成本、回款、利润数据进行分析的财务分析报告。

第三部分分析段,是对公司的经营情况进行分析研究。在说明问题的同时还要分析问题,寻找问题的原因和症结,以达到解决问题的目的。财务分析一定要有理有据,要细化分解各项指标,因为有些报表的数据是比较含糊和笼统的,要善于运用表格、图示,突出表达分析的内容。分析问题一定要善于抓住当前要点,多反映公司经营焦点和易于忽视的问题。

第四部分评价段。做出财务说明和分析后,对于经营情况、财务状况、盈利业绩,应该从财务角度给予公正、客观的评价和预测。财务评价不能运用似是而非、可进可退、左右摇摆等不负责任的语言,评价要从正面和负面两方面进行,评价既可以单独分段进行,也可以将评价内容穿插在说明部分和分析部分。

第五部分建议段,即财务人员在对经营运作、投资决策进行分析后形成的意见和看法,特别是对运作过程中存在的问题所提出的改进建议。值得注意的是,财务分析报告中提出的建议不能太抽象,而要具体化,最好有一套切实可行的方案。

二、撰写财务分析报告应做好的几项工作

(一) 建立台账和数据库

通过核算形成了会计凭证、会计账簿和会计报表。但是编写财务分析报告仅靠这些凭证、账簿、报表的数据往往是不够的。比如,在分析经营费用与营业收入的比率增长原因时,往往需要分析不同区域、不同商品、不同责任人实现的收入与费用的关系,但这些数据不能从账簿中直接得到。这就要求分析人员平时就做大量的数据统计工作,对分析的项目按性质、用途、类别、区域、责任人,按月度、季度、年度进行统计,建立台账,以便在编写财务分析报告时有据可查。

(二) 关注重要事项

财务人员对经营运行、财务状况中的重大变动事项要勤于做笔录,记载事项发生的时间、计划、预算、责任人及发生变化的各影响因素。必要时马上做出分析判断,并将各类各部门的文件归类归档。

(三) 关注经营运行

财务人员应尽可能争取多参加相关会议,了解生产、质量、市场、行政、投资、融资等各类情况。参加会议,听取各方面意见,有利于财务分析和评价。

(四) 定期收集报表

财务人员除收集会计核算方面的有些数据之外,还应要求公司各相关部门(生产、采购、市场等)及时提交可利用的其他报表,对这些报表要认真审阅、及时发现问题、总结问题,养成多思考、多研究的习惯。

(五) 岗位分析

大多数企业财务分析工作往往由财务经理来完成,但报告素材要靠每个岗位的财务人员提供。因此,应要求所有财务人员对本职工作养成分析的习惯,这样既可以提升个人素质,也有利于各岗位之间相互借鉴经验。只有每一岗位都发现问题、分析问题,才能编写出内容全面的、有深度的财务分析报告。

(六) 建立财务分析报告指引

财务分析报告尽管没有固定格式,表现手法也不一致,但并非无规律可循。如果

建立分析工作指引,将常规分析项目文字化、规范化,例如建立现金流量、销售回款、生产成本、采购成本变动等一系列的分析说明指引,就可以收到事半功倍的效果。

【引例解析】

1. 要清楚界定报告阅读对象及报告分析的范围;
2. 了解读者对信息的需求,充分领会领导所需要的信息是什么;
3. 报告撰写前,一定要有一个清晰的框架和分析思路;
4. 要与公司经营业务紧密结合,切实揭示业务过程中存在的问题
5. 要突出重点,忌泛泛而谈;
6. 要深入剖析,忌浅尝辄止;
7. 要坚持定期分析与日常分析相结合的原则;
8. 要坚持报表分析与专题分析相结合的原则。

【拓展阅读】

财务会计报告综合分析程序

有效的财务会计报告分析程序包括以下几个相互关联的步骤:

一、确定企业所处特定产业或行业的经济特征

财务会计报告与企业财务特性之间关系的确定不能离开产业经济特征的分析。换句话说,同样的财务会计报告在不同产业的企业中,它所体现的经济意义和财务特性很可能完全不同。一般可以从企业行业的成本结构、成长期、产品的经济周期性和替代性、经济技术环境的影响、对其他行业的依赖程度以及有关法律政策对该行业的影响程度几方面来分析企业所处行业的基本状况和发展趋势。透过产业经济特征的确定,一方面为理解财务会计报告数据的经济意义提供了一个航标,另一方面又缩短了财务比率和相关指标与管理决策之间的距离。

二、判断企业的经营风险

如果说产业经济特征是财务分析人员理解财务会计报告经济意义的航标,那么企业经营风险判断是财务分析人员为管理决策做出相关评价的具体指南,离开企业经营风险分析,财务分析同样会迷失方向,财务分析不可能真正帮助管理决策做出科学的评价。一般可从企业的经营规模、发展阶段、产品的单一性或多样化、经营策略(是差别化战略还是低成本战略)、产品情况和市场份额以及在采购、生产、销售等环节的风险因素几方面来判断企业自身的经营风险。

三、考察企业的管理风险

从企业的组织形式、文化特点、管理层素质和对风险的控制能力、经营管理作风等方面来考察企业的管理风险并且关注企业遇到的一些经济纠纷及法律诉讼。如果我们发现企业的管理层出现重大变动,大量有经验的管理人员提出辞职申请,而由一些专断独行、不懂业务的人员担任企业领导,此时,即使企业目前的经营状况良好,我

们也不能判断出企业未来的经营成果和财务状况。

四、正确理解和净化企业的财务会计报告

对财务会计报告本身需要一个理解和净化的过程。所谓理解,是指要了解财务会计报告的局限性;所谓净化,是指财务分析人员对财务会计报告中的关键项目(如利润)所作的调整,以增强其可靠性和可比性。净化调整的项目主要有:非常项目,研究与开发等支出,盈利管理等。

五、计算相关财务比率

这里将前面各章给出的分析指标进行重新构建,设计为一个包括广度、深度和远度的三维立体评价结构,以对企业业绩进行多方位的全面评价。

(一)广度维指标

就是从评价的视角,从企业本身向投资者、债权人、员工、市场以及社会等多方面扩散。(1)企业本身:资产报酬率;(2)投资者:股东权益报酬率;(3)债权人:资产负债率;(4)员工:主营业务收入对员工人数比率;(5)市场:销售利润率;(6)社会:社会贡献率、社会积累率。

(二)深度维指标

就是在评价的层次上,由表面业绩向内部经营挖掘。表现为:(1)资产使用效率:总资产周转率、流动资产周转率、应收账款周转率、存货周转率。(2)经营耗费水平:主营业务成本毛利率、经营成本利润率;营业成本利润率、税前成本利润率和税后成本利润率。

(三)远度维指标

就是在评价的时域上,由短期向长期渗透,由现实成绩向发展潜力渗透。主要指标包括:资产增长率、销售增长率、利润增长率。

六、为管理决策做出相关的综合评价

这里的管理决策主要包括两个类别:一是投资决策,二是信贷决策。财务比率和指标有很多,哪些比率与管理决策更相关?怎样的比率与怎样的决策更相关?这就需要用到本章所讲的综合分析。除此以外,还应注意以下几个方面:

(一)建立用于财务会计报告分析的行业标准财务比率

对会计报表分析有一种常见的误解,即报表分析就是计算各种比率。实际上,对分析者来说,计算比率是最简单的,因为有现成的财务分析软件,分析者的真正任务在于分析、解释其结果。单个公司的财务比率计算如果不与行业标准财务比率相比是没有多大意义的,是无法衡量企业在本行业所处地位的。从国外财务分析人员的实际情况来看,要了解一个行业的动向和信息,每天至少需要两个小时,因此,专业性的财务分析机构非常强调人力资源的整合。而要进行报表解释,就要求:首先,目的性要非常明确;其次,充分理解报表的重要概念和原则;第三,熟悉公司所面临的环境,并结合行业标准财务比率准确地加以解释。

（二）不同的企业针对偿债能力、盈利能力以及现金流量各有侧重

企业的偿债能力、经营成果、现金流量各自描绘出企业生产经营过程及其后果的某一特定方面，它们各有侧重，但又互相影响、互相制约。财务会计报告分析判断的侧重点、评价标准并无绝对模式。不同行业、不同地区、不同发展阶段、不同规模的企业，其分析侧重点和评价标准不尽相同。甚至对某一企业的同一个分析指标，不同的使用者可能会做出不同的评价。传统的财务分析方法忽略了企业的管理能力，即企业通过管理增值的潜力有多大。有的企业仅仅通过财务比率计算考察，觉得增长空间不大，但是如果通过输入管理，企业会有巨大的增长潜力，这一点常常在财务会计报告分析中被忽视。

（三）不同企业间的比较

不同企业的财务分析应注意的问题主要有以下几个：

1. 同类企业的确认

一般而言，财务比率在同类企业间具有较大的可比性，但是，同类企业的确认则没有一个公认的标准，在实际分析中，同类企业往往是分析者观念上所认定的。同类企业可从下列几个方面来考虑：(1)最终产品相同；(2)内部生产结构相同，即使用同样的原材料、同样的技术、同样生产方式的企业，如副食品加工和食品加工企业；(3)股份特性相同，即指那些具有同样风险程度、同样的市盈率、同样股利保障倍数等特征的企业。

2. 会计政策的差异问题

企业会计政策的典型差异主要体现在以下方面：(1)固定资产评估；(2)存货计价方法；(3)折旧方法；(4)购入商誉的处理；(5)表外负债。

3. 非货币性信息的使用

企业的财务状况及发展前景有些难以用货币来表示；有些非货币性信息对企业的信息使用者来说更重要。如两个财务状况相同的同类企业，一个处于上升期，另一个则处于衰退期。它们只是在上升与衰退过程中某一时点表现为相同的财务状况。这种上升与衰退的趋势不一定能从报表中反映出来。企业非货币性信息主要包括：(1)企业经理人员对财务报告的评论；(2)注册会计师审计报告的措辞；(3)资产的构成以及保值增值情况；(4)利润表中非常项目与其他项目在数量上的对比关系；(5)企业或有负债、表外负债与资产负债表上现实负债的数量对比关系；(6)企业的股利发放政策；(7)企业产品的市场状况与发展趋势；(8)企业的公众声誉；(9)企业的雇员周转率等。

【课后练习】

（一）不定向选择

1. 与单项分析相比，财务报表综合分析具有(　　)。
A. 实务性　　　　　　　　　　B. 抽象性
C. 综合性　　　　　　　　　　D. 全面性

E. 假设性

2. 在沃尔分析法中,各比率相对值与比率权重的乘积为(　　)。
A. 指标实际值　　B. 指标标准值　　C. 指标得分　　D. 指标相对值

3. 关于沃尔评分法,下列说法中正确的有(　　)。
A. 沃尔评分法的优点就是简单易用,便于操作
B. 沃尔评分法能够证明各个财务比率所占权重的合理性
C. 财务比率的标准值通常就是行业平均水平
D. 企业的综合得分如果明显超过100分,则说明企业的综合财务状况优于标准水平
E. 在沃尔评分法的各个步骤中,最为关键的就是各项财务比率权重与标准值的确定

4. 下列关于沃尔评分法下,选择财务比率的说法正确的有(　　)。
A. 所选择的比率要具有全面性
B. 所选择的比率要具有代表性
C. 在选择反映偿债能力的比率时最好选择资产负债率
D. 在选择反映偿债能力的比率时最好选择股权比率
E. 所选择的比率最好具有变化方向的一致性

5. 下列各项中,与净资产收益率密切相关的有(　　)。
A. 销售净利率　　　　　　　　B. 总资产周转率
C. 总资产增长率　　　　　　　D. 权益乘数
E. 资本保值增值率

6. 净资产收益率=(　　)×资产周转率×权益乘数
A. 资产净利率　　B. 销售毛利率　　C. 销售净利率　　D. 成本利润率

7. 在下列关于资产负债率、权益乘数与产权比率之间关系的表达式中,正确的就是(　　)。
A. 资产负债率+权益乘数=产权比率
B. 资产负债率-权益乘数=产权比率
C. 资产负债率×权益乘数=产权比率
D. 资产负债率÷权益乘数=产权比率

8. 利用相关财务比率的内在联系构建一个综合指标体系,来考察企业整体财务状况与经营成果的分析方法称为(　　)。
A. 沃尔评分法　　B. 杜邦分析法　　C. 预警分析法　　D. 比率分析法

二、项目实训
[实训目的]
通过财务报告综合分析,使学生对杜邦财务分析体系、沃尔比重评分法、业绩综合评价法等有更深刻的认识;同时能通过相关案例利用各种分析方法得出分析结论,

对企业一定经营期间的经营效益做出客观、公正、全面和准确的综合评价。

［实训资料］

利用互联网或其他媒体，搜索一家上市公司近三年的财务报告及其他信息资料。

［实训要求］

1. 利用各种网络及其他媒体查阅所需资料。

2. 利用财务报告披露的资料，对公司财务报告及该公司单项报表分析资料全面阅读和熟悉，把握财务报告综合分析的关键点。

3. 运用杜邦财务分析体系进行财务综合分析。

4. 撰写该公司财务综合分析报告。

［实训组织］

学生分组，按 4 人为一组划分学习小组，以小组为单位进行讨论、实训和学习，选定小组长负责组内工作。

参考文献

[1] 李昕.财务报表分析习题与案例[M].大连:东北财经大学出版社,2008.
[2] 财政部会计司编写组.企业会计准则讲解[M].北京:人民出版社,2010.
[3] 潘爱香.财务报表分析[M].北京:中央广播电视大学出版社,2011.
[4] 闫华红.财务报表分析[M].北京:首都经济贸易大学出版社,2011.
[5] 王冬梅.财务报表分析[M].大连:东北财经大学出版社,2013.
[6] 财政部会计资格评价中心.财务管理[M].北京:中国财政经济出版社,2013.
[7] 张新民,钱爱民.财务报表分析[M].5版.北京:中国人民大学出版社,2019.
[8] 张先治,陈友邦.财务分析[M].9版.大连:东北财经大学出版社,2019.
[9] 中国注册会计师协会.会计[M].北京:中国财政经济出版社,2020.
[10] 财政部会计资格评价中心.初级会计实务[M].北京:经济科学出版社,2020.
[11] 中国注册会计师协会.财务成本管理[M].北京:中国财政经济出版社,2020.
[12] 翁玉良.财务报表分析[M].北京:清华大学出版社,高等教育出版社,2021.
[13] 李曼,李志.财务分析[M].北京:高等教育出版社,2021.